METHODIK

DER

INDUNGSLEHRE, DEKOMPOSITION UND KALKULATION

FÜR

SCHAFTWEBEREI.

BEARBEITET

FÜR

TEXTILSCHULEN UND ZUM SELBSTUNTERRICHT

VON

FRANZ DONAT

K. K. LEHRER FÜR TECHNOLOGIE DER WEBEREI AN DER K. K. FACHSCHULE
FÜR TEXTILINDUSTRIE IN WIEN.

DRITTE, VOLLSTÄNDIG UMGEARBEITETE UND
VERMEHRTE AUFLAGE.

MIT 96 TAFELN, 900 FIGUREN UND 10 STOFFMUSTERN.

WIEN UND LEIPZIG.

A. HARTLEBEN'S VERLAG.

1908.

‚

Druck von Christoph Reisser's Söhne, Wien V

Vorwort zur dritten Auflage.

Als mir vor Jahresfrist von meinem geschätzten Herrn Verleger die Mitteilung zukam, daß eine neue Auflage der Methodik der Schaftweberei notwendig sei, war ich erfreut über den Erfolg meines Webereibuches. Diese Würdigung meiner Arbeit veranlaßte mich, durch entsprechende Umarbeitung das Werk wieder auf den modernsten Standpunkt zu bringen.

Meinen alten Prinzipien treu bleibend, trachtete ich auch, die Vorträge soviel als möglich populär zu gestalten. Auch habe ich zum besseren Verständnis der Gewebeerzeugung die dazu notwendigen Erklärungen und Figuren aus der Technologie der Handweberei eingeschaltet.

Auf diese Weise glaube ich auch allen jenen, welchen es nicht vergönnt ist, eine Webschule zu besuchen, die Gewebetechnik auf die bestmögliche Art beibringen zu können.

Ich habe bei der Bearbeitung alle persönlichen Erfahrungen und pädagogischen Vorteile meiner langjährigen industriellen Praxis und lehramtlichen Tätigkeit in den Dienst der Sache gestellt und hoffe ich so für die studierende Jugend eine leichtfaßliche Weblehre und für den Fachmann ein gesuchtes Nachschlage- und Hilfsbuch geschaffen zu haben.

Der Verfasser.

Vorwort zur ersten Auflage.

Vorliegendes Buch soll die Bindungslehre, Dekomposition und Kalkulation der Schaftweberei in Kurze und methodischem Gange vorführen und als Schulbehelf für Webschuler und als Lernbehelf zum Selbststudium dienen

Um in die Bindungslehre ein volles Verständnis zu bringen, wurden die Bindungen farbig ausgeführt

In der Dekomposition und Kalkulation wurden zwei Originalmuster beigegeben, wodurch Verfasser glaubt, der Sache mehr Klarheit zu verleiben

Speziell für Webschulen soll vorliegendes Buch das zeitraubende Diktieren abschaffen, um einerseits durch die dadurch gewonnene Zeit dem Lehrer zu ermöglichen, tiefer und eingehender in das Fach einzugreifen, anderseits dem Schuler ein Fundament zu liefern

Moge dasselbe eine freundliche Aufnahme finden und dem Lernenden das bieten, was ihm das weite Gebiet dieses Faches vorschreibt

Warnsdorf, 1891

Der Verfasser.

Vorwort zur zweiten Auflage.

Das Buch verfolgt den Zweck, die Bindungslehre und Dekomposition der Schaftweberei in Kurze und methodischem Gange vorzuführen und als Schulbehelf für Webschuler und als Lernbehelf zum Selbststudium für Webereivolontars etc zu dienen

Die Bindungslehre behandelt nach Erklarung der notwendigsten webereitechnischen Ausdrucke alle Verbindungsarten der Schaftweberei von der Leinwand bis zum Kunstdreher

Die Dekomposition umfaßt das Zerlegen der Stoffe, das Kalkulieren des Garnbedarfes etc und wird nach Detaillierung der bei einer Dekomposition zu erledigenden Punkte der ausführliche Zergliederungsgang an vier Stoffmustern verstandlich gemacht

Die Behandlung des Stoffes ist eine kurzgefaßte, und es wird durch die bis fünffärbige Kolorıtausführung der 72 Bindungstafeln mit 648 Figuren dem Lernenden das Verstandnis in bester Weise erleichtert

Speziell für Webschulen soll dieses Buch das zeitraubende Diktieren abschaffen und dem Schuler eine Richtschnur liefern

Was die Verwendbarkeit des Buches an Webschulen anbetrifft, so wurde dasselbe schon in seiner ersten Auflage »laut des hohen k k Ministerialerlasses vom 22 Dezember 1892, Z 25 793«, für zulässig erklart

Moge das Werk in seiner zweiten, vollständig umgearbeiteten und inhaltsreicheren Auflage dieselbe Aufnahme finden wie in der ersten und dazu beitragen, die Schwiengkeiten, welche das Eindringen in diese Fachgruppen verursacht, zu uberbrucken

Asch, 1899

Der Verfasser.

INHALTS-VERZEICHNIS.

I Abschnitt. Die Bindungslehre.

II Abschnitt Dekomposition und Kalkulation

Erster Teil.

Die Bindungslehre.

Gewebe.

Unter einem Gewebe Fig 1—10, versteht man ein aus zwei sich recht-
winkelig kreuzenden Fadensystemen gebildetes flächenartig ausgedehntes Er-
zeugnis Die der Länge der Ware nach laufenden Faden heißen Kettenfaden,
die der Breite nach liegenden Schußfaden Die Gesamtheit der zu einem Gewebe gehörenden Kettenfaden heißt Kette oder Zettel, die der Schußfaden
Schuß, Eintrag oder Einschlag

Faden.

Ein Faden ist ein aus vielen Fasern gebildetes Gespinst Spinnen heißt,
aus den Fasern der Baumwolle, des Flachses, der Jute, der Schafwolle etc
lange gleichmäßig dicke Faden herstellen Zu diesem Zwecke werden die Fasern mittels entsprechender Maschinen aufgelockert, gereinigt, isoliert, parallel
gelegt, zu Faserbändern vereinigt, ausgezogen und zu Faden gedreht Man
unterscheidet nach rechts und nach links gedrehte Garne Wird der Faden
beim Spinnen von links nach rechts, d i nach dem Laufe der Zeiger einer
Uhr gedreht, so entsteht nach rechts gedrehtes Garn, bei entgegengesetzter
Drehung nach links gedrehtes Garn Bei ersterem laufen die Drehungswindungen
(Schraubenlinien) von links unten nach rechts oben (Fig 11), bei letzterem von
rechts unten nach links oben (Fig 12) Zur Veranschaulichung nehme man zwei
ungleichfarbige Faden, spanne sie zwischen Daumen und Zeigefinger beider
Hände, halte die rechte unten und drehe mit dem Daumen und Zeigefinger
der rechten Hand nach gemachten Angaben Werden 2, 3 etc Garnfaden
durch entgegengesetzte Drehung (Zwirnung) vereinigt, so heißt man die neuen
Faden Zwirne Man unterscheidet, je nachdem der Zwirn aus zwei, drei,
oder mehreren einfachen Faden besteht, zweifache (doublierte), dreifache und
mehrfache Zwirne

Das Gewebe entsteht nach Fig 13 durch die Verflechtung, d i Über-
und Untereinanderlegung der Kettenfaden mit den Schußfaden Die Verbindung oder Verflechtung der Kettenfaden mit den Schußfaden beruht auf
der Elastizität der Faden

Aus dem Webschema (Fig 14) soll die Entstehung des Gewebes erklärt
werden

Die gesamte Kette ist auf die Holzwalze *KB* gewunden Die Kettenfaden *Kf* gehen einzeln durch zwei flache Stabe *KS* und werden durch die Verbindung mit einer zweiten Walze *WB* in eine wagrecht gespannte Ebene gebracht Um ein Verbinden der Kettenfaden mit den Schußfaden zu ermoglichen, muß ein Teil der Kettenfaden aus der Ebene gebracht werden Wollte man das Ausheben der Faden ohne Hilfsmittel vornehmen, so wurde das sehr muhsam und zeitraubend sein. Man zieht deshalb die Kettenfaden durch kleine Ringe (Augen), welche uber und unter der Kette eine Zwirnschlinge haben und Helfen oder Litzen heißen (Fig 16) Das Ausheben der Faden wurde durch das abwechselnde Heben der Helfen leichter zustande kommen als das Ausheben der Faden ohne diese, aber immerhin zeitraubend sein Vereinigt man aber z B alle ungeraden Helfen und alle geraden, indem man dieselben zwischen zwei Stabe (Fig 15) spannt, so wird durch das Heben eines derartigen Helfenrahmens, Schaft oder Flugel genannt (S_1 S_2), ein Ausheben aller in den Schaft gezogenen Kettenfaden erfolgen

Zum Zwecke paralleler Verteilung der Kettenfaden auf eine bestimmte Breite und zum Anschlagen des Schusses zieht man die Kettenfaden zwischen die Rohre, Stabe oder Zahne eines Kammes *K* (siehe Fig. 18)

Denkt man sich bei einer Vorrichtung mit zwei Schaften z B alle ungeraden Kettenfaden in die Helfen des einen, alle geraden in die des zweiten Schaftes gezogen und den einen nach aufwarts, den anderen nach abwarts bewegt, so entsteht zwischen den dadurch ausgehobenen und gesenkten Kettenfaden ein Zwischenraum, welchen man Fach heißt

Durch das Fach wird der mit einer Spule versehene Webschutzen (Weberschiffchen) *S* geworfen und dadurch die Einlage des Schußfadens bewirkt Nach dem Durchwerfen des Webschutzens wird der eingelegte Schußfaden durch Anschlagen des Kammes *K* an die Ware gebracht

Wie man mit einem Schafte keine Teilung der Kettenfaden bewirken kann, kann man aus einer Fachbildung kein Gewebe bilden Zum einfachsten Gewebe gehoren demnach mindestens zwei Schafte und zwei Fachbildungen, beziehungsweise Bewegungen der Schafte.

Rand oder Leiste.

Die Faden der Kette befinden sich beim Weben voneinander getrennt. wahrend der Schuß bei einfarbigen Stoffen einen fortlaufenden Faden darstellt, welcher abwechselnd von links nach rechts und von rechts nach links die Kettenfaden durchkreuzt Aus diesem Grunde entsteht auf den beiden Enden des Gewebes ein fester Rand, Leiste oder Kante genannt

GEWEBE.

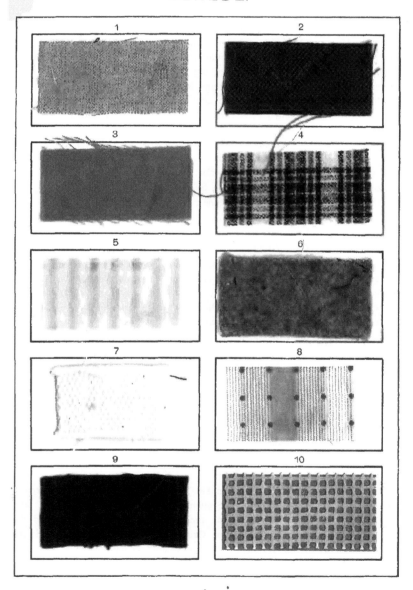

GEWEBEKONSTRUKTION.

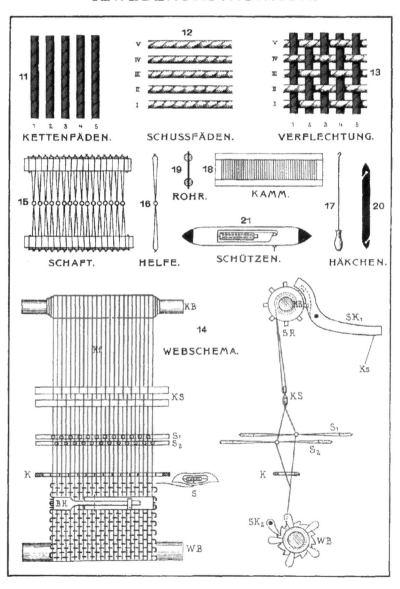

KETTENFÄDEN.   SCHUSSFÄDEN.   VERFLECHTUNG.

SCHAFT.   HELFE.   SCHÜTZEN.   HÄKCHEN.

ROHR.   KAMM.

WEBSCHEMA.

Webstuhl.

Die Herstellung eines Gewebes erfolgt auf dem Webstuhle. Man unterscheidet Hand- und mechanische oder Kraftwebstühle. Bei den Handstühlen führt der Weber die Bewegungen, welche zur Bildung eines Gewebes notwendig sind, mit den Händen und Füßen aus, bei den Kraftstühlen erfolgt dies durch elementare Betriebskraft.

Der Handwebstuhl (Fig. 22) besteht aus vier senkrechten Stuhlsäulen A, welche durch Querriegel B verbunden sind. Um ein Gewebe zu erzeugen, muß jeder Webstuhl mit folgenden Hilfsmitteln ausgerüstet sein.

Ketten- und Warenbaum.

Der Kettenbaum ist eine rückwärts im Gestell drehbar gelagerte Holzwalze KB, auf welcher die Kettenfäden parallel nebeneinander liegend, gleichmäßig gespannt, gewunden, gebäumt[1]) sind. Um die Kettenfäden in eine gespannte Ebene zu bringen, verbindet man dieselben mit einer zweiten vorn im Gestell drehbar gelagerten Holzwalze WB, welche zum Aufwickeln der Ware dient und Warenbaum genannt wird. Zum Zwecke des Webens müssen beide Walzen mit Spann-, beziehungsweise Ab- und Aufwickelungsvorrichtungen versehen sein. Die Spannung der Kette erfolgt in der Fig. 14 dadurch, daß man

[1]) Bevor die Kettenfäden gebäumt werden, unterliegen sie gewissen Vorbereitungsarbeiten. Wird das Garn aus der Spinnerei in Strähnen (Bündelgarn) geliefert, so muß zuerst ein Übertragen auf Holzröhren mit angedrehten oder angeleimten Scheiben, Spulen oder Pfeifen genannt, erfolgen. Dieser Vorgang wird als Kettenspulen bezeichnet und geschieht auf dem Spulrade oder auf Spulmaschinen. Nach dem Spulen, welches entfallen kann, wenn das Kettengarn als Garnkörper (Warpkops) die Spinnerei verläßt, kommt das Scheren, Zetteln oder Schweifen. Dasselbe erfolgt in der Handweberei auf einem senkrecht stehenden Haspel, dem Scher- oder Schweifrahmen, in der mechanischen Weberei auf einem wagrecht liegenden Haspel, der Scher-, Schweif- oder Zettelmaschine. Ein derartiger Haspel besteht aus einem 4-, 6-, 8- etc. kantigen, aus Holzleisten gebildeten Prisma, welches um die eigene Achse gedreht wird. Das Schweifen bezweckt die Kettenfäden so herzurichten, wie es das Gewebe in Bezug auf Länge und Breite erfordert.

Einfache Baumwoll- und Wollgarne werden vor dem Spulen oft im Strähne gestärkt, beziehungsweise geleimt. Dieses Imprägnieren bewirkt eine Erhöhung der Festigkeit während des Spulens, Schweifens und Aufbäumens. Ebenso werden Ketten aus einfachen Garnen, zwecks besserer Haltbarkeit vor dem Weben auf Schlicht- oder Leimmaschinen imprägniert. In der Handweberei erfolgt dies während des Webens durch Auftragen der Schlichtmasse mittels zweier Bürsten.

Unter einem Strähn Garn versteht man eine auf ein Latenprisma (Garnweife) aufgewundene, in Abteilungen unterbundene und dann abgenommene bestimmte Garnlänge. Die Abteilungen eines Strähnes heißen Gebinde. Nachdem das Strähngarn zu Bündeln von 5 oder 10 engl. Pfund, beziehungsweise Kilogramm verpackt in den Handel kommt, heißt man dies auch Bündelgarn.

an das rechte Ende des Kettenbaumes eine mit Zacken oder Zahnen versehene Holzscheibe SR, Sperrad genannt, gibt. Legt man vor einen Zahn des Sperrrades einen nasenförmigen Holzteil SK_1, Klinke genannt, so wird einem Abwickeln der Kette Widerstand geleistet. Am Warenbaume befindet sich eine Scheibe mit Holzgriffen und ein Zahnkranz. Legt sich die von oben kommende Sperrfalle SK_2 vor einen Zahn des Zahnkranzes, so wird einem Rückwartsdrehen des Warenbaumes Einhalt geboten.

Soll Kette abgewickelt werden, was geschehen muß, wenn durch das fortgesetzte Weben das Fach, d. i. der Zwischenraum, welcher den Schützen durchlauft, zu klein ist, so zieht der Weber die Klinkenschnur Ks und bewirkt durch Drehen der Griffe am Warenbaume, unter gleichzeitigem Loslassen der Klinkenschnur, ein Aufwickeln der Ware und Anspannen der Kette. Bei dieser Spannung erfolgt das Nachlassen und Anspannen periodisch oder zeitweise. Um das Ablassen der Kette und das Aufwickeln der Ware mit derselben Geschwindigkeit, wie das Weben fortschreitet, selbsttätig (automatisch) zu bewirken, versieht man den Kettenbaum mit einer nachgiebigen, elastischen oder kontinuierlich wirkenden Spannung und bewirkt das Aufwickeln der Ware automatisch durch ein Räderwerk, das man Regulator nennt. Bei der Fig. 22 ist der Kettenbaum nachgiebig gespannt. Das am Fußboden befestigte Seil S wird einige Male in parallelen Lagen um den Kettenbaum gelegt und das andere Ende mit einem Gewichte versehen. Durch diese Spannung verhindert die Reibung des Seiles an dem Kettenbaume die Umdrehung desselben. Wirkt jedoch der Reibung eine größere Kraft entgegen (Umdrehung des Warenbaumes), so rutscht das Seil, der Kettenbaum dreht sich und wickelt Kette ab.

Hinter den Schaften befinden sich in der gespannten Kette zwei flache Stäbe KS, Kreuzschienen genannt, uber welche die Kettenfaden einzeln oder zu zweien gelegt sind. Die dadurch geregelte Aufeinanderfolge der Kettenfaden (Fadenkreuz) ist beim Einziehen in die Helfen und während des Webens bei Fadenbruchen unumganglich notwendig.

Helfen. Schaft.

Um den Schuß mit den Kettenfaden zu verbinden, muß eine Teilung der Kettenfaden aus der gespannten Ebene erfolgen. Zu diesem Zwecke zieht man dieselben in die Helfenaugen der Schafte. Ein Schaft, Fig 15, besteht aus zwei flachen Holzleisten, zwischen welchen Helfen oder Litzen gespannt sind. Eine Helfe, Fig 16, besteht aus zwei Zwirnschleifen, welche durch ein Auge aus Zwirn oder Metall verbunden sind. Durch dieses Auge, Maillon, zieht man mit Hilfe eines Hakchens, Fig 17, die Kettenfaden.

HANDWEBSTUHL.

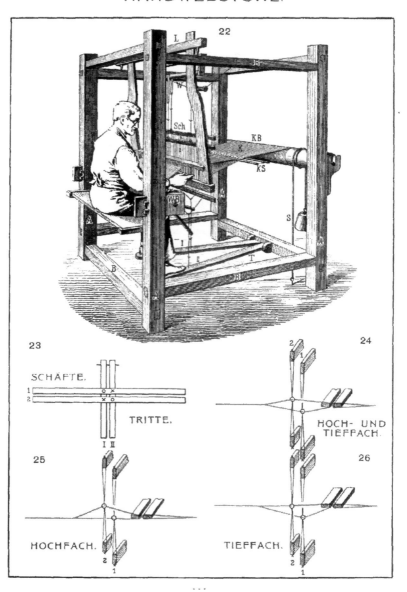

Numerierung der Schäfte.

Die Numerierung der Schäfte erfolgt entweder von hinten nach vorn oder von vorn nach hinten. Bei der ersten Methode, Fig. 22 und 23, gilt der vom Weber am weitesten entfernt stehende Schaft als erster, bei der zweiten als letzter Schaft. In der Praxis finden beide Arten Verwendung. In diesem Buche wird die erstere als logisch richtigere bevorzugt.

Kamm oder Weberblatt.

Ist die Kette nach einer gewissen Ordnung, welche später erklärt werden wird, in die Schäfte eingezogen, erfolgt das Einziehen in den Kamm. Der Kamm, Fig. 18, besteht aus zwei Leisten, zwischen welchen Rohre oder Stäbe aus Stahl oder Messing, Fig. 19, gesetzt sind. Rohre oder Riete nennt man sie deshalb, weil man früher gespaltenes Schilfrohr dazu verwendete. Das Einziehen der Kettenfäden in die Rohrlücken erfolgt 1-, 2-, 3- etc. fädig. Glatte Stoffe zieht man meist zweifädig ein. Das Einziehen wird mittels eines flachen Häkchens, Fig. 20, ausgeführt.

Tritte.

Das Heben und Senken der Schäfte wird durch Tritte, welche indirekt mit den Schäften verbunden sind, bewerkstelligt. Ein Tritt *T*, Fig. 22, ist im Handwebstuhle ein einarmiger Holzhebel, welcher unter den Schäften in schwebender Lage so angeordnet ist, daß er vom Weber bequem mit den Füßen bearbeitet werden kann. Er befindet sich im Handwebstuhle in der Mitte des Webstuhles und hat gewöhnlich rückwärts in einem Lager seinen Drehpunkt.

Numerierung der Tritte.

Unter dieser versteht man die Angabe der Aufeinanderfolge beim Treten der Tritte. Die Numerierung erfolgt teils von links nach rechts, Fig. 22 und 23, teils von rechts nach links. Nachdem die erste Art die logisch richtige ist, wird auch diese, mit geringer Ausnahme, in diesem Buche angewendet.

Fach.

Die Öffnung oder der Zwischenraum, welcher entsteht, wenn z. B. ein Teil Kette gehoben, ein Teil Kette gesenkt wird, heißt Fach. Nach der Entstehung des Faches unterscheidet man folgende Arten:

1. Hoch- und Tieffach;
2. Hochfach;
3. Tieffach.

Bei dem Hoch- und Tieffach, Fig 24, wird der 1 Schaft gesenkt, der 2 gehoben, bei dem Hochfach, Fig 25, wird der 2 Schaft gehoben, während der 1 ohne Bewegung bleibt, bei dem Tieffach wird der 1 Schaft gesenkt, während der 2 in der Ruhelage verharrt

Fachbildungsvorrichtungen.

Die mechanischen Vorrichtungen, welche die Bewegung der Kettenfäden aus ihrer Ebene bewirken, heißen Fachbildungsvorrichtungen In der Handweberei kommen zumeist drei Arten in Anwendung

1 Vorrichtung mit Welle,
2. » mit Kontermarsch,
3. » mit Schaftmaschine

Welle.

Die Fig 22, 27, 28 sollen zur Erläuterung dieser Vorrichtung beitragen Auf den oberen Querriegeln B des Stuhlgestelles liegt eine Überlage U, von welcher zwei Seitenhölzer auslaufen Zwischen den Seitenhölzern ist eine Holzwelle W drehbar gelagert Um diese Welle legt man zu beiden Seiten einen Gurt oder Riemen G und verbindet die an den Gurtenden befestigten Schnuren 4 mit den auf den oberen Schaftstäben angebrachten Strupfen 1

Die Schäfte sind unterhalb mit den Querhebeln H_1, H_2 und letztere mit den Tritten T_1 T_2 durch Schnuren und Strupfen [1]) verbunden Wird nach der Fig 28 auf den ersten Tritt getreten, so ergibt dies ein Tiefziehen des 1. und Heben des 2 Schaftes Beim Treten des 2 Trittes, Fig 22, geht der 2 Schaft tief und der 1. hoch. Diese Vorrichtung kann vermöge der zwangsweisen Bewegung der Schäfte, das Tiefziehen des einen Schaftes bedingt das Heben des anderen, nur bei zweiteiligen Fadenverbindungen Verwendung finden. Die Fig 27 macht die Vorrichtung vom Standpunkte des Webers, die Fig. 28 von der Seite ersichtlich Fig 22 ergibt eine perspektivische Ansicht Die Vorrichtung ist in der Fig 27 in der Ruhelage (geschlossenes Fach), in der Fig. 22 und 28 beim Treten des 2 beziehungsweise 1. Trittes (offenes Fach) gezeichnet

Kontermarsch oder Hebevorrichtung.

Um das Heben und Tiefziehen der Schäfte voneinander unabhängig zu machen, verwendet man den in Fig 30 dargestellten Kontermarsch Die

---

[1]) Eine Strupfe ist eine durch einen Knoten geschlossene doppelte Schnur, welche zur Verbindung mit einer doppelten offenen Schnur dient Die Verbindung erfolgt nach Fig 29, damit ein Anziehen oder Nachlassen möglich ist

FACHBILDUNGSVORRICHTUNGEN.

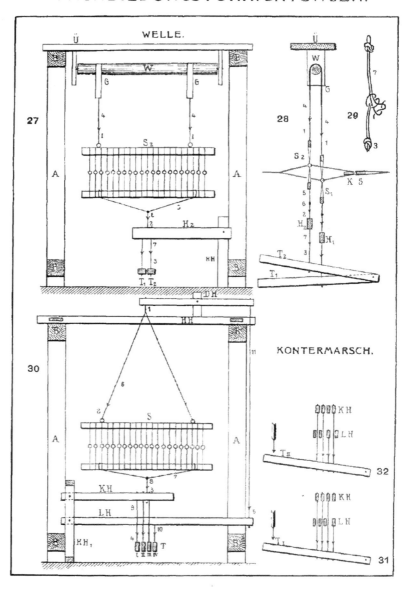

WELLE.

KONTERMARSCH.

Schäfte *S* sind oberhalb durch Strupfen 1 und 2 und doppelte Bogenschnuren 6 mit den doppelarmigen Hebeln *DH* verbunden. Jedem Schafte entspricht ein Hebel *DH*. Unterhalb erfolgt eine Verbindung der Schäfte mit den einarmigen Hebeln *KH* durch entsprechende Schnüre. Jedem Schafte entspricht ein Hebel *KH*. Die Hebel *LH* sind einarmig. Jedem Schafte entspricht ein Hebel *LH*. Dieselben stehen mit den oberhalb der Schäfte befindlichen Hebeln *DH* durch Schnuren 11 und Strupfen 5 in Verbindung. Ein Tiefziehen des Hebels *LH* bedingt ein Tiefziehen des äußeren Endes von *DH* und dies ein Heben des inneren Endes, beziehungsweise ein Heben des damit verbundenen Schaftes. Die Hebel *LH* und *KH* sind mit den Tritten verbunden. Durch das Treten auf den Tritt wird der mit denselben verbundene Hebel *LH* oder *KH* tiefgezogen. Ein Tiefgehen des Hebels *LH* bewirkt ein Heben, ein Tiefgehen des Hebels *KH* ein Senken des damit verbundenen Schaftes. Bei dem dargestellten Kontermarsche arbeiten also drei Hebelsysteme, welche sich in ihrer Wirkungsweise ergänzen. Ist z. B. ein Tritt nach Fig. 31 mit den Querhebeln *KH* und *LH* verbunden, so wird dadurch ein Heben des 1. und ein Tiefziehen des 2., 3. und 4. Schaftes erfolgen, da die 1. Trittstrupfe mit dem 1. Hebel *LH*, die 2., 3. und 4. mit dem 2., 3. und 4. Hebel *KH* verbunden ist. Die Verbindung des Trittes, Fig. 32, mit den Querhebeln *KH* und *LH* bedingt ein Heben des 2. und Tiefziehen des 1., 3. und 4. Schaftes. Die Angabe der Verbindung der Tritte mit den Querhebeln *KH* und *LH* heißt man Schnürung und wird diese in dem Kapitel »Anschnürung« erklärt werden.

Denkt man sich bei der Vorrichtung, Fig. 30, die Hebel *KH* weg, so kann bei einer Verbindung der Tritte mit den Hebeln *LH* nur eine Schafthebung erfolgen. Eine derartige Anordnung heißt Kontermarsch für Aufzug oder Vorrichtung für Hochfach. Damit die gehobenen Schäfte nach Auslassen des Trittes wieder in ihre Ruhelage zurückkehren, belastet man diese durch angehängte Gewichte oder man verbindet die unteren Schaftstäbe durch Schnuren mit am Fußboden angebrachten Spiralfedern.

Will man die Vorrichtung, Fig. 30, nur für Tieffach einrichten, so läßt man die Hebel *LH* weg und verbindet die Tritte nur mit den Hebeln *KH*. Das Zurückspringen der gesenkten Schäfte nach dem Auslassen des Trittes in die Ruhelage erfolgt durch Belastung der äußeren Hebelenden *DH* durch Gewichts- oder Federzug.

In der mechanischen Weberei erfolgt das Treten der Tritte durch Exzenter, welche auf einer Welle sitzen. Durch die Umdrehung dieser Welle wirken die erhöhten Teile der Exzenter auf die Tritte in ähnlicher Weise wie die Füße des Handwebers. Exzenter sind nnrunde Scheiben, welche nach der Anzahl der Schäfte vorhanden sein müssen. Während man in der Handweberei durch einen Tritt mehrere Schäfte bewegen kann, braucht man in der mechanischen Weberei für jeden Schaft einen Tritt.

Schaftmaschine.

Die Bewegung der Schafte erfolgt auch durch die Schaftmaschine Man verwendet diese zu Geweben, bei welchen man mit den bis jetzt besprochenen Vorrichtungen nicht mehr ausreicht Aus der schematischen Darstellung, Fig 33, soll die Einrichtung und die Wirkungsweise der einfachsten Schaftmaschine erklart werden

16 32 nasenformige Holzteile *P*, Platinen genannt, stehen hintereinander auf einem Brette *PB*, dem Platinenboden Am Fuße jeder Platine befindet sich eine Schnur, welche durch das Loch eines Brettes *PB*, Platinenboden genannt, gezogen wird Der Platinenboden hat so viele Locher in einer Langsreihe, als Platinen in der Maschine vorhanden sind Damit die Platinen senkrecht auf dem Platinenboden stehen und man dieselben seitlich verschieben kann, sind sie mit einem wagrecht liegenden Eisendrahte *N*, Nadel genannt, in Verbindung Die Nadel hat in der Mitte eine Umbiegung, zwischen welcher die Platine steht Die Nadeln gehen links durch ein gelochtes Brett *NB*, das Nadelbrett, und sind rechts in einem Kasten *FK*, dem Federkasten, gelagert Wird auf eine aus dem Nadelbrette zirka 1 *cm* herausragende Nadel ein Druck ausgeubt, so erfolgt eine Schragstellung der Platine Damit nach Aufhoren des Druckes die Nadel und somit auch die Platine in die fruhere Lage zuruckkehrt, ist am rechten Ende der Nadel ein Spiralfederchen *F* angeordnet Die Schafte *Sch* sind durch Schnuren mit den Platinen verbunden Jedem Schafte entspricht eine Platine. Unter den Nasen der Platinen befindet sich ein schragstehendes Lineal *M*, Messer genannt Dasselbe ist in einem Kasten, dem Messerkasten, gelagert und letzterer durch Zugbander *Z* mit dem Hebel *DH* in Verbindung Mit dem doppelarmigen Hebel *DH* ist auch der Tritt *T*, durch Schnuren verbunden Ein Treten des Trittes bewirkt, wie aus der Verbindung ersichtlich ist, ein Heben des Messerkastens mit dem Messer, ein Auslassen des Trittes, ein Zuruckkehren in die Ruhelage Ein weiterer Bestandteil der Schaftmaschine ist das Prisma *Pr* Dasselbe ist vierkantig und hat auf jeder Seite so viele Locher in einer Langsreihe, als Platinen, respektive Nadeln in der Maschine vorhanden sind Das Prisma erhalt durch entsprechende Mechanismen eine seitliche Bewegung Beim Heben des Messers *M* entfernt es sich vom Nadelbrette, beim Zuruckgehen des Messers schlagt es an dasselbe

Legt man auf das Prisma, Fig 35, ein Pappendeckelblatt, Karte genannt, welches ebenso viele genau so angeordnete Locher wie das Prisma besitzt, so werden beim Anschlagen des Prismas an das Nadelbrett alle Nadeln der Maschine durch die Locher der Karte in die Locher des Prismas eindringen Es verbleiben dadurch alle Nadeln in der ursprunglichen Lage und somit auch die

SCHAFTMASCHINE.

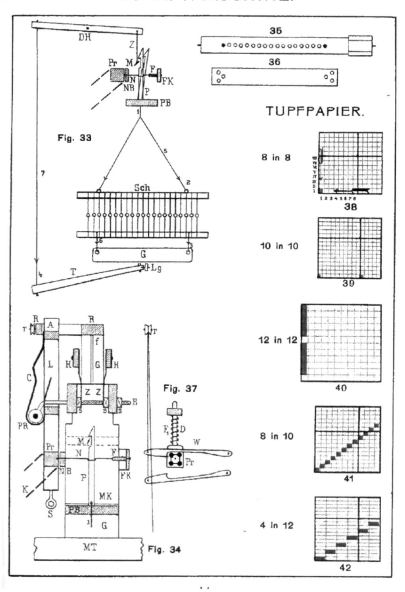

35

36

Fig. 33

TUPFPAPIER.

8 in 8

38

10 in 10

39

12 in 12

40

Fig. 37

8 in 10

41

4 in 12

42

Fig. 34

Platinen. Da die Nasen der Platinen genau über den Messer stehen, so werden beim Aufwärtsbewegen des Messers alle Platinen mit in die Höhe gezogen. Jeder Platine entspricht ein Schaft, welcher die Bewegung der Platine mitmachen muß. Legt man auf das Prisma ein nach Fig. 36 ungelochtes Kartenblatt, so müssen durch den Anschlag des Prismas an das Nadelbrett sämtliche Nadeln nach rechts geschlagen werden, was eine Schrägstellung (rot) der Platinen nach derselben Seite bedingt. Wird nun das Messer nach aufwärts bewegt, so gleitet es an den Nasen der Platinen vorbei, die Platinen und Schäfte bleiben deshalb in der Ruhelage.

Denkt man sich nun das Kartenblatt abwechselnd mit Löchern und vollen Stellen versehen, so erfolgt dadurch beim Anschlagen des Prismas an das Nadelbrett ein Seitwärtsbewegen und ein in Ruheverharren der Nadeln, respektive Platinen. Ein Loch in der Karte bewirkt eine Schafthebung, eine ungelochte Stelle, eine Schaftruhe. Damit nach Auslassen des Trittes die gehobenen Schäfte wieder in die Ruhelage zurückkehren, belastet man dieselben durch angehängte Gewichte oder bringt sie mit am Fußboden angebrachten Spiralfedern in Verbindung.

Die Schaftmaschine besteht laut der Fig. 33—37 aus folgenden Teilen:

1. Das Grundgestell.

Dasselbe besteht aus zwei Gestellwänden G, den Verbindungsriegeln R, der Maschinentrage MT und dem Platinenboden PB.

2. Der Messerkasten.

Derselbe bewegt sich vertikal zwischen den beiden Gestellwänden G. Er dient zur Lagerung und Bewegung des Messers und zur Führung der Prismalade. Zu letzterem Zwecke geht durch denselben ein Eisenstab B, Bolzen genannt, welcher an seinem linken Ende eine Rolle PR trägt.

3. Die Platinen P mit den Platinenschnuren 1.

Anstatt Holzplatinen kommen auch hakenförmig gebogene Drahtplatinen zur Verwendung.

4. Die Nadeln N.

5. Die Prismalade.

Dies ist ein bei J schwingend angeordneter Rahmen. Er trägt eine gebogene Eisenschiene C, Kulisse genannt, und dient zur Unterbringung und Bewegung des Prismas.

6. Das Prisma.

Dieses hat außer den Musterlöchern auf jeder Seite zwei Holzzapfen, welche zum Auflegen und Spannen des Kartenblattes dienen.

Die seitliche Bewegung des Prismas besorgt die Prismalade, die drehende die Wendehaken. Damit ein abwechselndes Wirken der aufeinander folgenden Kartenblätter möglich ist, muß sich das Prisma drehen. Das Drehen des Prismas wird durch zwei an der vorderen Gestellwand befindliche Wendehaken W, Fig. 37, bewirkt. Zu diesem Zwecke hat das Prisma, Fig. 35, auf der vorderen Seite einen Beschlag von vier eisernen Stäbchen, Laterne genannt. Durch das Auswärtsbewegen der Prismalade dreht der auf der Laterne liegende obere Wendehaken das Prisma um ein Viertel. Damit das Wenden nicht über ein

Viertel-statthndet, hat man den mit einer Spiralfeder F, Fig 57, versehenen Drucker D konstruiert, welcher sich streng auf die Laterne preßt Der untere Wendehaken dient zum Ruckwart-arbeiten des Prismas Zu diesem Zwecke macht man denselben durch Anziehen der uber die Rolle r gefuhrten Schnur aktiv, was ein Außerkraftsetzen des oberen Wende-haken- bedingt

7 Die Karten.

Dies sind Pappendeckelstreifen von entsprechender Lange und Breite des Prismas, in welche Locher geschlagen (gestanzt) werden Zu diesem Zwecke wird das Kartenblatt zwischen zwei genau wie das Prisma gelochte Metallplatten gelegt und nach einer Muster-zeichnung mittels einer Stanze (Durchschlageisen) und eines Hammers durchlocht Die zu einem Gewebe notwendigen Kartenblatter werden nach Fig 167 gelocht und durch Schnure vereinigt, so daß sie ein Band ohne Ende bilden

8 Der Antrieb

Die Inbewegungsetzung der Schaftmaschine erfolgt durch den Tritt T. Derselbe ist durch Schnur 7 und Strupfe 4 mit dem Hebel DH, dieser mit den Zugbändern l und letztere mit dem Messerkastenbolzen B verbunden Ein Treten des Trittes bewirkt ein Heben des Bolzens, respektive des Messerkastens mit dem Messer Da die Kulisse einwarts-gebogen ist und die Rolle PK bei ihrer Aufwartsbewegung infolge der Unnachgiebigkeit des Bolzens B nicht den Weg nehmen kann, welchen die Form der Kulisse vorschreibt, so muß die Kulisse nachgeben und eine seitliche Bewegung ausfuhren Durch die seitliche Bewegung der Kulisse wird eine seitliche Bewegung der mit derselben verbundenen Prismalade und des Prismas bewirkt Hort die Kraft zu wirken auf, was durch Auslassen des Trittes T erfolgt, so fällt der Messerkasten in die ursprungliche Lage, die Rolle bewegt sich in der Kulisse nach abwarts, wodurch die Prismalade, respektive das Prisma gegen das Nadelbrett geschlagen wird

Die besprochene Schaftmaschine findet Verwendung in der Handweberei In der mechanischen Weberei verwendet man andere unterschiedlich wirkende Schaftmaschinen-systeme

Schußspule. Schützen.

Das Schußgarn muß, wenn es nicht von der Spinnerei in Garnkorpern (Pinkops, Canetten), sondern in Strahnen (Bundelgarn) geliefert wird, durch Spulmaschinen auf Spulen gebracht werden Die mit Garn gefullte Spule wird auf die Spindel des Webschutzens gesteckt

Der Webschutzen ist das Gehause des Spulens Man unterscheidet Hand- und Schnellschutzen Der erstere wird vom Weber mit der Hand durch das Fach geworfen (Fig 14), wahrend der letztere durch eine Treibervorrichtung durch das Fach getrieben wird Fig 21 stellt einen Schnellschutzen mit der eingelegten Spule dar Damit der Faden von der Spule gut ablauft, wird er durch ein Auge der vorderen Schutzenwand gezogen

Weblade.

Die Weblade L (Fig 22) ist ein auf den oberen Querriegeln an zwei Stutzpunkten aufgehangter, frei schwingender Rahmen, welcher zur Aufnahme und Bewegung des Kammes dient Die Lade besteht aus zwei außerhalb der Kette befindlichen Ladearmen, welche oben durch die Ladenschwinge und unten durch das Ladenklotz verbunden sind.

Auf dem Ladenklotze befindet sich eine Nut, in welche der Kamm gesetzt ist Damit der Kamm auch nach oben feststeht, dient der ebenfalls mit einer Nut versehene verschiebbare Ladendeckel Vor dem Kamme befindet sich auf dem Ladenklotze die Schutzenbahn, welche, damit ein darauf laufender Schutzen nicht abgleiten kann, gegen den Kamm etwas geneigt ist Man unterscheidet, je nachdem der Schutzen mit der Hand oder durch eine Vorrichtung mechanisch bewegt wird, Hand- und Schnelladen Fig 22 stellt eine Handlade dar Bei der Schnellade befindet sich zu beiden Seiten der Schutzenbahn mindestens ein Schutzenkasten In dem Schutzenkasten befindet sich auf einer Spindel der Webervogel oder Picker, welcher zum Durchwerfen des Schutzens dient [1])

Das Weben.

Der Weber sitzt auf der Sitzbank und tritt (nach Fig 22) mit dem rechten Fuße auf dem rechten Tritt, während der linke Fuß leise den linken Tritt berührt Durch das Treten des rechten Trittes wird der zweite Schaft nach abwärts, der erste nach aufwärts bewegt In das dadurch entstandene Fach wird, nachdem der Weber die Weblade mit der linken Hand hinausgeschoben hat, der Schutzen von der rechten Seite auf die linke geworfen Nachdem der Schutzen auf der rechten Seite angekommen ist, tritt der Weber um, d h er tritt mit dem linken Fuße den linken Tritt nieder und hebt den rechten Fuß, wodurch der rechte Tritt in die Höhe kommt In demselben Momente[2]) oder etwas früher führt der Weber die Lade mit der linken Hand einwärts, was ein Anschlagen des Schusses durch den Kamm ergibt. Durch das Treten des linken Trittes geht der 1 Schaft tief, der 2 hoch und wird in dieses Fach wieder der Schuß eingetragen Durch das abwechselnde Treten der beiden Tritte und Einlegen des Schusses wird das Gewebe gebildet.

[1]) Ist das Gewebe dem Schusse nach durch Farben gemustert, so verwendet man Laden, welche auf einer oder auf beiden Seiten mehrere Schutzenkasten haben Diese Kasten oder Zellen sind in der Handweberei übereinander liegend angeordnet, in der mechanischen Weberei übereinander oder kreisförmig gelagert erstere heißt man Steig oder Hubkasten, letztere Revolverkasten Sind auf einer Seite mehrere, auf der anderen nur ein Schutzen kasten angeordnet, so kann man nur Muster mit geraden Schußzahlen weben, während man bei Laden, welche auf beiden Seiten mehrere Kasten haben gerad- und ungeradzahlige sowie auch Muster mit mehr Farben erzeugen kann Man bezeichnet erstere als Laden mit einseitigem, letztere als Laden mit zweiseitigem Wechsel

[2]) Schlagt der Weber die Lade bei offenem Fache an das Gewebe, so wird der Schuß im gestreckten Zustande angeschlagen, weshalb er im Gewebe weniger ersichtlich

Spannstab oder Breithalter

Durch das gespannte Eintragen des Schusses wird die Ware schmaler werden als die im Kamme eingezogene Kette Um dieses und das dadurch verursachte Verbiegen der Endrohre des Kammes teilweise zu vermeiden, verwendet man einen Spannstab oder Breithalter Derselbe besteht laut Fig 14, *BH*, aus zwei durch eine Spindel vereinigten verstellbaren Leisten Die äußeren Enden dieser Leisten sind mit spitzen Nadeln besetzt, damit man diese in den Rand des Gewebes einsetzen kann, um dasselbe sozusagen breitzuhalten Damit der Spannstab nach dem Einsetzen, welches hinter den zuletzt eingetragenen Schussen erfolgt und welches von Zeit zu Zeit ein Fortrucken bedingt, nicht aufklappt, dient der rechts von der Spindel befindliche Vorleger

Bindung, Bindungslehre

Bindung ist der Allgemeinbegriff für die Verkreuzung der Kettenfaden mit den Schußfaden Unter Bindungslehre versteht man die Lehre der Gesetze uber die Verbindungen der Kettenfaden mit den Schußfaden

Die Darstellung der Bindung eines Gewebes erfolgt durch einfache Vergroßerung der Verflechtung (Fig 43) oder durch Ubertragung der Fadenhebungen auf ein quadratisch liniertes Papier (Fig 44)

Tupf-, Muster-, Catarigat- oder Patronenpapier.

Man versteht darunter ein Papier, welches senkrecht und wagrecht so liniert ist, daß kleine kongruente Quadrate oder Rechtecke gebildet werden Um einerseits ein schnelles Zahlen der Zwischenraume zu ermoglichen, anderseits die Langszwischenraume zu den Querzwischenraumen in ein bestimmtes Verhaltnis zu bringen, hat das Papier außer der feinen Liniatur eine starke, große Quadrate bildende Einteilung [1]) Nach der Anzahl Teile, welche ein großes Quadrat der Breite und Hohe nach enthalt, wird das Papier benannt Hat ein Quadrat z B 8 Teile in der Breite und 8 Teile in der Hohe, so heißt dies 8 in 8, bei 10 Teilen 10 in 10 Tupfpapier Bei dem Tupfpapier gelten die Langszwischenraume 1—8, Fig 38, als Kettenfaden die Querzwischenraume I—VIII als Schußfaden Die Einteilung des Tupfpapiers wird nach der Dichte der Kettenfaden zu den Schußfaden bestimmt Aus diesem Grunde

---

sein wird als die Kette Schlägt der Weber aber bei geschlossenem oder gekreuztem Fache die Lade an die Ware, so wird der Schußfaden mehr hervortreten, das Gewebe wird inniger verbunden und dicker

[1] Man benennt ein großes Quadrat auch häufig eine Dizaine, fälschlich Schenie Dizaine ist eigentlich nur bei einer Einteilung in zehn richtig

muß es verschiedene Einteilungen geben. Es gibt z. B 8 in 8, 10 in 10, 12 in 12, 4 in 12, 4 in 14, 4 in 16, 4 in 18, 4 in 20, 8 in 6, 8 in 7, 8 in 9, 8 in 10, 8 in 11, 8 in 12, 8 in 13, 8 in 14, 8 in 15, 8 in 16, 8 in 18, 8 in 20 etc Tupfpapier Gleichteiliges Papier nennt man jenes, wo die Einteilung der großen Quadrate der Breite und Höhe nach gleichmäßig erfolgt In der Schaftweberei verwendet man fast stets gleichteiliges Tupfpapier, da die Dichte der Kette und des Schusses zur Darstellung der Bindungen nicht maßgebend ist Anders ist dies in der Jacquard- oder Gebildweberei Dort muß die Einteilung des Tupfpapieres, worauf die Zeichnung gefertigt wird, genau mit den Dichten des Gewebes übereinstimmen, wenn Ware und Zeichnung dasselbe Bild geben sollen

Tupfen.

Das Übertragen der Gewebeverflechtung auf das Tupfpapier heißt man »Tupfen« Um die Gewebebindung darzustellen, muß man durch Ausfüllen von Quadraten angeben, wo die Kettenfäden auf den Schußfäden liegen. Die getupften Quadrate entsprechen in diesem Falle obenliegender Kette die weißen Quadrate obenliegendem Schusse Zum Ausfüllen der Quadrate verwendet man Haarpinsel und Aquarellfarben Dasselbe hat so zu erfolgen, daß das Quadrat mit einem Pinselzuge ausgefüllt ist Als erster Kettenfaden gilt stets der erste linke senkrechte Zwischenraum roter Pfeil, Fig 38, als erster Schußfaden der unterste wagrechte Zwischenraum des Tupfpapiers, schwarzer Pfeil.

Bindpunkt, Flottungen.

Die Kreuzungsstelle bei der Verbindung eines Kettenfadens mit einem Schußfaden bezeichnet man als Bindpunkt Man unterscheidet, je nachdem bei der Verbindung der Kettenfaden auf dem Schußfaden oder der Schußfaden auf dem Kettenfaden liegt, Ketten- und Schußbindpunkte Die Kettenbindpunkte werden durch Ausfüllung der Kreuzungsquadrate mit roter Farbe ersichtlich gemacht, während die Schußbindpunkte gewöhnlich ungetupft (Weiß) bleiben Liegt z B der erste Kettenfaden auf dem ersten Schußfaden, so wird dies nach Fig 38 durch Ausfüllen des betreffenden Kreuzungsquadrates ersichtlich gemacht Dieses rote Quadrat repräsentiert einen Kettenbindpunkt

Liegt ein Faden des einen Fadensystems über mehrere Faden des anderen Fadensystems frei, so bezeichnet man dieses freiliegende Fadenstück als Flottung Man unterscheidet, je nachdem die Kette über mehrerere Schusse oder der Schuß über mehrere Kettenfaden flott oder frei liegt, Kettenflottungen und Schußflottungen Bei der Fig 39 (10 in 10 Tupfpapier) liegen der 1 und 11 Kettenfaden auf dem 1 Schusse, was durch Ausfüllen der Kreuzungsquadrate 1 Kettenfaden mit 1 Schusse und 11 Kettenfaden mit 1 Schusse dargestellt ist Der 1 Schußfaden liegt demgemäß über dem 2, 3, 4, 5, 6, 7, 8, 9 Kettenfaden flott oder frei, weshalb man diese Stelle als Schußflottung bezeichnet

Bei der Fig 40 (12 in 12 Tupfpapier) liegt der 1 Kettenfaden über dem 2, 3, 4, 5, 6 Schusse flott, weshalb man diese Stelle Kettenflottung heißt

Bindungsgrat.

Bringt man Bindpunkte in eine schiage Lage (zusammenhangend Fig 40, steigend Fig 41), so entsteht eine Tupfenreihe oder ein Bindungsgrat

Bindungsarten

Bindungen gibt es unzahlige Man unterscheidet

1 Grundbindungen: Leinwand, Koper, Atlas

2 Abgeleitete Bindungen, das sind solche, welche man aus den Grundbindungen entwickeln kann

Grundbindungen.

A Leinwand- oder Taftbindung.

Bei dieser sind die Bindpunkte wie die Felder eines Schachbrettes verteilt, d. h es ist immer ein Quadrat ausgefullt, wahrend das benachbarte weiß bleibt

B Koperbindung

Die Bindpunkte laufen hier in einer zusammenhangenden diagonalen Richtung

C Atlasbindung

Bei dieser Bindungsart laufen die Bindpunkte in einer schragen, nicht zusammenhangenden, sondern bloß steigenden Richtung

Fig 1 Leinwandgewebe
» 43 Leinwandbindung, dargestellt nach der Art der Verflechtung
» 44 Leinwandbindung, ausgefuhrt auf dem Tupfpapier
    a) Langsschnitt des Gewebes,
    b) Querschnitt des Gewebes
Fig 2 Kopergewebe
» 45 Koperbindung nach Art der Verflechtung,
  46 Koperbindung auf dem Tupfpapier.
    a) Langsschnitt,
    b) Querschnitt

DIE DREI GRUNDBINDUNGEN.

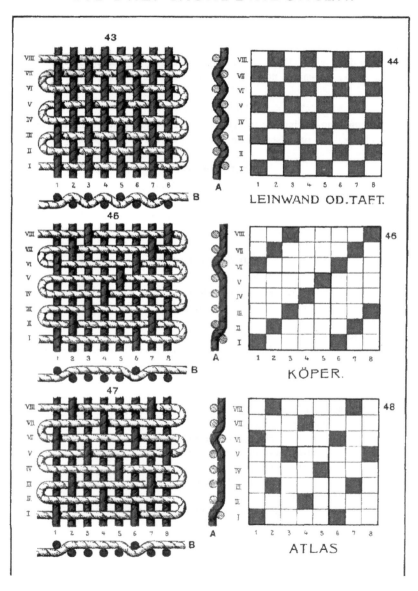

43

44

LEINWAND OD. TAFT.

45

46

KÖPER.

47

48

ATLAS

Bei den Fig 43—48 ist die Kette rot, der Schuß weiß angeordnet Die arabischen Ziffern numerieren die Kettenfaden, die romischen die Schußfaden Die Darstellung der Bindung nach den Fig 43, 45, 47 ist fur den Laien bedeutend verstandlicher als die der Fig 44, 46, 48. Nachdem aber die erste Versinnbildlichung zu zeitraubend ist, kommt mit wenig Ausnahmen in der Praxis nur die zweite Methode in Anwendung.

Bindungsrapport.

Die Fadenzahl bis zur Wiederholung der Bindung heißt man Rapport Der Rapport besteht aus einer Gruppe verschiedenbindiger Ketten- und Schußfaden, welche sich in der ganzen Lange und Breite des Gewebes regelmaßig wiederholen Man unterscheidet einen Ketten- und einen Schußfadenrapport Zur Aufsuchung des Kettenfadenrapportes nimmt man von der Bindung den ersten Kettenfaden, d. i der außerste links, und sucht, wo sich dieser genau wiederholt, d. h wo ein Kettenfaden genau so bindet wie der erste Bei der Fig 44 liegt der 1 Kettenfaden einmal auf dem Schusse (rotes Quadrat), einmal unter dem Schusse (weißes Quadrat) usw Der 2 Kettenfaden liegt einmal unter dem Schusse und einmal uber dem Schusse usw, ist demnach anders wie der 1 Kettenfaden Der 3 Kettenfaden bindet genau so wie der 1 und der 4 genau so wie der 2 Kettenfaden, weshalb der Kettenrapport zwei Faden hat

Bei der Rapportbestimmung ist genau zu beachten, daß sich nicht nur ein Faden, sondern alle regelmaßig wiederholen Nimmt man z B die Bindung der Fig 70, so findet man, daß der 17 und 21 Kettenfaden genau so wie der 1, d h einmal unter dem Schusse, zweimal auf dem Schusse, dreimal unter dem Schusse, zweimal auf dem Schusse usw liegt, daß aber trotzdem die Wiederholung der Bindung erst nach dem 21 Kettenfaden beginnt, weil der 18, 19 etc Kettenfaden nicht gleich mit dem 2, 3 etc binden Beim Aufsuchen des Schußfadenrapportes verfahrt man in derselben Weise, nur daß man schußfadenweise vorgeht

Bindig und schäftig

Dieses sind Bezeichnungen, welche sich auf die Fadenzahl des Ketten- und Schußrapportes beziehen. Hat eine Bindung gleiche Fadenzahl im Ketten- und Schußrapporte, so sagt man bindig, ist dies nicht der Fall, schäftig So ist z B die Bindung Fig 65 2bindig, Fig 68 4bindig, Fig 168 . 6schaftig

Werk, Zeug oder Geschirr

Die Anzahl der Schäfte, welche man zu einer Bindung braucht, richtet sich nach der Anzahl der Kettenfaden des Rapportes Bei der Leinwandbindung, Fig 44, hat der Rapport zwei, bei der Koperbindung, Fig 46, fünf Kettenfaden, weshalb man zum Weben dieser Bindungen zwei und fünf Schafte braucht Durch die Zusammenstellung der zu einer Bindung notwendigen Schafte entsteht das sogenannte Zeug, Werk oder Geschirr Braucht man zu einer Bindung z B vier Schafte, so bilden diese vier Schafte ein Werk oder Zeug.

Vermehrung und Verminderung der Schäfte.

Haufig kommt es vor, daß man beim Weben mehr oder weniger Schafte verwendet, als die Fadenzahl des Kettenrapportes betragt Leinwandgewebe webt man meistens mit vier Schaften, weil bei zwei Schaften zu viel Helfen auf einen Schaft kommen, was eine Uberlastung des Schaftes beim Bewegen der eingezogenen Kette ergibt Eine Verminderung von Schaften kann erfolgen, wenn sich Kettenfaden im Rapporte wiederholen Bei der Fig 70 bindet z B.

der 1 Kettenfaden wie der 17 und 21.,
» 2 » » » 22 » 24,
» 3. » » » 7. » 23,
» 4 » » » 6 » 8,
» 5 » » » 9 » 13,
» 10 » » » 12 » 14,
» 11 » » » 15 » 19,
» 16 » » » 18 » 20

Man ersieht daraus, daß eigentlich nur acht verschiedene Bewegungen der Kettenfaden vorhanden sind und benotigt deshalb auch nur 8 Schafte, trotzdem der Rapport 24 Kettenfaden aufweist

Einzugsarten der Kettenfäden in die Helfen.

Unter Einzug versteht man die Art und Weise, wie die Kettenfaden nacheinander folgend in die Helfen der Schafte eingezogen sind Dem Charakter der Bindung und der Eigenart des zu erzeugenden Gewebes zufolge kommen folgende Einzugsarten zur Verwendung

I Gerade Einzuge

Bei dieser Einzugsweise wird immer der nachstfolgende Kettenfaden in den nachstfolgenden Schaft gezogen, demnach kommt der 1 Kettenfaden in den 1. Schaft, der 2 in den 2, der 3 in den 3 usw Ist man beim letzten Schafte angelangt, so fangt man wieder beim 1 an In der Fig 49 ist ein gerader Einzug mit 8 Schaften dargestellt

Die wagrechten Linien 1—8 versinnbildlichen die Schafte, die senkrechten Linien die Kettenfaden, die Ringel an der Kreuzung der Kettenfaden mit den Schaften die Helfenaugen Die zweifache Verbindung der Kettenfaden am Ende ergibt den Kammeinzug Die starke wagrechte Linie unter den Schaften bestimmt den Fadenrapport

II, Gesprungene, oder Atlaseinzuge

Bei dieser Gruppe erfolgt das Einziehen der nacheinander folgenden Kettenfaden nicht fortlaufend, sondern uberspringend So z B uberspringt beim Einziehen in 5 Schafte der nachstfolgende Kettenfaden immer 1 oder 2 Schafte, bei 8 Schaften immer 2 oder 4 Schafte Die Fig 50 stellt einen gesprungenen Einzug mit 8 Schaften dar Diese Einzuge haben den Vorteil, daß sich die Kettenfaden vermoge der nicht zusammenhangenden Einzugsweise bei der Fachbildung weniger reiben und leichter teilen, jedoch den Nachteil, daß ungeubte Weber bei Fadenbruchen oft Einzugsfehler verursachen

Bei geraden und gesprungenen Einzugen nimmt man fur jeden Kettenfaden des Bindungsrapportes einen Schaft Die Zahl der Schafte entspricht der Fadenzahl des Kettenrapportes

Befinden sich im Kettenrapporte einer Bindung gleichbindende Faden, so kann man durch die Beziehung aller gleichbindenden Kettenfaden in einem Schaft mit weniger Schaften sein Auskommen finden, als dies bei geradem Einzuge Bedingung ist Man nennt derartige Einzuge vermoge der Schaftreduzierung.

III Reduzierende Einzuge.

Bei diesen Einzugen wird die Schaftzahl nach den im Kettenrapporte voneinander verschieden bindenden Kettenfaden bestimmt. Die geringste Schaftzahl, mit welcher man eine Bindung weben kann, entspricht der Zahl der verschiedenbindigen Kettenfaden des Rapportes Nach der außeren Form dieser Einzuge unterscheidet man folgende Unterabteilungen·

1 Spitzeinzuge
   a) Reine Spitzeinzuge Fig 51,
   b) Gemusterte Spitzeinzuge Fig. 52,
   c) Unterbrochene Spitzeinzuge Fig 53
2. Wiederholende Einzuge Fig 54
3 Versetzte Einzuge Fig 55.

4 Satzeinzuge[1]) Fig 56
5 Gratweise Einzuge Fig 57 und 58
6 Zerstreute oder formlose Einzuge Fig 59
7 Zusammengesetzte Einzuge[2]) Fig 60
8 Zwei- und mehrteilige Einzuge[3]) Fig 61, 62 und 63

IV Mehrfache Einzuge

Bei diesen Einzugen wird die gesamte Kette oder nur ein Teil derselben durch zwei Helfenaugen gefuhrt Das erstere ist bei Damast, das letztere bei Drehergeweben der Fall Die Fig 64 versinnbildlicht einen Einzug fur ein Drehergewebe und ist daraus ersichtlich, daß die schwarzen Kettenfaden durch ein Helfenauge, die roten aber durch zwei Helfenaugen gehen.

Anzahl der Tritte.

Die Anzahl der Tritte wird in der Handweberei ermittelt nach der Zahl der Schußfaden eines Bindungsrapportes Bei der Leinwandbindung, Fig 44, enthalt der Schußrapport zwei Faden, weshalb zum Weben auch zwei Tritte erforderlich sind Eine Verminderung der Tritte kann erfolgen, wenn sich Schußfaden im Rapporte wiederholen Bei der Fig 71 betragt der Schußrapport der Bindung 6 Schusse. Da jedoch der 6 Schuß genau wie der 2 und der 5 genau wie der 3 Schuß bindet, kann man diese Bindung anstatt mit 6, auch mit nur 4 Tritten weben

Das Treten der Tritte kann ein- oder zweibeinig erfolgen. Tritt der Weber die Tritte immer nur mit einem Fuße, so spricht man von einbeiniger oder einseitiger Trittweise, bearbeitet er diese mit beiden Fußen, von zweibeiniger Trittweise Selbstverstandlich wird durch die zweibeinige oder zweiseitige Trittweise eine großere Arbeitsleistung erzielt, weshalb man diese Manier, mit wenig Ausnahmen in der Handweberei anwendet

In der mechanischen Weberei kommt nur die einseitige Tretordnung in Betracht

---

[1]) Satzeinzuge bestehen aus zwei oder mehreren Schaftpartien und erfolgt das Einziehen partienweise abwechselnd in die eine und andere Schaftabteilung

[2]) Zusammengesetzte Einzuge bestehen aus zwei oder mehreren, in einer Schaftpartie nebeneinander angeordneten Einzugsarten

[3]) Zweiteilige Einzuge nach Fig 61 kommen bei Leinwandbindung vor, wenn man zur Fachbildung eine Wellenvorrichtung nimmt und mit 4 oder 6 Schäften arbeitet Bei dieser Vorrichtung findet eine Zweiteilung der Schafte statt und muß man demgemaß immer abwechselnd einen Faden in die erste Partie, einen Faden in die zweite Partie einziehen Bei 4 Schaften zieht man 1, 3, 2, 4, bei 6 Schaften 1 4, 2, 5, 3, 6 ein Zwei- oder drei teilige Einzuge nach den Fig 62 und 63 kommen bei Geweben in Anwendung, welche aus 2 oder 3 Kettenfadensystemen bestehen

SCHAFTEINZÜGE.

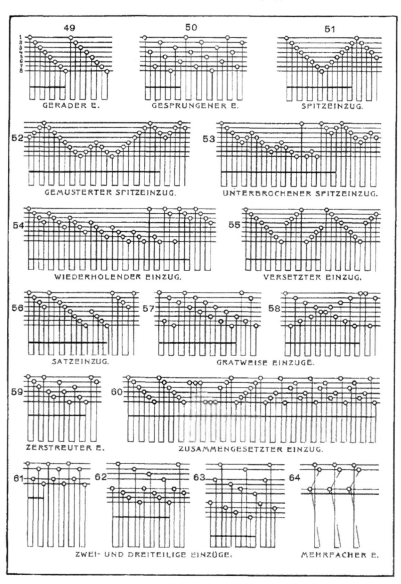

49 GERADER E.
50 GESPRUNGENER E.
51 SPITZEINZUG.

52 GEMUSTERTER SPITZEINZUG.
53 UNTERBROCHENER SPITZEINZUG.

54 WIEDERHOLENDER EINZUG.
55 VERSETZTER EINZUG.

56 SATZEINZUG.
57 58 GRATWEISE EINZUGE.

59 ZERSTREUTER E.
60 ZUSAMMENGESETZTER EINZUG.

61 62 63 ZWEI- UND DREITEILIGE EINZÜGE.
64 MEHRFACHER E.

Trittweise oder Tretordnung

Unter diesei versteht man die Angabe, wie die Tritte nacheinander folgend getreten werden Man unterscheidet folgende Arten

I. Gerade Trittweise

Bei dieser Anordnung tritt man die Tritte dei Numerierung gemaß vom eisten bis zum letzten gerade durch und fangt nach dem Tieten des letzten Trittes wieder mit dem ersten an Diese Trittweise wird angewendet, wenn man soviel Tritte nimmt, als dei Schußrappoit Faden hat.

II. Reduzierende Trittweise.

Befinden sich im Schußrapporte einer Bindung gleichbindende Schußfaden, wie dies bei Fig 71 beieits erwähnt wurde, so kann man diese durch einen Tritt zum Eintragen bringen Das Tieten dei Tritte muß sich in diesem Falle genau nach den Wiederholnngen richten Man nennt derartige Anordnungen wegen der Tiitteieduzierung gegenubei der geraden Trittfolge ieduzieiende Trittweisen Die geringste Trittzahl einei Bindung entspricht im Hand-webstuhle der Zahl der verschiedenbindigen Schußfäden eines Rapportes.

Natürlich ist zu beiucksichtigen, daß die Trittweise nicht zu schwierig ausfallt, weil letzteres oft Fehler in dei Ware und schweies Tieten veiuisacht, wodurch mehr Schaden als Nutzen entsteht. Es ist deshalb ratsam, in schwierigen Fallen lieber die Trittzahl nach dem Schußiappoite zu bestimmen und geiade duichzutreten, odei bei zu großei Tiittzahl auf Schaftmaschine voizurichten

III Doppelte Trittweise.

Bei dieser Trittweise weiden zum Bilden des Faches zwei Tritte nach-einander folgend getreten. Dieselbe findet manchmal Verwendung bei dichten Wollstoffen und bei Wollstoffen, welche aus langhaarigem, faserigem Materiale erzeugt weiden Der Zweck ist die Bildung eines ieinen Faches und schonende Teilung der oft zusammenhangenden Faden Dei Vorteil besteht darin, daß sich die Verkreuzung bei jedem Tiitt auf die Halfte beschiankt Diese zwei-fache Fachbildung kommt auch vereinzeld in der mechanischen Weberei in Anwendung und wird als Doppelschlag bezeichnet Die doppelte Trittweise findet ferner Verwendung bei Damast- und Piquégeweben

Angabe der Schattbewegung oder Anschnurung.

Unter dieser versteht man die Angabe der Schaftbewegung beim Treten der Tritte Die Schafte weiden nach Fig 23 durch wagrechte Linien 1 und 2, die Tritte durch senkrechte I und II dargestellt An der Kieuzung der Schäfte

2*

mit den Tritten erfolgt, wie bereits bei den Fachbildungsvorrichtungen erwahnt, die Verbindung dieser Mechanismen durch Schnuren und Hebel Aus diesem Grunde dient auch bei der bildlichen Darstellung diese Kreuzungsstelle zur Angabe der Schaftbewegung Soll z B durch das Treten des 1 Trittes der 1 Schaft gesenkt, der 2. gehoben werden, so setzt man an der Kreuzung des 1. Schaftes mit dem 1 Tritte einen Ring, an der Kreuzung des 2 Schaftes mit dem 1 Tritte ein liegendes Kreuz Das erste Zeichen gibt demnach Schaftsenkung, das letzte Schafthebung an Gewohnlich setzt man nur fur die Hochgange der Schafte die Schnurungszeichen und nimmt die Kreuzungsstellen ohne Zeichen als Tiefgange an Bei der Vorrichtung mit Welle sollte man eigentlich nur die Tiefgange zeichnen, da diese die Hochgange bewirken.

Webschema oder Webertabelle.

Die schematische Darstellung, welche dem Weber Aufschluß uber Bindung, Rapport, Schafte, Tritte, Kettenfadeneinzug, Trittweise und Anschnurung, beziehungsweise Kartenmuster gibt, heißt Webschema, Webertabelle oder Weberzettel Es ist dies nichts anderes als der Grundriß der Webvorrichtung

Die Ausfertigung der Webertabelle kann auf verschiedene Weise erfolgen.

I *a)* Man klebt die Bindung *B* auf die Tabelle und markiert durch starkere Linien den Rapport,

   b) man versinnbildlicht den Kettenbaum *K* durch eine wagrechte Linie uber der Bindung,

   c) man versinnbildlicht die Schafte *S* durch wagrechte Linien unter dem Kettenbaume und numeriert dieselben durch Ziffern,

   d) man versinnbildlicht die Tritte *T* durch senkrechte Linien, welche neben der Bindung auf die Schafte gezogen sind,

   e) man zieht senkrechte Linien, welche Kettenfaden darstellen, vom Kettenbaume auf die Bindung,

   f) man bestimmt den Helfeneinzug durch Ringe an der Kreuzung der Kettenfaden mit den Schaften,

   g) man numeriert die Tritte, indem man von dem 1 Schusse eine wagrechte Linie auf den 1 Tritt, von dem 2 Schusse eine Linie auf den 2 Tritt usw zieht,

   h) man setzt auf den Schnurungsplan *Sch*, d. i die Kreuzung der Schafte mit den Tritten, die Schnurungszeichen Fig 65.

II Man laßt den Kettenbaum weg und zieht die Kettenfaden nur bis zum Helfenauge

Man numeriert die Tritte durch Ziffern.

Man setzt auf der Schnürung nur Schafthebungszeichen. Fig. 66.

III. Man nimmt anstatt der einfachen Linien für Schäfte und Tritte doppelte und bestimmt die Zwischenräume dieser Linien als Schäfte, beziehungsweise Tritte. Die ausgefüllten Quadrate der Anschnürung ergeben Schafthebung. Fig. 67.

IV. Man verwendet das oben und rechts von der Bindung freigelassene Tupfpapier zur Bestimmung der Schäfte und Tritte. Hier gelten die wagrechten Zwischenräume über der Bindung als Schäfte, die senkrechten neben der Bindung als Tritte. Um Einzug und Tritte von der Bindung zu trennen, läßt man gewöhnlich zwischen Bindung und Einzug, und Bindung und äußerstem linken Tritte zwei oder vier Zwischenräume leer.

Die schwarzen Tupfen auf den Schäften ergeben den Kettenfadeneinzug, auf den Tritten die Trittfolge und an der Kreuzung der Schäfte mit den Tritten die Schafthebung.

Mitunter kommt es auch vor, daß man die Schäfte unter der Bindung darstellt, was jedoch dem Grundriß der Webweise zuwiderläuft.

Webertabelle Fig. 65.

Die Bindung ist Leinwand. Zu einem Rapporte gehören 2 Ketten- und 2 Schußfäden, weshalb 2 Schäfte und 2 Tritte erforderlich sind. Beim Einziehen in die Schäfte kommt der 1. Kettenfaden, welcher einmal unten, einmal oben bindet, in den 1. Schaft. Der 2. Kettenfaden, welcher einmal oben, einmal unten bindet, ist anderer Aushebung als der 1., weshalb er in einen anderen Schaft, in den 2. gezogen wird. Mit diesen 2 Kettenfäden ist der Einzug vollständig, da diese eine Wiederholung bilden. Alle folgenden Kettenfäden werden wie der 1. und 2. eingezogen. Um die Anschnürung, d. i. die Verbindung der Schäfte mit den Tritten zu besorgen, verfährt man folgend: Auf dem 1. Schuß ist der 2. Kettenfaden gehoben, dieser ist eingezogen in den 2. Schaft, folglich muß, da der 1. Schuß nach dem Treten des 1. Trittes eingetragen wird, an der Kreuzung des 2. Schaftes mit dem 1. Tritte ein Schnürungszeichen, welches die Schafthebung darstellt, gesetzt werden. Auf den 2. Schuß ist der 1. Kettenfaden gehoben. Der 1. Kettenfaden ist eingezogen in den 1. Schaft, der 2. Schuß wird nach dem Treten des 2. Trittes eingetragen, folglich muß an der Kreuzung des 1. Schaftes mit dem 2. Tritte ein Schnürungszeichen für den Hochgang gesetzt werden. Die Schaftsenkungszeichen werden auf der Schnürungsfläche durch Ringel bestimmt. Meist entfällt jedoch diese Einzeichnung, da alle noch leeren Schnürungsstellen diesen entsprechen.

Webertabelle Fig. 66.

Die Bindung ist Köper Der Rapport hat 4 Ketten- und 4 Schußfaden Nachdem jeder Ketten- und Schußfaden im Bindungsrapporte anders bindet, braucht man 4 Schafte und 4 Tritte Der Einzug ist ein gerader und ist die Trittweise einbeinig gerade angeordnet Zur Ausführung der Anschnürung verfahrt man folgend

Auf dem 1 Schusse des Bindungsrapportes liegt der 1. Kettenfaden oben, der 2, 3 und 4 unten Nachdem der 1 Kettenfaden in dem 1 Schafte eingezogen ist, muß dieser gehoben werden, was durch ein Schafthebungszeichen an der Kreuzung des 1 Schaftes mit dem 1. Tritt angedeutet wird Auf dem 2 Schusse liegt der 2 Kettenfaden oben, der 1, 3 und 4 unten, weshalb auf den 2 Tritt an der Kreuzung des 2 Schaftes ein Schafthebungszeichen gesetzt werden muß Auf dem 3 Schusse liegt der 3 Kettenfaden oben Dieser ist eingezogen in den 3 Schaft, weshalb an der Kreuzung des 3. Schaftes mit dem 3 Tritte ein Schafthebungszeichen gesetzt wird Auf dem 4 Schusse liegt der 4 Kettenfaden oben Nachdem der 4. Kettenfaden in den 4 Schaft eingezogen ist, muß dieser Schaft gehoben werden, was durch die Einzeichnung eines Schafthebungszeichens an der Kreuzung des 4 Schaftes mit dem 4 Tritte erkennbar gemacht wird

Webertabelle Fig. 67.

Die Bindung ist Köper Der Rapport besteht aus 6 Ketten- und 6 Schußfaden Nachdem jeder Ketten- und jeder Schußfaden im Rapport anders bindet, braucht man zur Ausführung 6 Schafte und 6 Tritte Der Einzug ist gerade Die Trittweise ist gerade, zweibeinig angeordnet

Auf dem 1 Schuß des Bindungsrapportes sind die Kettenfaden 1, 2, 3 gehoben Der 1 Kettenfaden ist in den 1 Schaft, der 2 in den 2, der 3 in den 3 eingezogen, weshalb an der Kreuzung des 1 Trittes mit dem 1, 2 und 3 Schafte Hebungszeichen gesetzt werden mussen Auf dem 2 Schusse sind die Kettenfaden 2, 3, 4 gehoben Diese sind eingezogen in den 2, 3 und 4 Schaft, weshalb diese Schafte gehoben werden mussen, was durch Einsetzen der Schnurungszeichen an der Kreuzung der betreffenden Schafte mit dem 2 Tritte kennbar gemacht wird usw.

Nachdem das Anschnuren der Schafte mit den Tritten bei der durchgenommenen Anordnung zu zeitraubend ist, wendet man bei geraden Einzugen folgendes vereinfachte Verfahren an Man liest die Kettenfadenhebungen (rote Quadrate) als genommen, die Kettenfadentiefzuge (weiße Quadrate) als gelassen

WEBERTABELLEN.

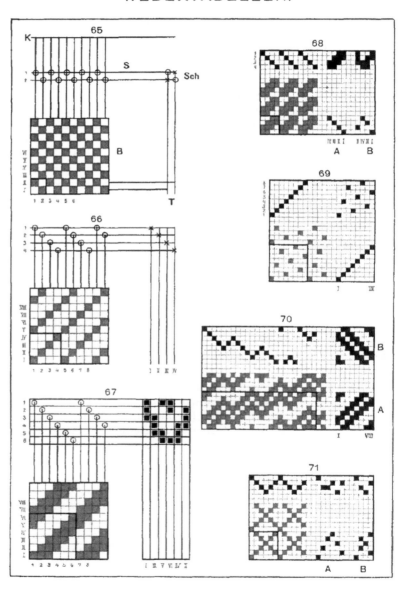

schußfadenweise von links nach rechts der Bindungsfläche ab und übertragt dieses trittweise von oben nach unten auf die Schnurungsfläche

Der 3 Schuß der Bindung, Fig 63, lautet 2 gelassen, 3 genommen, 1 gelassen, weshalb auf der Schnurungsfläche des 3 Trittes von oben nach unten, 2 gelassen, 3 genommen, 1 gelassen getupft wird

Webertabelle Fig. 68.

Die Bindung heißt vermöge der kleinen Figuren Krepp Der Rapport umfaßt 4 Ketten- und 4 Schußfaden Nachdem der Rapport aus 4 verschiedenbindigen Ketten- und Schußfaden besteht, braucht man 4 Schafte und 4 Tritte. Der Fadeneinzug ist ein gerader Die Trittweise ist unter *A* einbeinig, unter *B* zweibeinig gerade angeordnet Die Numerierung der Tritte wurde ausnahmsweise von rechts nach links vorgenommen

Webertabelle Fig. 69.

Die Bindung ist Atlas Ein Rapport = 8 Ketten- und 8 Schußfaden Da jeder Faden im Rapporte anders bindet, braucht man 8 Schafte und 8 Tritte

Zur Verwendung kommt ein gerader Einzug und eine gerade einbeinige Trittweise Die Numerierung der Schafte erfolgt hier von vorn nach hinten Diese unlogische Schaft- und richtige Trittnumerierung bietet den Vorteil, daß die Bindung gleich als Schnurung dient Will man bei dieser Einzugsweise anschnuren, so liest man von der Bindung die Schusse von links nach rechts ab und übertragt dies von unten nach oben auf die Schnurungsfläche

Der 1 Schuß der Bindung lautet von links nach rechts gelesen 1 genommen, 7 gelassen, weshalb auf der Schnurungsfläche des 1 Trittes von unten nach oben 1 genommen, 7 gelassen getupft wird

Webertabelle Fig. 70.

Die Bindung ist gebrochener Koper. Ein Rapport = 24 Ketten- und 8 Schußfaden Bei geradem Einzuge braucht man 24 Schafte Untersucht man aber die Kettenfaden des Rapportes, so findet man, daß eigentlich nur 8 Bewegungen, d h andersbindende Kettenfaden vorhanden sind Man kann deshalb bei reduzierter Einzugsweise die Bindung mit 8 Schaften weben. Beim Aufsuchen des Einzuges verfahrt man folgend

1 Man zieht den 1 Kettenfaden in den 1 Schaft.

2 Man sucht, ob im Rapporte noch Kettenfaden vorhanden sind, welche genau wie der 1. binden, und zieht diese bei Vorkommnis ebenfalls in den 1 Schaft

3 Man verfahrt mit den folgenden Kettenfaden genau wie mit den 1 Kettenfaden

Wie der 1 Kettenfaden 1mal unten, 2mal oben, 3mal unten, 2mal oben, binden auch der 17. und 21, weshalb diese in den 1 Schaft gezogen werden Wie der 2 Kettenfaden 1mal oben, 1mal unten, 2mal oben, 3mal unten, 1mal oben, binden, auch der 22. und 24 Kettenfaden, weshalb auch diese in den 2 Schaft gezogen werden usw

Anschnurung

Auf dem 1. Schusse sind die Kettenfaden 2, 3, 7, 11, 15, 16, 18, 19, 20, 22, 23, 24 gehoben. Der 2, 22, 24 Kettenfaden sind eingezogen in den 2 Schaft, der 3, 7, 23 in den 3 Schaft, der 11, 15, 19 in den 7 Schaft und der 16, 18, 20 in den 8 Schaft Es mussen deshalb auf den 1 Tritt an der Kreuzung des 2, 3, 7 und 8 Schaftes Schnurungszeichen gesetzt werden Mit dem 2 bis 8. Schusse ist genau wie mit dem 1 zu verfahren.

Anschnür- oder Kartenmuster.

Nachdem das soeben beendete Anschnurungsverfahren zu umstandlich ist, bildet man bei reduzierenden Einzugen ein Anschnur- oder Kartenmuster Bei dieser Zeichnung werden die verschiedenbindenden Kettenfaden des Rapportes in eine dem geraden Einzuge entsprechende Ordnung gebracht Man setzt zu diesem Zwecke rechts neben die Bindung den Schußrapport eines Kettenfadens, welcher in den 1 Schaft eingezogen ist, daneben rechts einer, welcher in den 2 Schaft eingezogen ist und so von Schaft zu Schaft weiterschreitend, bis man endlich den letzten erledigt hat Die Breite dieser Musterzeichnung entspricht der Anzahl der Schafte, die Hohe dem Schußrapporte Will man von dem Anschnurmuster anschnuren, so verfahrt man wie bei geraden Einzugen, d h man liest von links nach rechts ab und schnurt von oben nach unten an Arbeitet man mit einer Schaftmaschine, so bedeuten die Tupfen des Kartenmusters Locher in der Karte Bei reduzierenden Einzugen, wo die Kettenfaden am Anfange eine gerade Einzugsweise darstellen, wie dies bei Fig 71 der Fall ist, kann das Bilden des Kartenmusters entfallen, da die geradedurch eingezogene Fadengruppe diesem entspricht

Webertabelle Fig. 71.

Die Bindung ist Spitzkoper mit einem Rapporte von 6 Ketten- und 6 Schußfaden. Bei einem geraden Einzuge und einer geraden Trittweise kommen 6 Schafte und 6 Tritte zur Verwendung Untersucht man aber die Bindung der einzelnen Kettenfaden des Rapportes, so findet man, da der 2 und 6

sowie der 3 und 5 gleiche Bindung haben, daß nur 4 andersbindende Kettenfaden vorhanden sind, weshalb die Bindung bei reduzierender Einzugsweise
(Spitzeinzug) mit 4 Schaften erzeugt werden kann Dasselbe gilt bei den Schußfaden, beziehungsweise Tritten Neben der Bindung ist unter *A* die gerade,
unter *B* die reduzierte Trittweise dargestellt Die Anschnurung kann direkt von
der Bindung erfolgen, da die ersten 4 Kettenfaden einen geraden Einzug
darstellen und darin alle Bewegungen der Kette enthalten sind Bei der geraden Trittweise kommt der ganze Schußrapport, bei der reduzierten nur die
ersten 4 Schusse des Rapportes zur Anschnurung

Einteilung der Gewebe.

Man teilt die Gewebe nach der Beschaffenheit der Warenflache und deren
Aussehen in glatte, gestreifte, karierte, verstarkte, broschierte, Samt- und
samtartige und Gaze-Gewebe

Glatte Gewebe bestehen aus einei Kette und einem Schusse und
liefert die Bindung eine eintonige Warenflache Bei gestreiften und karierten
Geweben sind zwei oder mehrere Bindungen streifenweise oder quadratisch
nebeneinander angeordnet Verstärkte Gewebe entstehen aus einfachen durch
Unterstellung eines oder mehrerer Fadensysteme Ist ein glattes Gewebe durch
ein zweites Ketten- oder zweites Schußfadensystem in auffallender Weise figuriert,
so nennt man dies ein broschiertes Gewebe

Samt- und samtartige Stoffe haben eine aus Haarbuscheln (Flornoppen)
oder Schlingen gebildete Oberseite Gaze- oder Dreheigewebe nennt man
diejenigen, wo ein Umschlingen, Umdrehen der Kettenfaden erfolgt

Gruppierung der Bindungsarten

I Glatte Gewebe

Leinwand-, Tuch-, Cotton- oder Taftbindung

Querrips, Langsrips, Mattenbindung

Verstarkter Quer- und Langsrips

Koper.

Schuß- und Kettenkoper

Veistarkter Koper.

Gebrochener odei Zickzackkoper, veisetztei und Spitzkopei

Atlas oder Satin

Schuß- und Kettenatlasse

Versetzte und gemischte Atlasse

Verstarkter Atlas

Soleil
Diagonal
Spitzmuster
Waffelbindungen
Gitter- oder à jour-Bindungen
Gerstenkorn- oder Huckbindungen
Krepp oder Crêpe
Stufenartige Bindungen
Schuppenartige Bindungen
Strahlenformige Bindungen
Wellenartige Muster
Bogenformige Muster.
Fadenweise versetzte Bindungen
Musterkompositionen
Farbige Muster
Schrage und versetzte Ripse
Figurierte Ripse

II. Gestreifte, karierte und figurierte Gewebe.

Langsstreifen
Querstreifen
Karos oder Carreaux
Damast und damastartige Muster.
Musterkompositionen.
Karierte Muster

III. Verstarkte Gewebe

Struck.
Schußdouble
Kettendouble
Double-Imitationen
Schußtriple.
Kettentriple
Gewebe mit Fullschuß
Gewebe mit Fullkette
Hohl- oder Schlauchgewebe
Doppelgewebe.
Gewebe mit funf Fadensystemen
Drei- und vierfache Gewebe

Zerlegen der Doppelstoffbindungen
Paletotstoffe Pelz-, Velour-, Ratiné-, Welliné-, Schlingen- und Lockenstoffe
Flockenstoffe, Floconnés
Figurierte Schußdoubles
 « Kettendoubles
 « Doppelgewebe.
 « dreifache Gewebe
Trikot oder Schnittbindungen
Matelassé oder gefurchte Doppelgewebe
Piqué oder Pikee
Falten- und Plisseegewebe

IV. Broschierte Gewebe.

Kettenbroché
Schußbroché
Broché in Kette und Schuß
Broché-Imitationen

V. Samt- und samtartige Gewebe.

Schußsamt, Manchester oder Velvet.
Kettensamt
Plusch, Astrachan, Felbel
Krimmer
Doppelsamt und Doppelplusch
Doppelseitiger Plusch
Doppel-Schußsamt
Knupfteppich
Chenille.
Frottier

VI. Dreher- oder Gazegewebe

Gaze mit $^1/_2$ Drehung.
Figurendreher
Dreher mit Broché
Drehergewebe auf glattem Grundgewebe
Gaze mit ganzer Drehung
Gaze mit $1^1/_2$ Drehung
Doppelgaze
Kreuzstichgaze

Wellengaze
Dreifache Gaze
Gaze mit drei Dreherfadenstellungen pei Gruppe
Stickgaze
Netz- oder Kreuzgaze.
Gruppengaze
Gewebte Spitzen
Dreher-Imitationen

I. Glatte Gewebe.

Leinwand-, Tuch- oder Taftbindung

Diese in Fig 72 dargestellte Bindung ist die älteste und einfachste Bindweise Die Bindpunkte sind verteilt wie die Felder eines Schachbrettes, da immer ein Kettenbindpunkt (Rot) mit einem Schußbindpunkt (Weiß) abwechselt Die Leinwandbindung muß vermöge dieser Anordnung ein seitengleiches Gewebe liefern, da auf beiden Seiten gleichviel Kette und Schuß ersichtlich sind Nachdem die Leinwandbindung nur aus Bindpunkten besteht, während alle anderen Bindungen Bindpunkte und Flottungen, respektive nur Flottungen aufweisen, muß die Leinwandbindung die festeste Bindweise ergeben

Verfolgt man die Entstehung dieser Bindung, so findet man, daß sich die Kettenfaden bei jedem Schusse in zwei gleiche Gruppen teilen, wovon eine hoch, die andere tief geht Aus diesem Grunde muß man, da auf den 1 Schuß alle ungeraden Kettenfaden gehoben, alle geraden gesenkt werden, auf den 2. Schuß alle geraden hoch und alle ungeraden Kettenfaden tief gehen, 2 Schäfte haben In den 1 kommen alle ungeraden, in den 2 alle geraden Kettenfaden. Nachdem der 3 Schuß genau wie der 1 und der 4 wie der 2 ist, braucht man zum Bewegen der Schäfte 2 Tritte

Nachdem Taftstoffe meist dichte Gewebe sind, nimmt man anstatt 2 meist 4 oder 6 Schäfte Wenn man dichte Stoffe mit 2 Schäften webt, so kommen einerseits die Helfen zu dicht nebeneinander zu stehen, was Anhäufung und Reibung bewirkt, anderseits wird der Schaft durch die Hälfte der Kettenfaden, welche er zu bewegen hat, zu sehr belastet. Die Fachbildung erfolgt meist durch Vorrichtung mit Welle. Bei 4 Schäften wird bei dieser Vorrichtung der 1 und 2 Schaft mit dem einen, der 3. und 4 mit dem anderen Ende des über die Welle gelegten Gurtes oder Riemens verbunden Wurde man nun einen geraden Einzug der Kettenfaden vornehmen, so wurden immer zwei Kettenfaden nebeneinander gleichbinden Um einen einfadigen Taft zu erhalten, muß man deshalb die Kettenfaden zweiteilig, d i bei 4 Schaften 1, 3, 2, 4, bei 6 Schaften 1, 4, 2, 5, 3, 6 einziehen Ein Gewebe mit dieser Bindung aus Leinengarn heißt man Leinwand, aus Wolle Tuch, aus Seide Taft oder Taffet Baumwollgewebe mit dieser Bindung werden im Handel nach der Garnstarke, beziehungsweise Fadendichte als Molinos bei groben Garnen, Cotton, Cretonne, Kattun, Perkal bei mittelfeinen Garnen, Batist, Mull, Musselin, Linon bei feinen und feinsten Garnen benannt

Querrips oder Rips mit Ketteneffekt.

Denkt man sich bei einer Leinwandbindung schußfadenweise alle Bindpunkte regelmaßig vervielfaltigt, so entsteht eine Bindung, welche eine Ware mit gleich starken Querrippen liefert. Dadurch, daß die Kette auf beiden Gewebseiten Flottungen bildet, wahrend der Schuß nur immer uber einen Kettenfaden bindet, werden sich die Flottungen zusammenschieben und dadurch den Schuß verdecken. Auf diese Weise wird das Gewebe bei entsprechender Kettenfadendichte auf beiden Seiten nur die Kette ersichtlich machen

Fig 73 Querrips 2 2

1 Rapport = 2 Ketten- und 4 Schußfaden = 2, respektive 4 Schafte und 2 Tritte.

Bei dieser Bindung kommen immer zwei Schusse in ein Fach zu liegen Das Eintragen dieser zwei gleichbindenden Schusse erfolgt dadurch, daß man auf eine Spule zwei Faden aufwindet, welche sich dann beim Weben neben-, beziehungsweise ubereinander legen Soll das Ubereinanderlegen der gleichbindenden Schusse nicht stattfinden, so tragt man diese einfach ein In diesem Falle ist man gezwungen, entweder auf einer Seite einen leinwandbindenden Randfaden (Fangfaden) zu nehmen oder aber auf beiden Gewebseiten einen leinwandbindenden Rand anzuordnen, da sonst der in das Fach des 1 Schusses eingelegte 2. Schuß den ersteren zuruckzieht

Im ersteren Falle zieht man den einen Randfaden durch eine freihangende, durch ein Gewicht belastete Helfe, im letzteren Falle den aus 20, 24, 32 etc. Faden bestehenden beiderseitigen Rand durch 2 Schafte, welche nun an den Stellen des Randes Helfen haben und Rand- oder Leistenschafte heißen

Im Handwebstuhle bringt man die Fangfadenhelfe mit einem am Ladendeckel angebrachten Hebel in Verbindung Durch den Druck des Hebels von Hand aus erfolgt ein Heben der Fangfadenhelfe und des darin eingezogenen Kettenfadens

Arbeitet man mit 2 Leistenschaften, so muß man 4 Tritte nehmen, da das kleinste gemeinschaftliche Vielfache von 4 (Schußrapport des Ripses) und 2 (Schußrapport des Taftrandes) = 4 ist.

Das Eintragen von mehreren Schußfaden auf einmal (zwei- oder mehrfach gespult) kommt bei Möbelripsen, das Eintragen von einzelnen Schußfaden bei Hemden-, Vorhang- und Kleiderstoffen etc in Anwendung Die erste Methode liefert wulstige, aufgeworfene, die zweite flache Rippen. Man kann auch bei Leinwandbindung in einem Gewebe Querrippen erzielen, wenn man den Schuß 2-, 3- etc mal starker als die Kette nimmt

Gemischter Querrips.

Man vervielfaltigt die Bindpunkte einer Leinwandbindung schußfadenweise derart nach oben, daß ungleiche Rippen zustande kommen

Fig 74: Gemischter Querrips 3 1 mit Leinwandrand

1 Rapport = 2 Ketten- und 4 Schußfaden = 2, beziehungsweise 4 Grund-, 2 Leistenschafte und 4 Tritte

Man konnte diese Bindung ohne Leinwandrand auch mit 2 Tritten weben, wenn man mit 2 Schutzen webt und in den einen dreifachgespultes, in den anderen einfaches Garn gibt

Längsrips oder Rips mit Schußeffekt

Werden alle Bindpunkte einer Leinwandbindung kettenfadenweise gleichmaßig nach rechts vervielfaltigt, so entsteht eine Bindung, welche eine Ware mit Langsrippen liefert Da bei dieser Anordnung der Schuß auf beiden Gewebseiten Flottungen bildet und die Kette eng kreuzt, wird man bei entsprechender Schußdichte auf beiden Gewebseiten nur den Schuß sehen, da die Kette von den Flottungen eingeschlossen wird

Fig 75 Langsrips 3 3.

Die Bindpunkte einer Leinwandbindung wurden kettenfadenweise verdreifacht

1 Rapport = 6 Ketten- und 2 Schußfaden = 6, beziehungsweise 2 oder 4 Schafte und 2 Tritte

Gemischter Langsrips

Die Bindpunkte einer Leinwandbindung werden hier kettenfadenweise so nach rechts vervielfaltigt, daß ungleichstarke Langsrippen gebildet werden

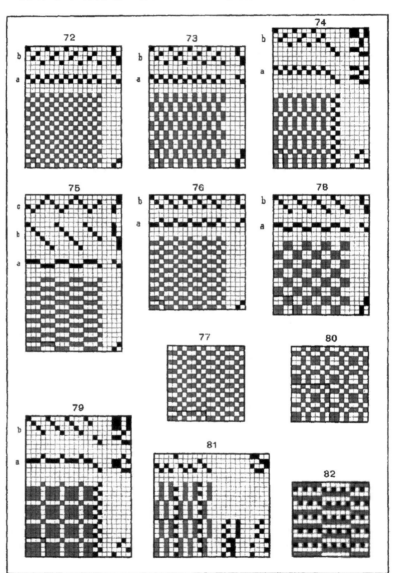

Fig 76 Gemischter Langsrips 2 : 1
1 Rapport = 3 Ketten- und 2 Schußfaden
Fig 77· Gemischter Langsrips 2 1 1 2 . 1 : 1.
1 Rapport = 8 Ketten- und 2 Schußfaden.

Mattenbindung (Würfelbindung, Panama oder Louisin).

Denkt man sich die Tupfen einer Leinwandbindung nach beiden Richtungen verdoppelt oder vervielfaltigt, so entsteht eine Vergroßerung der Verbindung, welche man Mattenbindung heißt.

Fig 78 Mattenbindung 2 2

Die Bindpunkte einer Leinwandbindung sind vervierfacht oder die Bindpunkte des Querrips 2 2 Fig 73, kettenfadenweise verdoppelt

1 Rapport = 4 Ketten- und 4 Schußfaden = 2, beziehungsweise 4 Schafte und 2 Tritte

Das Eintragen des Schusses geschieht doppelt oder man arbeitet beim Einzeleintragen der Schusse mit einem Fangfaden Man verwendet zum Eintragen von 2 Schussen auch mitunter einen sogenannten Doppelschutzen, d i ein Schutzen mit zwei gegenuberstehenden Spindeln Auf die Spindeln kommen zwei Spulen, deren Enden durch ein oder zwei in der vorderen Schutzwand befindliche Glasaugen (Fadenfuhrer) gezogen werden Soll die Ware auf beiden Seiten Leinwandrand bekommen, so mussen 2, respektive 4 Grund-, 2 Leistenschafte und 4 Tritte zur Verwendung kommen

Gemischte Mattenbindung.

Diese aus großen und kleinen Quadraten, beziehungsweise Rechtecken gebildete Bindung stellt eine ungleichmaßig vergroßerte Taftbindung oder eine Vereinigung von gemischtem Quer- und Langsrips vor Zu diesem Zwecke werden die Bindpunkte eines gemischten Querripses kettenfadenweise nach der Entstehung des Querripses bearbeitet oder die Bindpunkte eines gemischten Langsripses schußfadenweise nach dem Langsripse vermehrt

Fig 79 Gemischte Mattenbindung 3 1 mit Leinwandrand

Die Tupfen des Querripses 3 1, Fig 74, wurden kettenfadenweise 1mal dreifach und 1mal einfach gesetzt 1 Rapport = 4 Ketten- und 4 Schußfaden Diese Bindung kann man anstatt mit 4 Schaften auch mit 2 Schaften weben (reduzierender Einzug). Bei diesem Einzuge sind die Helfen nicht gleichmaßig auf die Schafte verteilt, da auf dem einen 3mal mehr sind als auf dem anderen Der Schaft mit der großeren Helfenzahl ist der Weblade naher als der andere Je naher ein Schaft der Lade ist, um so besser wirkt die

Aushebung desselben auf die Fachbildung, da die darin eingezogenen Kettenfaden den größten Winkel mit dem letzteingetragenen Schusse einerseits und den Kreuzschienen anderseits bilden. *Es gilt daher als Regel, die Schäfte mit der größten Helfenzahl gegen die Lade zu nehmen*

Fig 80. Gemischte Mattenbindung von 2 1 1 2 1 1

Diese Bindung entsteht aus dem gemischten Längsripse 2 : 1 . 1 2 · 1 . 1 (Fig 77), wenn man die Tupfen des Ripses schußfadenweise 2 1 1 2 1 1 bearbeitet

1 Rapport = 8 Ketten- und 8 Schußfaden

Verstärkter Querrips.

Um bei langflottliegenden Querripsen ein Verschieben der Kettenfaden zu verhindern und eine möglichst glatte Ware zu erzielen, stellt man nach einer Partie Ripskettenfaden immer einen Leinwandfaden ein Derartige Gewebe werden zweibaumig gewebt, da sich die leinwandbindenden Kettenfaden mehr einarbeiten und auch stärker gespannt werden müssen als die Ripskettenfaden. Gewöhnlich ist auch das Material ein verschiedenes, z B ist die Ripskette Weft, die Leinwandkette Baumwollgarn

Fig 81 Verstärkter Querrips 4 . 4

4 Kettenfaden Querrips wechseln immer mit einem Leinwandfaden ab.

1 Rapport = 10 Ketten- und 8 Schußfaden = 10, beziehungsweise 4 Schafte und 8, beziehungsweise 4 Tritte

Verstärkter Längsrips.

Um bei langflottliegenden Längsripsen ein Verschieben der Flottungen zu vermeiden und der Ware zugleich mehr Festigkeit zu geben, schießt man immer nach einer Anzahl Ripsschüssen einen engbindenden Faden

Fig 82· Verstärkter Längsrips

2 Schußfaden Längsrips 6 6 wechseln immer mit einem Leinwandschusse ab

1 Rapport = 12 Ketten- und 6 Schußfaden Bei geradem Einzuge braucht man 12, bei reduzierendem (1, 2, 1, 2, 1, 2, 3, 4, 3, 4, 3, 4) 4 Schafte

Um bei einer Bindung anzugeben, daß sie auch mittels reduzierenden Einzuges zu bearbeiten ist, gibt man die Schaftzahl für den geraden und den reduzierten Schafteinzug an Man sagt z B zu Fig 82 12-, beziehungsweise 4schaftig und versteht darunter, daß die Bindung bei geradem Einzuge mit 12, bei reduziertem mit 4 Schaften zu weben ist

Köper.

Unter Köper versteht man eine Bindung, welche aus geraden diagonallaufenden Bindungslinien besteht. Um einen Köper zu bilden, tupft man eine Bindpunktreihe nach Fig. 83 *a)* oder *b)* und wiederholt diese auf eine bestimmte Fadenzahl. Zur Wiederholung der Bindpunktreihe oder des Bindungsgrates sind mindestens 3 Faden notwendig, da bei einer Wiederholung auf 2 Faden Leinwandbindung entstehen würde. Außer einer Wiederholung auf 3 Faden kann man den Bindungsgrat auch auf 4, 5, 6, 7 etc. Faden wiederholen. Die auf diese Weise erhaltenen Bindungen heißt man 3-, 4-, 5-, 6-, 7- etc. bindige Köper. Durch die Köperbindung bekommt das Gewebe eine deutlich wahrnehmbare diagonallaufende schräge linienartige Streifung. Die Bindpunkte wirken als tiefliegende schmale Linien, die Flottungen als erhöhte schmale Streifen. Durch die Köperbindung erhält man eine Ware, wo auf der einen Seite mehr Schuß, auf der anderen mehr Kette zum Ausdruck kommt. Ist auf der rechten Seite mehr Schuß zu sehen, so heißt man den Köper Schußköper, kommt mehr Kette zum Vorschein, Kettenköper. Da die Köperbindung aus Bindpunkten und Flottungen besteht, kann man einem Köpergewebe größere Dichte, Schwere, weichere, lockere und geschmeidigere Beschaffenheit geben als einem Leinwandgewebe.

Fig. 84. 3 bindiger von links unten nach rechts oben laufender Schußköper. Die Bindung entsteht aus der Wiederholung des Bindungsgrates Fig. 83 *a)* auf 3 Ketten- und 3 Schußfaden. Nachdem bei dieser Bindung 2 Teile Schuß (Weiß) und 1 Teil Kette (Rot) ersichtlich sind, heißt sie Schußköper.

1 Rapport = 3 Ketten- und 3 Schußfaden = 3 Schafte und 3 Tritte. In der Handweberei wird man anstatt 3 Tritte 6 nehmen müssen, da man ungerade Trittzahl nicht mit beiden Füßen geradedurch bearbeiten kann.

Fig. 85. 4 bindiger von rechts unten nach links oben laufender Kettenköper. Die Bindung heißt Kettenköper, weil 3 Teile Kette und 1 Teil Schuß zum Ausdruck kommen.

1 Rapport = 4 Ketten- und 4 Schußfaden = 4 Schafte und 4 Tritte.

Fig. 86. 5 bindiger von links nach rechts laufender Schußköper.

1 Rapport = 5 Ketten- und 5 Schußfaden = 5 Schafte und 5 Tritte.

Wirkung der Garndrehung auf den Ausdruck der Gewebe.

Man unterscheidet, namentlich bei Schafwollwaren, Stoffe mit verwischter und Stoffe mit klarer Bindungsfläche.

Will man eine Ware mit verwischter Bindungsfläche erzeugen, so muß das Schußgarn entgegengesetzt zum Kettengarn gedreht sein, da bei dieser

Anordnung die schraubenartigen Drehungswindungen des Ketten- und Schuß-
garnes nach einer Richtung laufen Zur Begrundung dieser in Fig 13 dargestellten Verbindungsart dienen folgende Punkte

1 Der Schuß läßt sich leichter anschlagen

2 Die Ketten- und Schußfaden konnen sich beim Waschen und Walken
leichter verschieben

3 Da die Fasern der Kette und des Schusses eine Richtung haben,
konnen sich dieselben durch Waschen und Walken leicht vermengen, verfilzen

Bei gratartigen Bindungen, wie Koper, Diagonal, Atlas muß der Bindungsgrat, d i die Bindungsrichtung mit der Garndrehungsrichtung ubereinstimmen
Man muß deshalb z B Ketten- und Schußkoper aus nach rechts gedrehtem
Ketten- und nach links gedrehtem Schußgarne die Richtung von links nach
rechts geben. In diesem Falle stimmen bei Kettenkoper die Drehungslinien
der Kettenfaden, bei Schußkoper die Drehungslinien der Schußfaden mit der
Richtung der Bindung uberein Ist die Kette nach links, der Schuß nach rechts
gedreht, so muß die Bindungsrichtung von rechts unten nach links oben genommen werden

Will man in einem Gewebe den Bindungsgrat deutlich hervortreten lassen,
so verwendet man zur Kette und zum Schusse gleichgedrehtes Garn Gleich-
gedrehte Ketten- und Schußgarne uben folgenden Einfluß aus

1 Der Schuß läßt sich durch die zur Kette entgegengesetzt angeordneten
Drehungslinien nicht so leicht anschlagen

2 Die Schusse lassen sich aus demselben Grunde beim Waschen und
Walken nicht so leicht verschieben

3 Das Vereinigen der Fasern von Kette und Schuß erfolgt schwieriger,
da die Fasern der Kette nach rechts, die des Schusses nach links ge-
richtet sind

Bei gratartigen Bindungen muß der Bindungsgrat entgegengesetzt dem
Garndrahte arbeiten Aus diesem Grunde muß man einen Kettenkoper aus
rechts gedrehtem Kettengarne von rechts nach links, Fig 85, einen Kettenkoper aus links gedrehtem Kettengarne von links nach rechts laufend tupfen,
wenn der Koper im Gewebe deutlich wirken soll

Rechts- und linksgedrehte einfarbige Garne geben auch eine unterschiedliche Wirkung von Licht und Schatten, wenn man sie streifenweise
nebeneinander anordnet

Läßt man z B bei einem einfarbigen Gewebe aus glatter Bindung
(Taft, Koper etc) immer 8 Faden rechtsgedrehtes Garn mit 8 Faden linksgedrehtem Garne wechseln und nimmt zum Schusse rechts- oder links-
drehtes Garn, so entsteht ein von 8 8 Faden langsgestreiftes Gewebe, da

KÖPERBINDUNGEN.

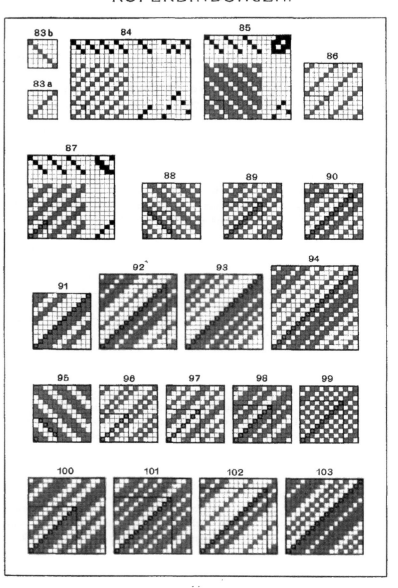

die linksgedrehten Kettenfäden ein anderes Lichtbild als die rechtsgedrehten liefern.

Wechselt man in der Kette und im Schusse rechtsgedrehtes Garn mit linksgedrehtem streifenweise ab, so entsteht ein kariertes Gewebe.

Verstärkter oder mehrgratiger Köper.

Diese Bindungsart entsteht aus Schußköper, wenn man die Bindungsgrate verdoppelt oder vervielfältigt. Durch dieses Verfahren entsteht eine fester verbundene Ware. Man unterscheidet, je nachdem die beiden Gewebseiten vollständig gleich aussehen, oder eine Seite anders wirkt als die andere, *zweiseitige oder gleichseitige und einseitige Köper.*

Bei zweiseitigen Köpern kommt im Bindungsrapporte gleichviel Kette und Schuß zum Ausdruck und haben die Schußgrate genau das Aussehen der Kettengrate. Bei einseitigen Köpern kommt meist mehr die Kette oder der Schuß auf der rechten Warenseite zur Wirkung; hat man ein besseres Kettenmaterial und ein minderes Schußmaterial, so läßt man mehr die Kette auftreten, während man bei besserem Schußmaterial das Umgekehrte anwendet.

Fig. 87: 4bindiger, von links nach rechts laufender zweiseitiger Köper.

Bei dieser Bindung wurden die Bindpunkte des 4bindigen Schußköpers nach rechts verdoppelt.

1 Rapport == 4 Ketten- und 4 Schußfäden == 4 Schäfte und 4 Tritte.

Fig. 88: 6bindiger, von rechts nach links laufender zweiseitiger Köper.

Nach dem Vortupfen des 6bindigen Schußköpers verdoppelt man die Bindpunkte nach rechts und setzt einen zweiten Grat in Leinwandart daneben.

1 Rapport == 6 Ketten- und 6 Schußfäden == 6 Schäfte und 6 Tritte.

Die Fig. 89—94 ergeben 8-, 10-, 12-, 14-, 16- und 18bindige zweiseitige Köper.

Fig. 95: 5bindiger verstärkter, von rechts nach links laufender einseitiger Köper.

Die Bindpunkte eines 6bindigen Schußköpers sind nach rechts verdreifacht. Nachdem bei dieser Bindung 3 Teile Kette und 2 Teile Schuß vorkommen, wird in der Ware auf der rechten Seite mehr die Kette, auf der linken Seite mehr der Schuß zum Ausdruck kommen.

1 Rapport == 5 Ketten- und 5 Schußfäden == 5 Schäfte und 5 Tritte.

Durch die Fig. 96—103 sind 6-, 7-, 8-, 9-, 10-, 12-, 14- und 16bindige von links nach rechts laufende verstärkte einseitige Köper dargestellt.

Die Schaft- und Trittzahl ist bei den Köpern immer gleich groß und entspricht diese dem Bindungsrapporte, d. h. ein 4bindiger Köper erfordert 4 Schäfte und 4 Tritte, ein 6bindiger 6 Schäfte und 6 Tritte usw.

Um durch Schreibweise die Hebungen und Senkungen der Kettenfaden eines Kopers verstandlich zu machen, zieht man eine wagrechte Linie und notiert nach folgendem Schema die Hebungen daruber, die Tiefzuge darunter

Fig 84 $\frac{1}{2}$, Fig 85. $\frac{3}{1}$, Fig 87 $\frac{2}{2}$, Fig 88 $\frac{2}{1}\frac{1}{2}$, Fig 89 $\frac{2\ 1\ 1}{1\ 2\ 1}$,

Fig 90 $\frac{2\ 2\ 1}{1\ 2\ 2}$ usw

Gebrochener oder Zickzackköper.

Bei der Koperbindung bildet die zugrunde gelegte Tupfenreihe eine diagonallaufende gerade Linie Ordnet man die Bindpunkte nach einer gebrochenen Linie an, so entsteht durch Wiederholen dieses gebrochenen Bindungsgrates ein gebrochener oder Zickzackkoper Der gebrochene Kopergrat entsteht, wenn man nach einer Anzahl von links nach rechts laufender Kopertupfen einen oder mehrere nach links, Fig 104, 109, oder nach rechts, Fig 106, 111, abbricht, die Anlagstupfen weiterzahlt, wieder abbricht usw Dieser Bindungsgrat wird im ersteren Falle auf eine bestimmte Anzahl Kettenfaden, im letzteren Falle Schußfaden, wiederholt Je nachdem das Abbrechen, beziehungsweise symmetrische Tupfen um einen Teil der Fadengruppe, Fig 104, 106, oder um die ganze Gruppe, Fig 109, 111, erfolgt, lauft die gebrochene Linie in einer schiefen, senkrechten oder wagrechten Richtung Man kann deshalb die nach der ersten Art gebildeten Muster als Diagonalzickzack, die der letzten als Langs-, beziehungsweise Querzickzack bezeichnen

Fig 105 4schaftiger, gebrochener Koper oder Diagonalzickzack

Der gebrochene Kopergrat, Fig 104, ist auf 4 Kettenfaden wiederholt

1 Rapport = 4 Ketten- und 8 Schußfaden

Die Zahl, um wieviel Kettenfaden die zweite Gruppe von der ersten nach rechts schreitet, nennt man Steigungszahl Die Gruppenzahl des Rapportes = Kettenrapport Steigungszahl, d i bei Fig 105 4 : 2 = 2 Der Schußrapport entspricht dem Produkte aus der Gruppenzahl und der Fadenzahl einer Gruppe, d i bei Fig 105 2 × 4 = 8

Fig 107 Gebrochener Koper oder Diagonalzickzack

Der gebrochene Kopergrat, Fig 106, ist auf 4 Schußfaden wiederholt

Die Zahl, um wieviel Schusse die zweite Gruppe von der ersten hoher eingesetzt ist, ergibt die Steigungszahl

Gruppenzahl = Schußrapport Steigungszahl, d i bei Fig 107 4 : 2 = 2

Kettenrapport = Gruppenzahl × Fadenzahl einer Gruppe, d i bei Fig 107 2 × 4 = 8

GEBROCHENE ODER ZICKZACKKÖPER.

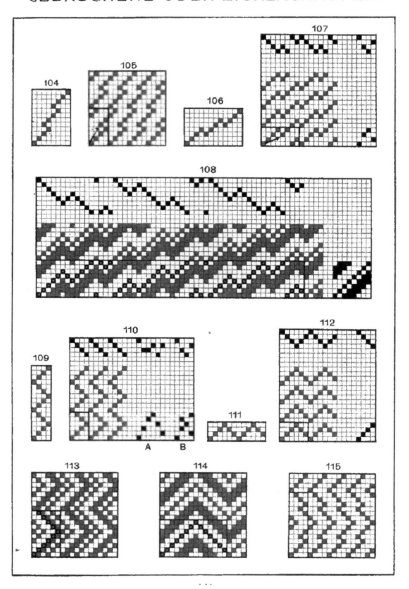

Zur Bearbeitung der Bindung, Fig. 107, braucht man bei geradem Einzuge 8, bei reduzierendem Einzuge 4 Schäfte.

Fig. 108: Zweiseitiger gebrochener Köper oder Diagonalzickzack.

Der gebrochene Köpergrat, 6 Fäden pro Gruppe, Steigungszahl 3, ist auf 8 Schußfäden wiederholt. Ist die Steigungszahl nicht in dem Schußrapport enthalten, so entspricht die Schußfadenzahl der Gruppenzahl. Bei der Musterung, Fig. 108, ist der Schußrapport 8, die Steigungszahl 3, weshalb, da 3 in 8 nicht ohne Rest enthalten ist, 8 Gruppen pro Rapport kommen. Der Kettenrapport beträgt 8 × 8 = 64 Fäden, der Schußrapport 8 Schüsse. Zum Weben sind mittels reduzierenden Einzuges 8 Schäfte erforderlich.

Fig. 110: Gebrochener Köper oder Längszickzack.

Der gebrochene Köpergrat, Fig. 109, ist auf 4 Kettenfäden wiederholt.

1 Rapport = 4 Ketten- und 6 Schußfäden = 4 Schäfte und im Handwebstuhle bei gerader Trittweise (A) 6, bei reduzierender Trittweise (B) 4 Tritte.

Fig. 112: Gebrochener Köper oder Querzickzack.

Der gebrochene Köpergrat, Fig. 111, ist auf 4 Schußfäden wiederholt.

1 Rapport = 6 Ketten- und 4 Schußfäden. Bei reduzierendem Einzuge sind 4 Schäfte und 4 Tritte erforderlich.

Fig. 113: 6schäftiger, zweiseitiger Längszickzack.

1 Rapport = 6 Ketten- und 10 Schußfäden.

Fig. 114: Verstärkter Querzickzack.

1 Rapport = 14 Ketten- und 8 Schußfäden.

Gemusterte Längs-, beziehungsweise Querzickzackbindungen entstehen, wenn man Diagonalzickzack dem Schusse oder der Kette nach symmetrisch bearbeitet.

Fig. 115: Gemusterter Längszickzack.

8 Schußfäden gebrochener Köper sind dem Schusse nach symmetrisch bearbeitet.

1 Rapport = 4 Ketten- und 14 Schußfäden.

Fig. 116: Querzickzack.

13 Kettenfäden gebrochener Köper sind der Kette nach symmetrisch bearbeitet.

1 Rapport = 24 Ketten- und 4 Schußfäden.

Fig. 117: Verstärkter Längszickzack.

1 Rapport = 7 Ketten- und 14 Schußfäden.

Fig. 118: Zweiseitiger Querzickzack.

1 Rapport = 24 Ketten- und 8 Schußfäden.

Versetzter Köper.

Dies ist eine Bindung, welche aus entgegengesetzt laufenden Köperstucken besteht

Zur Ausfuhrung dieser Bindungen teilt man den Rapport der zu bildenden Bindung in 4 Quadrate, tupft in das erste Quadrat, d i unten links, die Koperpunkte von Eck zu Eck nach rechts und in das vierte Quadrat, d. i. oben rechts, die Koperpunkte von Eck zu Eck nach links

Fig 119 4bindiger versetzter Schußkoper

1 Rapport = 4 Ketten- und 4 Schußfaden = 4 Schafte und 4 Tritte

Fig 120 6bindiger versetzter Kettenkoper

1 Rapport = 6 Ketten- und 6 Schußfaden = 6 Schafte und 6 Tritte

Fig 121 8bindiger versetzter zweiseitiger Koper

Die Bindpunkte des 8bindigen versetzten Schußkopers wurden nach rechts vervierfacht

Fig 122 10bindiger versetzter zweiseitiger Koper

Spitz- oder Kreuzköper.

Dies sind Bindungen mit zwei entgegengesetzt laufenden Schußkopern Das Kreuzen der Grate erfolgt meistens in einem gemeinsamen Tupfen, seltener getrennt Im ersteren Falle spricht man von einfadigem, im letzteren von doppelfadigem Spitz.

Fig 123 Spitzkoper

Diese Bindung besteht aus zwei entgegengesetzt laufenden 8bindigen Schußkopern Die Kreuzung der Kopergrate geschieht in einem Tupfen, weshalb diese Bindung einfadigen Spitz darstellt

1 Rapport = 8 Ketten- und 8 Schußfaden = 8, beziehungsweise 5 Schafte und 8, beziehungsweise 5 Tritte

Fig. 124 Spitzkoper

Die Bindung besteht aus 2 entgegengesetzt laufenden 8bindigen Schußkopern Das Kreuzen der Kopergrate erfolgt hier getrennt, wodurch doppelfadiger Spitz entsteht

1 Rapport = 8 Ketten- und 8 Schußfaden

Fig 125 Spitzkoper

Der auf 6 Ketten und 8 Schußfaden getupfte gebrochene Kopergrat ist der Kette und dem Schusse nach symmetrisch bearbeitet

1 Rapport = 10 Ketten- und 14 Schußfaden

Die Spitzkoper kommen weniger in glatter Ware vor, sondern dienen zumeist als Grundlage fur Spitzmuster, Waffelbindungen und als Versteppungsmotive fur Piqué, Matelasse etc,

ZICKZACK- VERSETZTE U. SPITZKÖPER.

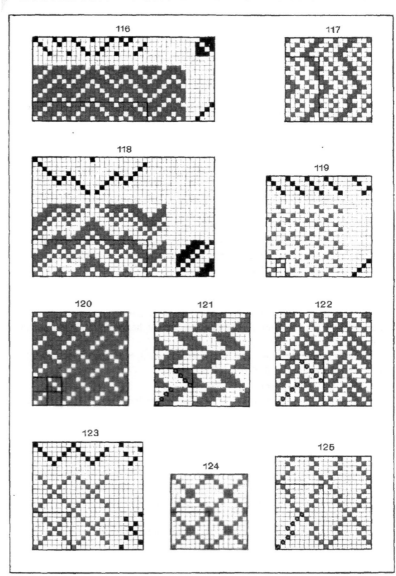

Atlas.

Dies ist eine Bindung mit regelmäßig zerstreut liegenden Bindpunkten Zum Bilden eines Atlasses tupft man einen Atlasgrat (schrage Tupfenreihe) vor und wiederholt diesen auf eine bestimmte Anzahl Schußfaden

Beim Kopergrat, Fig. 83, bindet immer der nachstfolgende Kettenfaden den nachstfolgenden Schuß, es ist also die Fortschreitungszahl der Bindpunkte $= 1$ Bei Atlas bindet der nachstfolgende Kettenfaden nicht den nachstfolgenden Schuß, sondern überspringt einen, beziehungsweise einige, weshalb die Fortschreitungszahl 2, 3, 4 etc sein kann

Die Fortschreitungs- oder Steigungszahlen sind, wie angegeben, verschieden und entsprechen den Zahlen, welche nicht in der betreffenden Schaftzahl enthalten sind und auch keinen gemeinschaftlichen Divisor mit derselben haben, ausgeschlossen ist auch immer die Zahl vor der Schaftzahl, z B bei 5bindig 4, bei 8bindig 7 usw, da aus letzteren Steigungszahlen keine Atlasse, sondern von rechts nach links laufende Koper entstehen

Der Bindungsgrat, welcher aus der Fortschreitungszahl 2, Fig 126, entsteht, heißt 2er Grat, der aus der Fortschreitungszahl 3, Fig. 127, gebildete 3er Grat usw. In folgender Aufstellung sind die Fortschreitungszahlen angegeben, aus welchen man Atlasse bilden kann

5bindiger Atlas.	2 und 3,	
7 »	»	2, 3, 4 und 5,
8 »	»	3 und 5,
9 »	»	2, 4, 5 und 7,
10 »	»	3 und 7,
11 »	»	2, 3, 4, 5, 6, 7, 8 und 9,
12 »	»	5 und 7,
13 »	»	2, 3, 4, 5, 6, 7, 8, 9, 10 und 11,
14 »	»	3, 5, 9 und 11,
15 »	»	2, 4, 7, 8, 11 und 13,
16 »	»	3, 5, 7, 9, 11 und 13,
18 »	»	5, 7, 11 und 13,
20 »	»	3, 7, 9, 11, 13 und 17,
24 »	»	5, 7, 11, 13, 15, 17, 19 und 21,
25 »	»	2, 3, 4, 6, 7, 8, 9, 11, 12 usw

Die Atlasbindung liefert stets ein einseitiges Gewebe, d. h. es ist, da die Flottungen die Bindpunkte verdecken, nur ein Fadensystem auf einer Warenseite ersichtlich Man unterscheidet Schuß- und Kettenatlasse, je nachdem entweder nur Schuß oder Kette auf der Schauseite des Gewebes auftritt,

Bei den Atlasbindungen hat der Ketten- und Schußrapport stets die gleiche Fadenzahl Auch haben die auf der rechten und linken Warenseite auftretenden Flottungen die gleiche Länge

Fig. 130 5bindiger Schußatlas

Um diese Bindung zu bilden, tupft man den 2er Grat, Fig 126, und wiederholt diesen immer auf 5 Schußfäden der Bindungsfläche

1 Rapport = 5 Ketten- und 5 Schußfäden = 5 Schäfte und 5, beziehungsweise im Handwebstuhle bei zweibeiniger Trittweise 10 Tritte

Fig. 131 5bindiger Schußatlas

Bei dieser Bindung wurde der 3er Grat getupft und auf 5 Schüsse wiederholt

Fig 132 7bindiger Schußatlas

Der 2er Grat wurde getupft und auf 7 Schüsse rapportiert

Fig. 133 8bindiger Kettenatlas

Bei Kettenatlas überstreicht man die Bindungsfläche mit Zinnober und setzt die Schußtupfen mit Schwarz darauf Die Bindung selbst, Fig 133, entstand aus dem 3er Grate, Fig 127, durch fortgesetztes Wiederholen der Bindpunkte auf 8 Schüsse Rot ergibt gehobene Kette, Schwarz obenliegenden Schuß

Fig 134 10bindiger Schußatlas

Aus dem 3er Grate wurde durch fortgesetztes Wiederholen der Bindpunkte auf 10 Schüsse die Bindung entwickelt

Fig 135 12bindiger Schußatlas

Der 5er Grat wurde getupft und immer auf 12 Schußfäden wiederholt

Aus der Fortschreitungszahlentabelle ist ersichtlich, daß auf jeder Zeile zwei Zahlen vorhanden sind, welche addiert, den Bindungsrapport ergeben Diese sich ergänzenden Atlasse liefern immer symmetrische Bilder Bei 5bindig ergänzt sich 2 mit 3 zu 5, bei 7bindig 2 mit 5 und 3 mit 4 zu 7 Der 5bindige Schußatlas aus dem 2er Grate, Fig 130, und der aus dem 3er Grate, Fig 131, bestätigen diese Regel Die Gratrichtung der Atlasse zieht sich im Gewebe in der Richtung der kleinsten Steigungszahl hin Bei der Fig 130 ist die Fortschreitungszahl von Schuß zu Schuß von links nach rechts 3, von rechts nach links 2, weshalb im Gewebe von rechts unten nach links oben lautende Schußgrate Pfeilrichtung) ersichtlich sein werden Bei der Fig 131 tritt das Gegenteil ein

Alle aus den Steigungszahlen entwickelten Atlasse liefern regelmäßige Bindungen, doch werden nicht alle eine gute Verteilung der Bindpunkte ergeben Eine gute Atlasbindung ist jene wo die Bindpunkte auf das bestmögliche verteilt sind Nimmt man z B 11bindig, so kann man nach der angeführten Tabelle 8 Bindungen entwickeln 4 von diesen Bindungen werden eine gute Verteilung der Bindpunkte ergeben, 4 eine linienartige Anordnung liefern

ATLAS- ODER SATIN-BINDUNGEN.

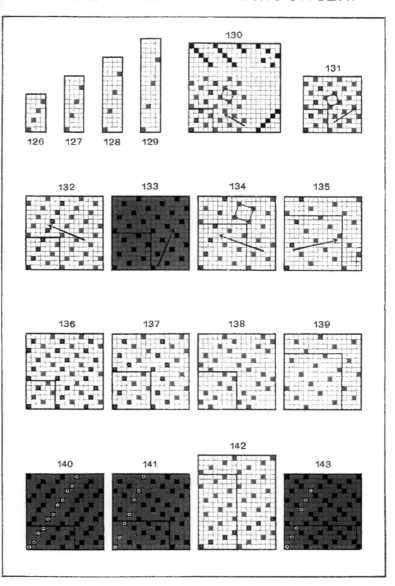

Die aus dem 3er, 4er, 7er und 8er Grate gebildeten Atlasse liefern die erwahnten 4 guten Bindungen, die aus dem 2er, 5er, 6er und 9er Grate die minderen

Die besten Resultate erzielt man mit den quadratischen Atlassen, das sind jene, bei welchen die Verbindung 4 benachbarter Bindpunkte ein Quadrat ergibt Quadratische Atlasse sind die 5bindigen aus dem 2er und 3er Grate, Fig 130, 131, der 10bindige aus dem 3er Grate, Fig 134, der 13bindige aus dem 5er Grate, der 17bindige aus dem 4er Grate, der 25bindige aus dem 7er Grate, der 26bindige aus dem 5er Grate, der 29bindige aus dem 12er Grate, der 34bindige aus dem 13er Grate usw

Außer den besprochenen Atlassen, welche auch als reine Atlasse bezeichnet werden, gibt es auch versetzte und gemischte Atlasse

Versetzter Atlas.

Bei diesen Bindungen stehen die Bindpunkte nicht gratweise, sondern versetzt.

Fig 136 6bindiger versetzter Schußatlas

Um die Bindung zu entwickeln, tupft man die 3 ersten Tupfen des 2er Grates (Fig 126), wiederholt diese auf 6 Ketten- und Schußfaden und setzt auf die leeren Kettenfaden 4, 5, 6, 10, 11, 12 die 3 Tupfen in entgegengesetzter Lage so auf die leeren geraden Schusse, daß nie 2 Tupfen koperartig aneinander fallen Die Fig 137—139 ergeben 8-, beziehungsweise 12bindige versetzte Schußatlasse.

Gemischter Atlas.

Bei dieser Bindweise haben die Bindpunkte ungleiche Verteilung und kommen haufig Bindpunkte in Koperrichtung vor Gemischter Atlas entsteht, wenn man aus 2 oder 3 regelmaßig abwechselnden Steigungszahlen Atlasgrate bildet und diese wiederholt Zur Aufsuchung der Steigungszahlen zerlegt man den zugrunde gelegten Atlas in die relativen Primzahlen und diese wieder in zwei Teile

5bindig $3 = 1 + 2$ (Fig 140), $4 = 1 + 3$,
6 » $4 = 1 + 3$, $5 = 2 + 3$ (Fig 141),
7 » $3 = 1 + 2$, $4 = 1 + 3$, $5 = 1 + 4$, $6 = 1 + 5$,
8 » $3 = 1 + 2$, $5 = 1 + 4$. $5 = 2 + 3$ (Fig 142), $6 = 1 + 5$,
$7 = 1 + 6$ u s w.

Die dadurch erhaltenen Bindungsgrate werden bei 5bindig auf 5, bei 6bindig auf 6 usw Schusse rapportiert. Der Kettenrapport erhoht sich dadurch um das Doppelte.

Fig 140. Gemischter Kettenatlas.

Der Bindungsgrat 1er und 2er Steigung ist auf 5 Schusse wiederholt

1 Rapport $=$ 10 Ketten- und 5 Schußfaden $=$ 10, beziehungsweise 5 Schafte und 5, beziehungsweise 10 Tritte

Fig 141 Gemischter Kettenatlas

Der Bindungsgrat 2er und 3er Steigung ist auf 6 Kettenfaden wiederholt

1 Rapport $=$ 12 Ketten- und 6 Schußfaden Mittels reduzierenden Einzuges braucht man 6 Schafte und 6 Tritte.

Bei Schußatlassen setzt man den Bindungsgrat flachliegend und rapportiert auf Kettenfaden

Fig 142 8schaftiger gemischter Schußatlas

Der Bindungsgrat 2er und 3er Steigung ist auf 8 Kettenfaden wiederholt

1 Rapport $=$ 8 Ketten- und 16 Schußfaden

Die Fig 143 gibt einen gemischten Kettenatlas, wo der Bindungsgrat aus drei Steigungszahlen 2, 2, 4 gebildet und auf 5 Schusse wiederholt ist

1 Rapport $=$ 15 Ketten- und 5 Schußfaden. Mittels reduzierenden Einzuges braucht man 5 Schafte und 5 Tritte

Verstärkter Atlas

Diese Bindung entsteht, wenn man die Bindpunkte eines Schußatlasses verdoppelt oder vervielfaltigt Das Vervielfaltigen erfolgt durch Ansatz von Tupfen an die Atlaspunkte, das Ansetzen erfolgt immer nur nach einer Richtung, d. h. entweder immer nach rechts oder links oder aber immer nach oben, beziehungsweise unten

Fig 144 5bindiger verstarkter Schußatlas

Die Bindpunkte des 5bindigen Schußatlasses wurden nach rechts verdoppelt Durch diese Bindweise wird der Effekt der Oberseite wenig Schaden erleiden, da der Schuß noch regelmaßig über 3 Kettenfaden liegt Betrachtet man aber die Ruckseite, so wird man finden, daß die Kette abwechselnd einmal uber zwei und einmal uber einem Schußfaden liegt Die beim Schußatlas ruckwarts uber 4 Schusse liegenden Kettenfaden sind hier annahernd in der Mitte abgebunden, wodurch eine fester verbundene Ruckseite entsteht.

1 Rapport $=$ 5 Ketten- und 5 Schußfaden.

Fig 145 8bindiger verstarkter Schußatlas

Fig 146 10bindiger verstarkter Kettenatlas

An die Bindpunkte des 10bindigen Schußatlasses wurden 7 Tupfen nach oben angesetzt Die Oberseite wird durch diese Anordnung nicht geschadigt, da die Kette regelmaßig über 8 Schusse bindet Der ruckwarts liegende Schuß ist aber durch diese Bindweise einmal abgebunden, weshalb eine geschlossene Ruckseite gebildet wird.

VERSTÄRKTE ATLAS- UND SOLEIL-BINDUNGEN.

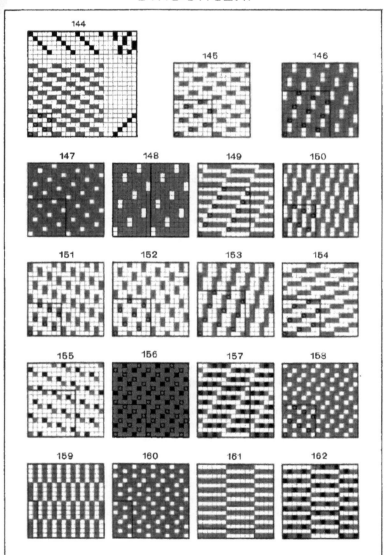

Um bei verstarkten Atlassen eine zu große Schaftzahl zu vermeiden, tupft man mitunter einfache Atlasse zweischussig Die neue Bindung hat $^1/_2$ soviel Kettenfaden als Schußfaden im Rapporte Der Effekt gleicht dem verstarkten Atlasse bis auf die Ruckseite, welche hier offener gehalten ist Fig 147 ist ein 8bindiger Kettenatlas, welcher in Fig 148 nach besprochener Weise bearbeitet wurde.

Fig 149. 11bindiger verstarkter Atlas

An die Bindpunkte eines 11bindigen Schußatlasses wurden 4 Tupfen nach rechts angesetzt Die Bindung wird das dem Atlas eigenartige glatte Aussehen verlieren und auf der Oberseite diagonallaufende Schußgrate zum Ausdruck bringen

Fig 150. 7bindiger verstarkter Atlas

Die Bindpunkte eines 7bindigen Schußatlasses, 3 Steigung, sind nach oben vervierfacht Die Bindung liefert eine Ware mit feinen diagonallaufenden Schnurchen

1 Rapport = 7 Ketten- und 7 Schußfaden.

Bei sehr dichten Herrenkleider-Kammgarnstoffen wendet man die verstarkten Atlasse nach den Fig 151—153 zur Erzeugung einer Ware, welche auf beiden Gewebseiten Kettenwirkung zeigt, an Bei den Fig 151—152 wurden die Tupfen des Grundatlasses verdoppelt, bei Fig 153 vervierfacht Durch die bereits erwahnte große Kettendichte drangen sich auf der Oberseite die rot getupften Kettenstellen, auf der Ruckseite die weißen Kettenflottungen zusammen, so daß der Schuß in die Mitte kommt und unsichtbar wird Die Fig 154 gibt eine Anordnung zur Erzeugung einer Ware, die auf beiden Seiten Schußeffekt liefert Naturlich kommt hier anstatt der großen Kettendichte die große Schuß-dichte in Betracht

Soleil.

Durch diese Bindung wird wie beim Atlas auf der rechten Warenseite nur ein System von Faden ersichtlich gemacht.

Soleil unterscheidet sich vom Atlasse durch die zwischen den Flottungen angeordnete enge Abbindung. Durch diese Anordnung werden sich erstens die Flottungen auf der rechten Warenseite weniger verschieben wie beim Atlas, zweitens wird eine fester gebundene Ruckseite die Haltbarkeit der Ware erhohen Soleil entsteht durch das Zusammenstellen zweier oder mehrerer Atlasse in einer Bindung Die Bindpunkte werden jedoch nicht vereinigt wie beim ver-starkten Atlasse, sondern einzeln gesetzt Beim Einsetzen ist nach dem Efiekte, ob Kette oder Schuß die rechte Seite bildet, Rucksicht zu nehmen Bei Schuß-effekt setzt man die Atlastupfen nach Fig. 155 so, daß die Schußflottungen am

Ende eng abbinden, bei Kettenwirkung nach Fig 156 so, daß die Kettenflottungen am Ende eng binden

Fig 155   10bindiger Schußsoleil

Der rote 10bindige Atlas wurde vorgetupft und der schwarze unter Berucksichtigung der Einbindung eingesetzt   Rot und Schwarz bedeuten Kettentupfen

Fig 156   7bindiger Kettensoleil

Die Bindungsfläche wurde rot angelegt, der mit der Ringtype ausgeführte 7bindige Atlas getupft und der schwarze Atlas unter Berucksichtigung, daß die Kettenflottungen am Ende eng binden, eingesetzt Rot gilt als Kette

Man kann auch aus den verstarkten Atlassen Soleil bilden, wenn man bei verstarktem Schußatlas die Kettenstellen, bei verstarktem Kettenatlas die Schußstellen der Bindung eng abbindet   Um aus dem verstarkten Schußatlasse, Fig 149, einen Schußsoleil, Fig 157, zu bilden, bindet man die Kettenstellen taftartig ab Anstatt des Taftes hatte man die Abbindung durch einen Tupfen in der Mitte auch koperartig vornehmen konnen   Die schwarzen Tupfen stellen Schuß dar, weshalb Rot als obenliegende Kette gilt.

Um aus dem verstarkten Kettenatlasse, Fig 150, einen Kettensoleil, Fig 158, zu schaffen, bindet man die Schußstellen taftartig ab

Man kann auch Soleil aus Quer- und Langsripsen entwickeln, wenn man bei ersterem die Schußstellen (Weiß bei letzterem die Kettenstellen (Rot) abbindet.   Diese zwei Arten Soleil werden jedoch nicht glatt, sondern gestreift wirken

Fig 160   Quergestreifter Kettensoleil

Die Schußstellen des Querripses 4 4, Fig 159, sind taftartig abgebunden

1 Rapport = 4 Ketten- und 8 Schußfaden

Fig 162   Langsgestreifter Schußsoleil

Die Kettenstellen des Langsripses 6 6, Fig 161, sind in 3bindigem Koper abgebunden   Rot gilt als Kette, Schwarz und Weiß als Schuß

1 Rapport = 12 Ketten- und 6 Schußfaden = 12, beziehungsweise 6 Schafte und 6 Tritte

Diagonal

Dies ist eine diagonallaufende verstarkte Bindung mit Atlasgratgrundlage Durch diese Bindung bekommt die Ware Grathnien, deren Winkel sich nach der verwendeten Fortschreitungs- oder Steigungszanl richten   Nach der Richtung dieses Grates unterscheidet man Diagonalen 1er, 2er, 3er, 4er etc Steigung.   Die Fig 163, 164, 165 ergeben den 1er, 2er und 3er Grat.   Um einen Diagonal zu bilden, tupft man einen Grat vor, rapportiert diesen in der Bindungsfläche auf die gewünschte Kettenfadenzahl und sucht durch Zusatztupfen eine Musterung nach den Fig 166, 168—177 zu erzielen

Fig 166. 24bindiger Diagonal aus dem 1er Grate, Fig 163

1 Rapport = 24 Ketten- und 24 Schußfaden

Um das Muster zu weben, braucht man eine Schaftmaschine Die Fig 167 zeigt drei Karten, welche nach der 1., 2 und 3 Schußlinie der Fig 166 gelocht sind

Das Kartenlochen.

Gelocht werden auf jedem Pappblatt für die Karte der Schaftmaschine, Fig 33, links und rechts die Zapfen und Bindlöcher, dazwischen die Musterlöcher. Die ersteren dienen zum Einlegen in die Zapfen des Prismas behufs Spannung und Glattlegung des Kartenblattes, die zweiten zum Vereinigen aller zu einem Muster notwendigen Kartenblätter zu einem Bande ohne Ende Das Schnüren der einzelnen Kartenblätter erfolgt nach Fig 167 in kreuzender Bindweise Will man die Musterlöcher stanzen, so liest man die entsprechende Schußlinie der Musterzeichnung von links nach rechts und locht jene Stellen, wo die Kette auf dem Schusse liegt Die erste Schußlinie der Musterzeichnung ist die unterste Die Numerierung der Kartenblätter erfolgt am Ende, d i auf der Laternseite Mit Folgendem soll das Lochen der in Fig 167 dargestellten drei Karten von den drei ersten Schüssen der Fig 166 vorgenommen werden

1 Schußlinie = 1 Karte,	2 Schußlinie = 2 Karte,	3 Schußlinie = 3 Karte
2 gelocht,	3 leer,	2 leer,
1 leer,	6 gelocht,	2 gelocht,
4 gelocht,	2 leer,	1 leer,
1 leer,	6 gelocht,	4 gelocht,
2 gelocht,	4 leer,	1 leer,
1 leer,	2 gelocht,	2 gelocht,
4 gelocht,	1 leer,	1 leer,
1 leer,		4 gelocht,
2 gelocht,		1 leer,
6 leer,		2 gelocht,
		4 leer

Bei der Fig 167 ergeben die vollen schwarzen Kreise die Zapfenlöcher, die vollen roten Kreise Musterlöcher, die leeren Kreise volle Kartenstellen Rechts und links von den Zapfenlöchern sind die Bindlöcher durch leere Kreise dargestellt

Fig 168 6schaftiger Diagonal 2er Steigung

Der 2er Grat, Fig 164, wurde getupft, in der Bindungsfläche auf 6 Kettenfaden wiederholt und an jeden Tupfen 3 Tupfen nach unten angesetzt Nachdem diese Musterung noch zu viel Schuß ergibt, wurde zwischen den Graten 3bindiger Schußkoper getupft

1 Rapport = 6 Ketten- und 12 Schußfaden

Die Fig 169—172 ergeben 8-, 9-, 10- und 12schäftige Diagonalen 2er Steigung

Fig 173 6schaftiger Diagonal 3er Steigung

Der 3er Grat wurde vorgetupft und in der Bindungsfläche auf 6 Kettenfaden wiederholt An jeden Tupfen wurden 10 Tupfen nach unten angesetzt und zur Verbindung der über 11 Schuß gehenden starken Kettengrate ein einfacher Grat gesetzt

1 Rapport = 6 Ketten- und 18 Schußfaden

Fig. 174 8schaftiger Diagonal 3er Steigung

1 Rapport = 8 Ketten- und 24 Schußfaden = 8 Schafte und 24 Karten

Fig 175 10schaftiger Diagonal 3er Steigung.

1 Rapport = 10 Ketten- und 30 Schußfaden = 10 Schafte und 30 Karten

Fig 176 6schaftiger Diagonal 4er Steigung

Der 4er Grat wurde in der Bindungsfläche getupft und auf 6 Kettenfaden wiederholt An jeden Tupfen wurden 5 Tupfen nach unten angesetzt und an diesen Grat ein ebenso starker so getupft, daß beide Grate ein Schußtupfen trennt Zur Abbindung des zwischen den Kettengraten befindlichen Schußstreifens diente ein einfacher Bindungsgrat

1 Rapport = 6 Ketten- und 24 Schußfaden = 6 Schafte und 24 Karten

Fig 177 10schaftiger Diagonal 4er Steigung

1 Rapport = 10 Ketten- und 40 Schußfaden

Untersucht man bei den durchgenommenen Diagonalbindungen das Verhältnis der Kettenfaden zu den Schußfaden im Rapporte, so findet man, daß dies bei Diagonalen 1er Steigung 1 1, bei Diagonalen 2er Steigung 1 2, bei 3er Steigung 1 3 und bei 4er Steigung 1 : 4 ist.

Man kann auch Diagonalbindungen aus den verstärkten Kopern bilden, wenn man bei der Diagonalbildung immer einen Koperkettenfaden tupft und den benachbarten ausläßt Ist der Koper geradzahlig, so wird der Rapport des Diagonals die Hälfte der Kettenfaden und die genaue Schußzahl des Kopers haben Ist der Koper ungeradzahlig, so wird der Rapport des Diagonals in Kette und Schuß derselbe sein wie bei dem Koper, da im Kettenrapporte 2 Grate entstehen

Fig 169 8schaftiger Diagonal 2er Steigung

DIAGONALBINDUNGEN.

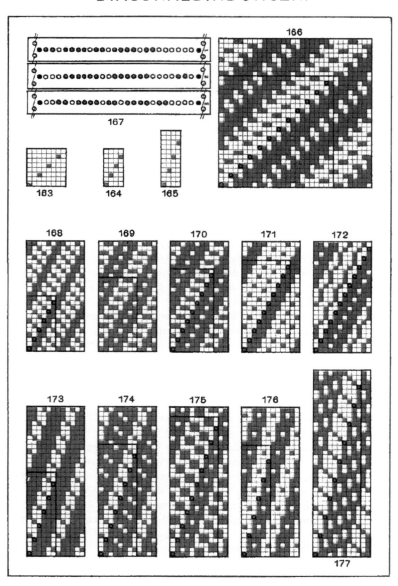

Die Bindung entstand aus dem 16bindigen verstärkten Koper, Fig 103, durch Aneinanderreihen der ungeraden Kettenfäden

Fig 585 9bindiger Diagonal 2er Steigung

Die Bindung entsteht aus dem 9bindigen verstärkten Koper $\begin{smallmatrix} 1 & 3 & 2 \\ 2 & 1 & \end{smallmatrix}$,
wenn man erst die ungeraden Kettenfäden des Rapportes (1, 3, 5, 7, 9), dann die geraden (2, 4, 6, 8) nebeneinander setzt

1 Rapport = 9 Ketten- und 9 Schußfaden.

Spitzmuster.

Dies sind in Kette und Schuß symmetrische Muster Der Aufbau erfolgt nach Fig. 178 durch symmetrische Bearbeitung eines Kopers, nach den Fig 179—182 auf Grundlage des Spitzkopers Im letzteren Falle figuriert man die durch den Spitzkoper entstehenden Räume durch Einsetzung von Bindungsgraten oder Figuren.

Fig 178 Spitzmuster,

8bindiger, in einem Quadrate von 9 Ketten- und 9 Schußfaden getupfter Schußkoper, wurde der Kette und dem Schusse nach symmetrisch behandelt

1 Rapport = 16 Ketten- und 16 Schußfaden

Die Fig 179, 180 haben einfache, die Fig 181, 182 gebrochene Spitzkopergrundlage.

Waffel- oder Zellenbindungen.

Diese Bindungen verleihen dem Gewebe ein waffel- oder zellenartiges Gepräge Die Plastik dieser Gewebe wird durch passende Anordnung von Ketten- und Schußflottungen, welche mit enger Bindung abschließen, hervorgebracht An den Stellen, wo die Flottungen sind, wird das Gewebe wenig, an den Stellen der engen Bindung aber viel eingezogen werden. Nachdem die Flottungen verlaufend zusammengestellt sind, entstehen sozusagen verlaufende Zusammenziehungen Die größten Flottungen werden die größten Erhöhungen (Wölbungen), die engsten Bindstellen die größten Vertiefungen im Gewebe ergeben Die Grundlage der Waffelbindungen ist zumeist Spitzkoper, doch liefern nach den Fig. 187, 188, 189 auch andere Anordnungen gute Effekte

Fig 183 8bindiger Waffel

Die Grundlage ist 8bindiger Spitzkoper Durch diese Bindung werden auf der Spitze stehende Quadrate gebildet Ordnet man in den Quadraten reihenweise Ketten- und reihenweise Schußflottungen an, so wird beim Weben der besprochene Effekt zustande kommen Betrachtet man den 5 und 13 Ketten-

und den 5. und 13 Schußfaden, so findet man, daß erstere die größten Kettenflottungen, letztere die größten Schußflottungen haben. Da an diesen Stellen das Gewebe am wenigsten eingezogen wird, werden diese Faden am erhabensten erscheinen und dem Stoffe eine linienartige Quadratur geben Die Faden neben den genannten haben etwas kleinere Flottungen, die neben den letzteren die kleinsten Flottungen, es werden diese deshalb immer etwas tiefer in den quadratischen Abteilungen zu liegen kommen, bis endlich die enge Bindung die tiefste Stelle bildet

1 Rapport = 8 Ketten, 8 Schußfaden = 8, beziehungsweise 5 Schafte und 8, beziehungsweise 5 Tritte

Die Fig 184—189 liefern verschiedene Waffelbindungen, aus welchen nach den Erläuterungen der Fig 183 die Effektwirkung leicht verständlich wird

Durchbrochene Gewebe Gitter- oder à jour-Bindungen.

Diese Bindweise soll dem Gewebe, wie Fig 191 zeigt, ein durchbrochenes Aussehen geben Im wesentlichen bestehen diese Musterungen aus Fadenpartien und leeren Stellen, Fadenlucken 3, 4, 5, 7 etc. durch die Bindweise zusammengedrängte Faden, wechseln mit einer nach derselben Methode zusammengesetzten Partie in entgegengesetzter Kreuzung ab Nachdem die zweite Fadenpartie entgegengesetzt der ersten bindet, werden sich der Endfaden der einen Partie und der Anfangsfaden der anderen Partie nicht zusammendrängen, sondern durch die entgegengesetzte Bindweise und Isolierung durch einen Kammstab (Rohr, Riet) trennen Soll die Fadenlucke größer werden, so läßt man eine, zwei oder mehrere Kammlucken leer Dem Schusse nach erfolgt die Vereinigung der Partiefaden und die Fadenlucke nach denselben Fadenvereinigungs- und Fadentrennungsgesetzen

Fig 190 Gitterbindung 3 3

Im Gewebe (Fig 191) wechseln immer drei zusammengedrängte Faden mit einer Fadenlucke ab

Der Kammeinzug erfolgt 3fadig Nachdem der 1 und 3 Kettenfaden der Partie gleichbinden, werden diese das Bestreben haben, zusammenzugehen, was durch die passende Bindung des Zwischenfadens nicht beeinflußt wird Der 3 Faden der ersten Partie und der 1 der zweiten Partie binden entgegengesetzt, weshalb sich diese zwei Faden nicht zusammenschieben, sondern voneinander entfernen, trennen

1 Rapport = 6 Ketten- und 6 Schußfaden

Fig 192· Gitterbindung 4 4

1 Rapport = 8 Ketten- und 8 Schußfaden, Kammeinzug 4fadig

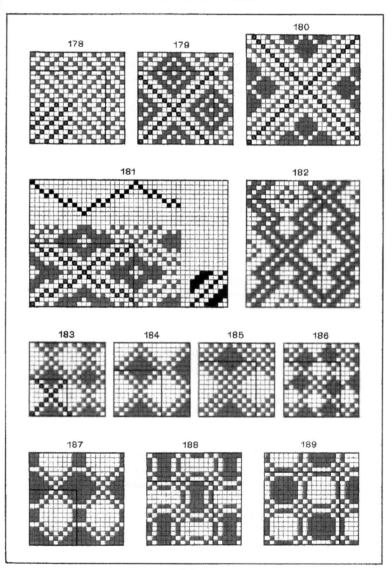

BINDUNGEN FÜR DURCHBROCHENE GEWEBE.

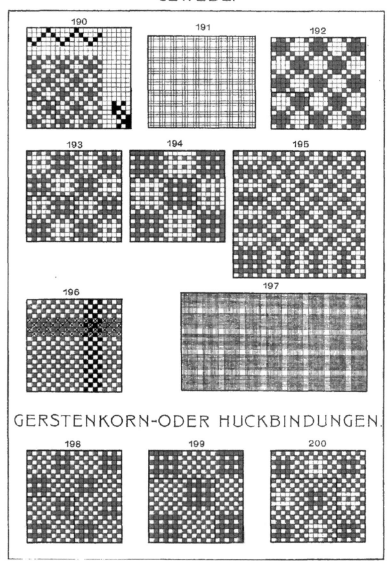

GERSTENKORN-ODER HUCKBINDUNGEN.

Fig. 193: Gitterbindung 5 : 5.

1 Rapport = 10 Ketten- und 10 Schußfäden, Kammeinzug 5fädig.

Fig. 194: Gitterbindung 7 : 7.

1 Rapport = 14 Ketten- und 14 Schußfäden.

Fig. 195: Gemusterte Gitterbindung 7 : 3 : 3 : 3 : 3 : 3 : 3 : 3.

1 Rapport = 28 Ketten- und 28 Schußfäden.

Die Fig. 192 ist die gewöhnliche Bindung der Stickereistoffe (Stramin, Aida etc.), die anderen finden bei Hemden-, Kleider-, Blusen- und Schürzenstoffen vielfache Anwendung.

Eine andere Methode, durchbrochene Gewebe zu bilden, beruht auf der unterschiedlichen Einwirkung von Schwefelsäure auf Tierhaare und Pflanzenfasern. Webt man z. B. eine Ware, bei welcher nach Fig. 196 12 Fäden Kammgarn mit 4 Fäden Baumwollgarn in Kette und Schuß regelmäßig abwechseln, so erhält man nach der Behandlung des Gewebes mit verdünnter Schwefelsäure (Karbonisieren genannt) ein durchbrochenes Gewebe, Fig. 197, da die Säure die Pflanzenfasern zerstört (verkohlt), während die Wolle nicht angegriffen wird. Bei der Fig. 196 ergeben die roten Tupfen gehobene Kammgarnkette, die blauen gehobene Baumwollkette, die weißen obenliegenden Kammgarnschuß, die gekreuzten obenliegenden Baumwollschuß. Denkt man sich die Baumwollkette und den Baumwollschuß entfernt, so wird an der Kreuzung der Baumwollkette mit dem Baumwollschusse (blaue Tupfen auf gekreuztem Grunde) eine Fadenlücke entstehen, während an der Kreuzung der Baumwollkette mit dem Kammgarnschusse (blaue Tupfen auf weißem Grunde) ein Flottliegen des Kammgarnschusses, an der Kreuzung der Kammgarnkette mit dem Baumwollschusse (rote Tupfen auf gekreuztem Grunde) ein Flottliegen der Kammgarnkette erfolgen muß.

Gerstenkorn- oder Huckbindungen.

Läßt man auf Leinwandgrund gruppenweise Flottungen nach den Fig. 198—200 wirken, so drängen sich im Gewebe die engbindenden Fäden gegen die Flottungen, so daß letztere einen aufgeworfenen, korn- oder hockenartigen Effekt liefern. Verwendung findet diese Bindungstechnik bei Handtüchern. Durch die aufgeworfenen Stellen wirkt das Gewebe beim Gebrauche kräftig frottierend. Bei den Fig. 198 und 199 wirken auf der einen Gewebeseite durch Kette gebildete, auf der anderen durch Schuß gebildete Korneffekte. Die Bindung, Fig. 200, liefert auf beiden Gewebeseiten senkrechte Korneffekte aus Kette und wagrechte aus Schuß.

Krepp oder Crêpe

Dies sind Bindungen, welche der Ware ein kleinfiguriertes oder verworrenes Aussehen geben. Man unterscheidet folgende Arten

a) Figurierten Krepp

b) Ripskrepp

c) Sandkrepp

Figurierter Krepp

Das Bilden von figurierten Kreppmustern kann auf verschiedene Arten erfolgen

1. Man tupft auf eine Bindungsfläche Leinwand, Schußkoper, Schußatlas oder deren Ableitungen und sucht durch Zusatztupfen eine kleinfigurierte gleichmäßig verteilte Musterung zu schaffen

Fig. 201· 8bindiger Krepp

Grundlage Leinwandbindung

Fig 202 6bindiger Krepp

Grundlage 6bindiger Schußkoper

Fig 203 8bindiger Krepp

Grundlage 8bindiger Schußkoper

Fig 204: 4schaftiger Krepp

Grundlage Langszickzack

Fig 205 8schaftiger Krepp

Grundlage gebrochener Schußkoper

Fig 206 8bindiger Krepp

Grundlage 8bindiger versetzter Koper (Siehe Fig 4, Tafel I)

Fig 207 8bindiger Krepp

Grundlage 8bindiger Spitzkoper

Fig 208 10bindiger Krepp

Grundlage 10bindiger Schußatlas

Die Grundlage dieser Bindungen wurde im eingegrenzten Rapporte durch die Ringtype ersichtlich gemacht

2 Ordnet man die Bindpunkte nach den Fig 209, 210 an, so erhält der Stoff ein quadratisch abgeteiltes Gepräge Das letztere entsteht durch die entgegengesetzte Bindweise der benachbarten Quadrate Gewebe aus diesen Bindungen erzeugt, bekunden große Elastizität

3 Man nimmt Quadrate oder kleine Figuren, versetzt dieselben nach Fig 211 und 212 taft-, beziehungsweise atlasartig und bindet die leeren Räume geschmackvoll ab

KREPP- ODER CRÊPE-BINDUNGEN.

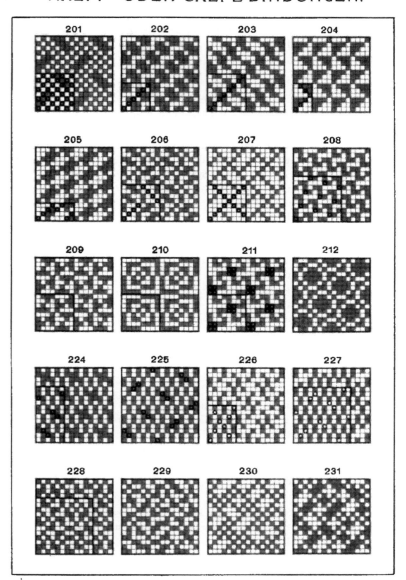

Fig. 211: 8bindiger figurierter Krepp.

Ein Quadrat aus vier Tupfen wurde taftartig auf 8 Ketten- und 8 Schuß-fäden versetzt und durch Ansatztupfen ineinander greifende Figuren geschaffen.

Fig. 212: 16bindiger figurierter Krepp.

Eine kleine Figur wurde in einem Raume von 16 Ketten- und 16 Schuß-fäden nach dem 8bindigen Atlasse (Fortschreitungszahl 5) versetzt. Zur Ver-meidung der leeren Zwischenräume wurde um jede Figur eine einfache Tupfen-kontur gesetzt.

4. Man vergrößert die Tupfen eines Schußatlasses oder eines versetzten Köpers und sucht durch Zusatztupfen eine gediegene Bindungsfläche zu schaffen. Fig. 213 ist ein 5bindiger Schußatlas, welcher in Fig. 214 4mal vergrößert wurde. Verdoppelt man die Tupfen der Fig. 214 nach links, so entsteht Fig. 215. Durch Zusatztupfen der Fig. 215 entstehen die figurierten Kreppmuster Fig. 216, 217.

5. Durch gleichmäßige Vergrößerung eines Kreppmusters.

Fig. 218: 12bindiger Krepp.

» 219: 24bindiger Krepp.

Diese Musterung entsteht aus der Fig. 218 durch vierfache Vergrößerung der Bindpunkte.

6. Durch ungleichmäßige Vergrößerung einer Kreppbindung.

Fig. 220: 16bindiger Krepp.

Die Bindung entsteht aus der Fig. 218, wenn man die Ketten- und Schuß-fäden 1, 4, 7, 10 doppelt, 2, 3, 5, 6, 8, 9, 11, 12 einfach anordnet.

Fig. 221: 40bindiger Krepp.

Diese Musterung entsteht aus der Kreppbindung, Fig. 217, durch doppelte Anordnung der Ketten- und Schußfäden 1, 2, 7, 8, 13, 14, 19, 20, 25, 26. Bei der Bearbeitung dieser Muster ist es gut, die Vergrößerung durch ein Liniennetz auf dem Tupfpapiere ersichtlich zu machen, da man dann rein schablonen-mäßig übertragen kann.

7. Durch das Tupfen zweier, eventuell dreier Bindungen in einem Rapporte ohne Rücksicht des Zusammentreffens der Bindpunkte.

Fig. 222: 10bindiger Krepp.

Diese Bindung entsteht aus Taft und 10bindigem Schußatlas, wenn man beide Bindungen auf eine Fläche tupft.

1 Rapport = 10 Ketten- und 10 Schußfäden.

Fig. 223: 20bindiger Krepp.

Zur Hervorbringung dieser Musterung wurde 4bindiger versetzter Köper a und 5bindiger Schußatlas b auf einer Bindungsfläche getupft. Der Rapport entspricht dem kleinsten gemeinschaftlichen Vielfachen der Rapportzahlen der zwei Bindungen Das kleinste gemeinschaftliche Vielfache von 4 und 5 ist 20, weshalb ein Rapport 20 Ketten- und 20 Schußfaden hat

Ripskrepp oder Rips mit Überbindung

Diese Bindungsart liefert keine figurierte, sondern eine verworrene Waren seite Die Grundbindung ist Querrips und ist die Bearbeitung, je nachdem die Ware Ketten- oder Schußeffekt haben soll, eine zweifache

a) Bei Ketteneffekt

Man laßt die Kettenfaden uber die Rippe hinaus binden, d h man setzt genommene Tupfen auf Weiß

Durch das Einsetzen von genommenen Tupfen auf die Schußstellen eines Querripses 2 2, eventuell 3 : 3 werden die Querrippen unterbrochen, wodurch eine eigenartige, verworrene, teilweise Rippenstucke ersichtlich machende Warenseite gebildet wird

Die Fig 224 — 225 ergeben derartige Bindungen und sind die auf die Schußstellen gesetzten Tupfen im eingegrenzten Rapporte durch die Ringtype ersichtlich gemacht. Rot und Ringtype entspricht gehobener Kette

b) Bei Schußeffekt.

Man laßt die Kettenfaden nicht uber die ganze Rippe binden, d h man setzt gelassene Tupfen auf die Kettenstellen des Ripses. Durch diese Methode werden in der Ware die Querrippen durch Schußflottungen unterbrochen, was wieder eine eigenartige, teilweise Ripsstucke ersichtlich machende, verworrene Warenseite bedingt Die Fig 226, 227 ergeben diesbezugliche Bedingungen Aus denselben sind durch die gelassenen Ripstupfen (Ringtype) die Schußflottungen, welche das Uberbinden, Unterbrechen der Rippe, besorgen, leicht erkennbar Ripskrepp findet viel Verwendung bei Damenkleiderstoffen

Sandkrepp oder verworrener Krepp.

Bei dieser Bindungsart wird durch freies unregelmaßiges Setzen von Bindpunkten eine verworrene Bildfläche zu erzeugen gesucht Das Zusammenstellen dieser Bindungen ist jedoch nicht so leicht, da besonders Rucksicht auf gleichmaßige Verteilung der regellos gesetzten Bindpunkte genommen werden muß Die Fig 228 — 231 zeigen derartige Bindungen in verschiedenen Ausfuhrungen Die Lange der Flottungen hangt ab von der Dichte des Stoffes, die Zusammenstellung der Bindpunkte nach dem fein- oder grobkornigen Ausdrucke, den das Gewebe haben soll

KREPP- ODER CRÊPE-BINDUNGEN.

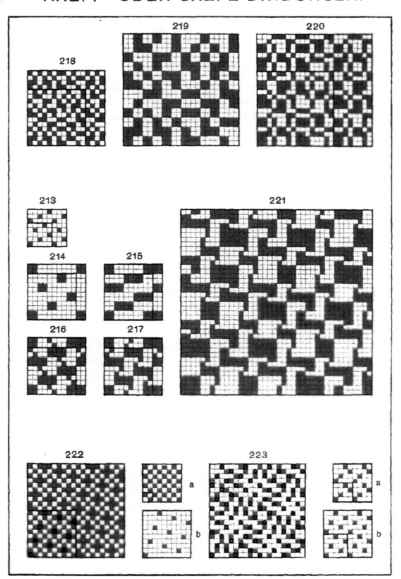

STUFENFÖRMIGE BINDUNGEN.

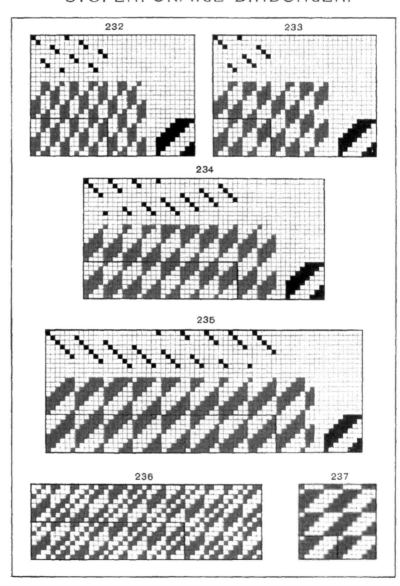

Stufenförmige Bindungen.

Diese Bindungen entstehen aus verstärktem Koper, wenn man nach 2, 3, 4 etc Kettenfäden die Bindung nach derselben Richtung laufend, entgegenge setzt tupft und dies so lange wiederholt, bis der Rapport eintritt Die Fig. 232—235 entstehen aus dem 8bindigen zweiseitigen Koper, wenn man diesen partienweise von 2, 3, 4 und 6 Kettenfäden nach obiger Angabe bearbeitet Bei der Fig 232 ist der Kettenrapport 16, bei der Fig 233 12, bei der Fig 234 32, bei Fig 235 48 Ketten- und 8 Schußfaden

Der Kettenrapport = Faden per Gruppe × Rapportzahl des Grundkopers, beziehungsweise wenn die Fadengruppe mit der Bindungszahl des Grundkopers keinen gemeinsamen Divisor hat, $1/2$ davon Bei der Entwicklung aller zulässigen Fadengruppen kommt eine Ausnahme der Regel (Fig 237) zum Ausdrucke, wo der Bindungsrapport kleiner ist als der Rapport des Grundkopers

Beim Weben der Muster 232—235 kommen bei reduzierender Einzugs weise 8 Schafte und 8 Tritte zur Verwendung Außer zweiseitigem Koper kann man auch nach der Fig. 236 einseitigen Koper verwenden Die Bindung 236 hat einen Rapport von 32 Ketten- und 8 Schußfaden Bei reduzierendem Einzuge braucht man 16 Schafte

Anstatt in der Kette kann man auch nach Fig 237 das Bilden dieser Muster nach dem Schusse vornehmen

Schuppenartige Muster.

Diese Bindungen liefern schuppenartige Bilder Man erhält dieselben auf verschiedene Weise

a) Aus Schußkoper, wenn man den Gratlinien schuppenartige Ver starkungen gibt

Fig 238 Schuppenbindung

An die Bindpunkte des 6bindigen Schußkopers wurden Schuppen angesetzt Die schwarzen Typen machen das Versetzen der Schuppen ersichtlich

1 Rapport = 24 Ketten- und 24 Schußfaden

Fig. 239 Schuppenbindung

1 Rapport = 24 Ketten- und 48 Schußfaden

b) Aus zweigratigem Schußkoper durch Anordnung symmetrischer Schuppen zwischen den Graten.

Fig 240 Schuppenbindung

Zwischen den Graten des 20bindigen zweigratigen Schußkopers wurden symmetrische Schuppen gebildet und diese nach dem 4bindigen Schußkoper angeordnet

1 Rapport = 40 Ketten- und 40 Schußfaden.

c Aus verstarktem Koper, wenn man denselben nach einer bestimmten Anzahl Ketten und Schußfaden in derselben Richtung laufend, so tupft, daß Schußtupfen mit Kettentupfen und umgekehrt Kettentupfen mit Schußtupfen abwechseln

Fig 242 Schuppenbindung

Der zweiseitige Koper, Fig 241, wurde von 8 : 8 Ketten- und Schußfäden, nach derselben Richtung laufend, entgegengesetzt getupft

1 Rapport = 40 Ketten- und 40 Schußfaden, das sind bei reduzierendem Einzuge 10 Schafte und 40 Karten

Fig 243 Schuppenbindung

Das Versetzen des zweiseitigen 10 bindigen Kopers erfolgte von 8 8 Ketten- und 4 4 Schußfaden

1 Rapport = 40 Ketten- und 20 Schußfaden = 10 Schafte und 20 Karten

Strahlenformige Muster.

Diese Muster entstehen aus versetztem zweiseitigen Koper durch Verschieben der Bindungsgrate Fig. 244 entsteht aus dem versetzten zweiseitigen Koper, Fig 244 *a* durch Verschieben der Bindungsgrate um zwei Kettenfaden, Fig 245 aus Fig 245 *a* durch Verschieben der Bindungsgrate (Koperstucke) um 4 Kettenfaden nach rechts

Die Fig 246 und 247 zeigen Muster, welche aus den versetzten Kopern Fig 244 *a* und Fig 245 *a* durch Wiederholen der mit Pfeilen versehenen zwei Bindungsgrate und deren Verschiebung um 2 Kettenfaden im Bindungsrapporte entstehen Der Bindungsrapport dieser strahlenformigen Muster entspricht in Kette und Schuß dem Kettenrapporte des als Grundlage dienenden versetzten Kopers

Wie man aus dem 4 bindigen zweiseitigen Koper (Fig 87) die versetzten Koper 244 *a* 4 : 4 und 245 *a* 6 6 gebildet hat, kann man auch aus 6 bindigem zweiseitigem Koper (Fig 67) versetzte Koper 6 6, 9 9, 12 12, aus 8 bindigem 8 8, 12 12, 16 16 etc bilden und durch Verschieben der Bindungsgrate um 3 oder 6, respektive 4 oder 8 etc Kettenfaden strahlenformige Muster nach den Fig 244—247 entwickeln

Wellenförmige Muster.

Bei diesen Mustern sind die Gratlinien wellenformig angeordnet Die Muster entstehen durch partienweises Aneinanderfugen von verstarktem Koper, Diagonal 2" Steigung etc Die zu verwendenden Bindungen mussen aus gleichbindenden Kettenfaden bestehen, d h der Diagonal muß aus dem Koper entstanden sein

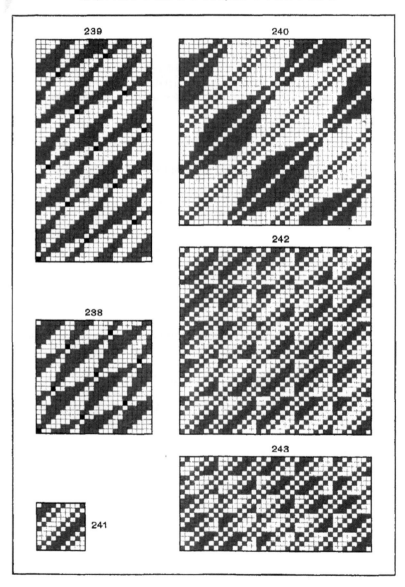

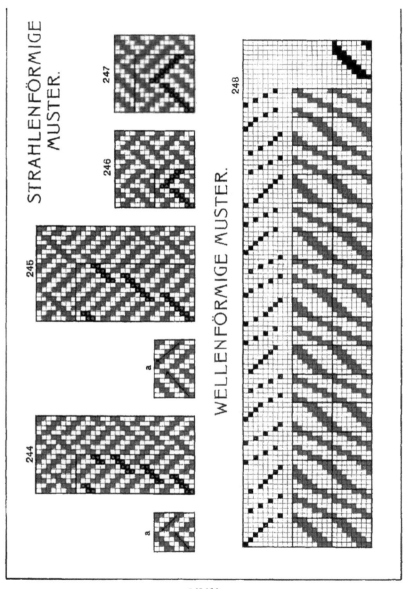

STRAHLENFÖRMIGE MUSTER.

247

246

245

a

244

a

WELLENFÖRMIGE MUSTER.

248

XXII.

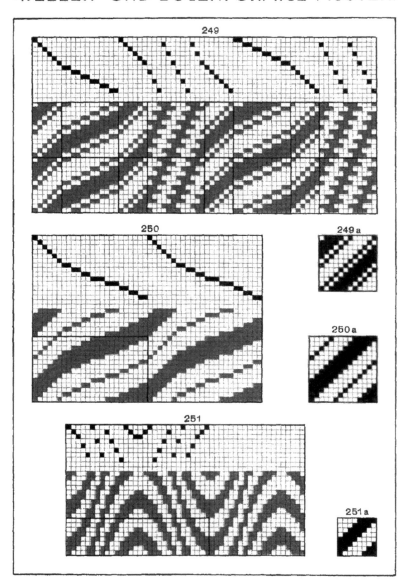

(siehe Fig 169 und 103). Das Aneinanderfugen der Partien muß im Anschlusse des Grates erfolgen und so lange wiederholt werden, bis der Rapport eintritt

Fig 248 Wellenartiges Muster

8bindiger verstärkter Koper und aus diesem entwickelter 4schaftiger Diagonal 2er Steigung sind von 6 6 Kettenfaden unter Berucksichtigung des Bindungsanschlusses so oft aneinander gereiht, bis die Wiederholung eintritt

1 Rapport = 8 × 6 × 2 = 96 Ketten- und 8 Schußfaden

Fig 249 Wellenartiges Muster

12bindiger zweiseitiger Koper (249 a), 24schaftiger flachliegender Diagonal 1er Steigung, 12bindiger zweiseitiger Koper, 6schaftiger steiler Diagonal 2er Steigung sind von 6 12 6 12 6 12 6 12 Kettenfaden unter Berucksichtigung des Gratanschlusses nebeneinander getupft.

1 Rapport = 72 Ketten- und 12 Schußfaden = 12 Schafte und 12 Tritte.

Fig 250 Wellenartiges Muster

14bindiger verstärkter Koper (250 a) und aus dieser Bindung entwickelte, flachliegende Diagonalen sind unter Berucksichtigung des Bindungsanschlusses von 6 6 6 6 Kettenfaden nebeneinander gesetzt

1 Rapport = 24 Ketten- und 14 Schußfaden = 14 Schafte und 14 Karten

Bogenförmige Muster.

Diese entstehen aus den wellenformigen Mustern durch symmetrische Bearbeitung

Fig 251 Bogenformiges Muster

8bindiger zweiseitiger Koper (251 a) 4schaftiger Diagonal 2er, 3er, 2er Steigung, 8bindiger, zweiseitiger Koper sind von 3 3 3 3 3 Kettenfaden gratweise aneinander gereiht und der Kette nach symmetrisch bearbeitet

1 Rapport = 30 Ketten- und 8 Schußfaden

Fadenweise versetzte Bindungen

Dadurch, daß man eine oder zwei Bindungen fadenweise versetzt, entstehen unzählige Musterungen

Dasselbe kann auf dreifache Art erfolgen

1 Man versetzt eine Bindung
2 Man versetzt zwei gleichschaftige Bindungen
3 Man versetzt zwei ungleichschaftige Bindungen

1. Das Versetzen einer Bindung.

a) Kettenfadenweises Versetzen

Man verfahrt dabei folgend

1 Man tupft eine Bindung als Vorlage

2 Man setzt diese Bindung auf die ungeraden Kettenfaden einiger zu bildenden Muster

3 Man setzt diese Bindung auch auf die geraden Kettenfaden, und zwar einmal genau so, dann bei jedem folgenden Muster immer um einen Schuß hoher eingesetzt

Fig 252. 8bindiger zweiseitiger Koper

Fig 253 Darstellung wie bei den Fig 254—257 die Einsetzung der ungeraden Kettenfaden erfolgte

Fig 254 Diagonal. Die geraden Kettenfaden wurden genau nach den ungeraden eingesetzt

Fig 255 Diagonal Die Bindung der geraden Kettenfaden erfolgte nach *b*, d i um einen Schuß hoher als *a*

Fig 256. Diagonal Die Bindung der geraden Kettenfaden erfolgte nach *b*, d i um zwei Schusse hoher als *a*

Fig. 257. Diagonal Die Bindung der geraden Kettenfaden erfolgte nach *b*, d i um drei Schusse hoher als *a*

Ein 8bindiger verstarkter Koper liefert 4, ein 10bindiger 5 neue Muster Ein verstarkter Koper liefert soviel neue Muster, als die Halfte des Kettenfadenrapportes betragt

Außer Koper kann man auch Diagonal- und Kreppbindungen als Vorlage nehmen

Fig 258 ist ein 6schaftiger Diagonal, welcher in den Fig. 259—265 nach besprochener Anleitung bearbeitet wurde Aus diesen Mustern ersieht man, daß aus einem 6bindigen Diagonal 2er Steigung 7, d s die Faden des Kettenrapportes + 1 Muster entstehen, was wieder als Regel aufgestellt werden kann

Fig 266 8bindiger Krepp

Fig 267 Bindungsschema der ungeraden Kettenfaden der Fig 268—275

Fig 268—275 Kreppbindungen, bei welchen die geraden Kettenfaden nach den unter den Mustern befindlichen Bindungen *b* eingesetzt wurden

1 Rapport = 16 Ketten- und 8 Schußfaden = 8 Schafte und 8 Tritte.

Man findet daraus, daß die Zahl der neuen Muster gleich ist der Rapportzahl der Bindung

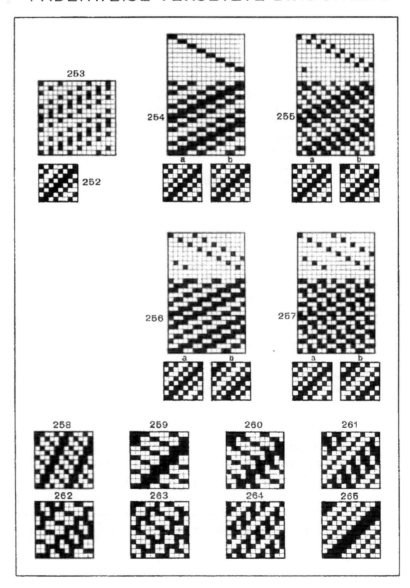

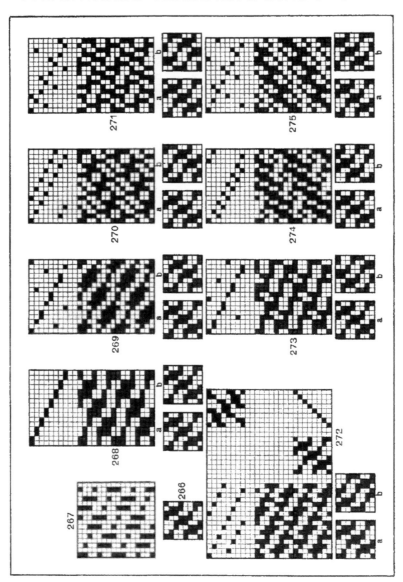

FADENWEISE VERSETZTE BINDUNGEN.

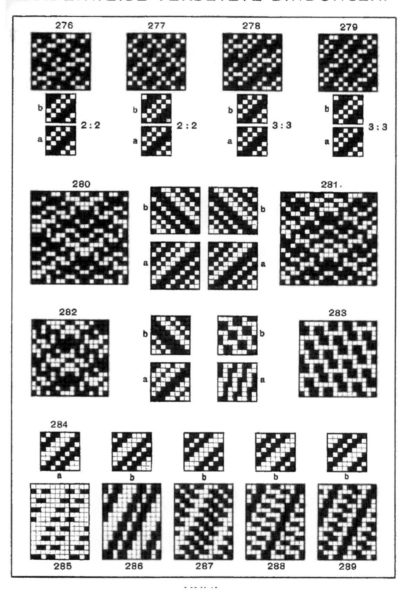

Außer dem Versetzen von Kettenfaden zu Kettenfaden kann man das Versetzen auch von 2 2, 3 3, 4 4 etc vornehmen Die Fig 276—279 ergeben Muster, welche durch das Versetzen eines verstärkten Kopers von 2 2 und 3 . 3 Kettenfaden entstanden

2. Das Versetzen zweier gleichschäftiger Bindungen

Versetzt man zwei verschiedenartige, aber gleichschäftige Bindungen kettenweise, so entstehen wieder neue Musterungen

Fig 280—281 Spitzmuster

Diese Muster entstehen aus dem 10bindigen verstärkten Koper, wenn man die ungeraden Kettenfaden nach der Bindung *a*, die geraden nach *b* einsetzt

1 Rapport = 20 Ketten- und 10 Schußfaden = 10 Schäfte und 10 Tritte

Fig 282 Kreppbindung

Der 8bindige nach rechts laufende verstärkte Koper *a* ist auf die ungeraden, der nach links laufende *b* auf die geraden Kettenfaden gesetzt

1 Rapport = 16 Ketten- und 8 Schußfaden

Fig 283 Kreppbindung

8bindiger verstärkter Atlas *a* wurde auf die ungeraden, 8bindiger Krepp *b* auf die geraden Kettenfaden getüpft

1 Rapport = 16 Ketten- und 8 Schußfaden

b) Schußfadenweises Versetzen.

Anstatt in der Kette, kann man auch im Schusse versetzen

Fig 284 8bindiger verstärkter Koper

Fig 285 Bindungsschema der ungeraden Schußfaden der Fig 286—289

Fig. 286—289 Diagonalen 2er Steigung. Der Einsatz der geraden Schusse erfolgte nach den Bindungen *b*

1 Rapport = 8 Ketten- und 16 Schußfaden

3. Das Versetzen zweier ungleichschäftiger Bindungen

Versetzt man zwei ungleichschäftige Bindungen fadenweise, so entstehen Muster mit großen Rapporten Der Musterrapport wird bestimmt nach dem kleinsten gemeinschaftlichen Vielfachen beider Bindungen

Fig 290 9bindiger verstärkter Koper

» 291. 8bindiger verstärkter Koper

» 292 Flachliegender Diagonal

Der 9bindige verstärkte Koper ist auf die ungeraden, der 8bindige auf die geraden Kettenfaden gesetzt.

1 Rapport $= 9 \times 8 = 72 \times 2 = 144$ Kettenfaden

$9 \times 8 \qquad\qquad = 72$ Schußfaden

Zur Verwendung kommen bei zweiteiligem Einzuge $9 + 8 = 17$ Schafte und 72 Karten

Fig 293 7schaftiger Diagonal 2er Steigung

» 294 6 » » 2er »

» 295 Diagonal 1er Steigung

Der 7schaftige Diagonal ist auf die ungeraden, der 6schaftige auf die geraden Kettenfaden getupft

1 Rapport $= 7 \times 6 = 42 \times 2 = 84$ Kettenfaden.

$14 \times 6 \qquad\qquad = 84$ Schußfaden

Fig 296 7bindiger verstarkter Atlas

» 297· 6bindiger Krepp.

» 298 Kreppmuster

1 Rapport $= 7 \times 6 = 42 \times 2 = 84$ Kettenfaden

$7 \times 6 \qquad\qquad = 42$ Schußfaden

Fig. 299 9schaftiger Diagonal 3er Steigung.

» 300. 4bindiger nach links laufender Kettenköper

» 301 Diagonal $1\frac{1}{2}$ Steigung

1 Rapport $= 9 \times 4 = 36 \times 2 = 72$ Kettenfaden

$27 \times 4 \qquad\qquad = 108$ Schußfaden

Zum Weben braucht man $9 + 4 = 13$ Schafte und 108 Karten

Fig 302 6schaftiger Diagonal 4er Steigung

» 303 5bindiger nach links laufender Kettenköper

» 304. Diagonal 2er Steigung.

1 Rapport $= 6 \times 5 = 30 \times 2 = 60$ Kettenfaden

$24 \times 5 = \qquad\qquad 120$ Schußfaden

Zur Bearbeitung sind $6 + 5 = 11$ Schafte und 120 Karten erforderlich

Musterkompositionen.

Die reduzierenden (gemusterten) Einzuge und Trittweisen haben außer der praktischen Bedeutung (Reduzierung der Schafte und Tritte) auch einen theoretischen Wert, da sie zur Erzeugung neuer Muster dienen

Zu diesem Zwecke nimmt man eine glatte Bindung (305) und bearbeitet diese nach den Fig. 306—318 mit verschiedenen gemusterten Einzugen, deren Schaftzahl dem Kettenrapporte der Vorlagsbindung entspricht

Das Verfahren ist folgend

1 Man tupft den Einzug uber die zu entwickelnde Bindungsfläche und daneben die Vorlagsbindung

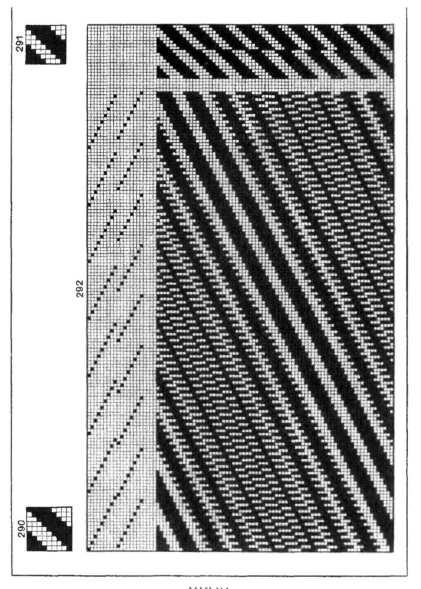

XXVII.

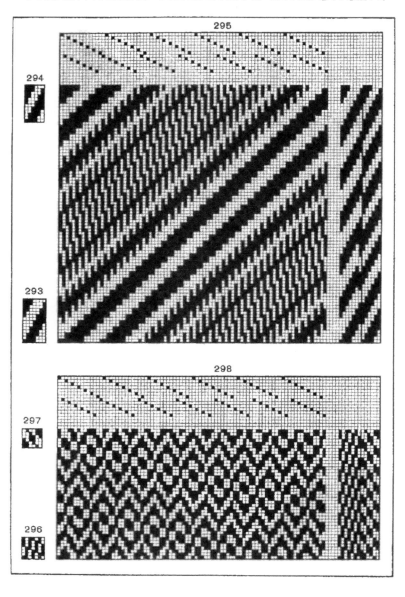

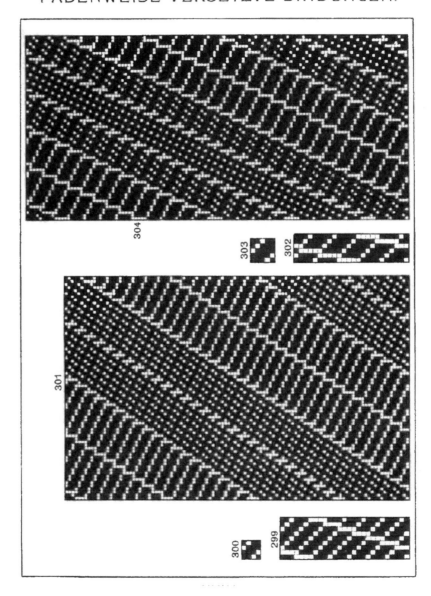

2 Man nimmt den 1 Kettenfaden der Bindung und setzt dessen Bind-weise auf alle jene Kettenfaden, welche in den 1 Schaft eingezogen sind

3 Man verfahrt mit dem 2 usw Kettenfaden der Bindung genau so wie mit dem 1, d. h man setzt die Bindweise des 2 Kettenfadens der Bindung auf alle jene Kettenfaden des zu entwickelnden Musters, welche in den 2 Schaft eingezogen sind usw

Bei den Tafeln XXX, XXXI ist die Vorlagsbindung 8bindiger verstarkter Koper Dieser verstarkte Koper wurde mit den uber den Fig 306—318 schwarz getupften Einzugen nach besprochener Anleitung behandelt Um z B das Muster 309 zu entwickeln, verfahrt man folgend

1 Man nimmt den 1 Kettenfaden der Fig 305 und setzt dessen Bind-weise auf den 1, 24, 27 und 30 Kettenfaden der Bindungsflache, da alle diese Faden in den 1 Schaft eingezogen sind.

2 Man nimmt den 2. Kettenfaden von Fig 305 und tupft dessen Bind-weise auf den 2, 5, 28 und 31 Kettenfaden der Bindungsflache, da diese Faden in den 2 Schaft eingezogen sind usw

Eine weitere Musterbildung erfolgt, wenn man die Schußfolge nicht gerade, sondern gemustert anordnet Die Entwicklung dieser Muster erfolgt aus der Anschnurung oder der Vorlagsbindung Im ersteren Falle verfahrt man folgend

Man nimmt den 1 Tritt, sucht, welche Schafte gehoben sind, und tupft als 1 Schuß alle jene Quadrate, welche dem Einzuge der gehobenen Schafte entsprechen Dasselbe erfolgt mit jedem weiteren Tritte Die gehobenen Ketten-faden des 2 Trittes kommen uber den 1, die des 3 uber den 2. usw

Auf den 1 Tritt der Fig 310 sind der 2, 3, 7 und 8 Schaft gehoben In den 2, 3, 7. und 8 Schaft sind die Kettenfaden 2, 3, 7, 8, 10, 11, 15, 16 eingezogen, weshalb diese auf der 1 Schußlinie getupft werden mussen Auf den 2 Tritt sind der 1, 3, 4. und 8 Schaft gehoben In dem 1, 3., 4 und 8 Schaft sind die Kettenfaden 1, 3, 4, 8, 9, 11, 12 und 16 eingezogen, weshalb diese auf der 2 Schußlinie getupft werden mussen usw

Bei der Musterbildung aus der Vorlagsbindung, Fig 305, entwickelt man zuerst eine Stelle mit gerader Schußfolge und setzt die anderen Schusse aus diesen nach der Tretweise zusammen

Entstehung und Benennung der Muster aus dem 8bindigen verstarkten Koper Fig 305

Fig 306   Querzickzack

             Spitzeinzug gerade Schußfolge.

»   307   Gemusterter Querzickzack

             Gemischter Spitzeinzug, gerade Schußfolge

Auf diese Weise lassen sich aus der Fig 305 noch viele andere Muster bilden

Farbige Muster.

Nimmt man bei den bis jetzt durchgenommenen Bindungen die Kette und den Schuß aus einfarbigem Garn, so entsteht ein einfarbiges Gewebe. Wird zur Kette helles, zum Schusse dunkles Garn genommen, so wird dadurch die Bindung im Gewebe deutlich hervortreten Will man das Gewebe mehr beleben, so läßt man in der Kette oder im Schuß, beziehungsweise in Kette und Schuß farbige Faden nebeneinander abwechseln Die auf diese Weise entstehenden Muster liefern eine durch Farben gestreifte, karierte oder figurierte Ware

1. Langsstreifen.

Läßt man z B bei einem Gewebe immer 10 Faden weiß mit 10 Faden rot wechseln, während man zum Schusse einfarbiges weißes Garn nimmt, so werden im Gewebe weiße Streifen mit rotweißen wechseln

MUSTERKOMPOSITIONEN.

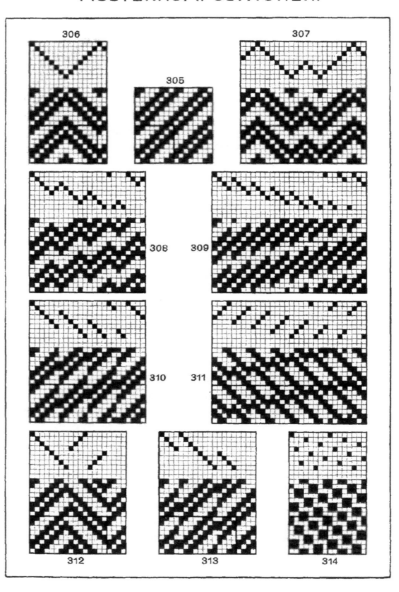

MUSTERKOMPOSITIONEN.

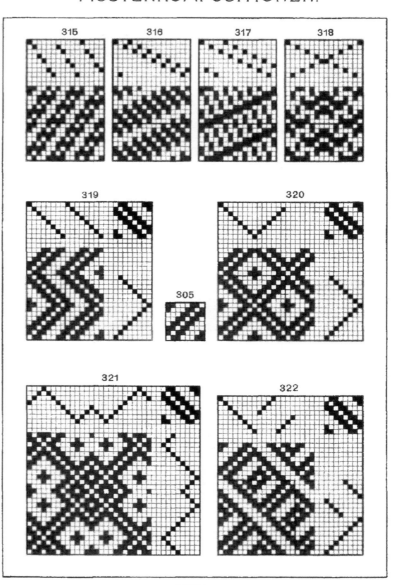

2 Querstreifen.

Nimmt man zur Kette z B blaues Garn und läßt man im Schusse 8 Faden blau mit 8 Faden schwarz abwechseln, so entsteht ein Gewebe, bei welchem blaue Querstreifen mit blauschwarzen abwechseln

3. Karos oder karierte Muster.

Läßt man nach Fig 4, Tafel I, in der Kette und im Schusse verschiedenfarbige Faden nebeneinander abwechseln, so entsteht ein kariertes Gewebe

Um aus einer Bindung die Farbenwirkung zu entwickeln, verfahrt man folgend

1 Man tupft nach Fig 323 die Bindung *A* mit blauer Farbe

2 Man tupft die Bindung *B* uber *A* ebenfalls mit blauer Farbe

3 Man versinnbildlicht durch Ausfüllung eines wagrechten Zwischenraumes unter *B* die Fadenfolge der Kette (Scher- oder Schweifzettel)

4 Man versinnbildlicht durch Ausfullung eines senkrechten Zwischenraumes neben *B* die Fadenfolge des Schusses (Schußzettel)

5 Man ubertragt die schwarzen Faden des Schweifzettels auf die entsprechenden Kettentupfen der Bindung *B*

6 Man setzt auf die Bindung *B* den Schußzettel Dasselbe muß auf weißen Tupfen erfolgen, da diese obenliegenden Schuß ergeben.

Fig 323 Langsstreifen:

      A Leinwandbindung

      B Farbeneffekt

      C Schweifzettel. 4 Faden blau, 4 Faden schwarz

      D Schußzettel blau.

Fig 324. Querstreifen

      A Leinwandbindung

      B Farbeneffekt

      C Schweifzettel blau

      D Schußzettel 8 Faden blau 8 Faden schwarz.

Bei Durchsicht der beiden Farbeneffekte findet man, daß rein blaue Streifen mit blauschwarzen abwechseln Reine Effekte (Blau) entstehen aus der Kreuzung gleichfarbiger Ketten- und Schußfaden, gemischte Effekte (Blau, Schwarz) aus der Kreuzung von dunkler Kette mit hellem Schusse oder heller Kette mit dunklem Schusse

Man kann die farbigen Gewebe in zwei Abteilungen sondern, und zwar in solche, wo reine Effekte mit gemischten wechseln und in solche mit nur reiner Farbenwirkung Die bis jetzt erklarten Musterungen gehoren der ersten Abteilung an, wahrend die folgenden die zweite Abteilung reprasentieren.

Reine Farbeneffekte.

Will man nur reine Farbeneffekte erzeugen, so muß man die Fadenfolge der Kette und des Schusses nach der Bindweise richten Nach der Form des Farbeneffektes unterscheidet man folgende Arten

1 Längs- und Querstreifen.

Langs- und Querstreifen erzielt man bei Leinwandbindung, wenn man einen Faden hell, einen dunkel schweift und einen Faden hell, einen Faden dunkel schießt.

Fig 325 Langsstreifen 1 1
           Bindung Leinwand
           Schweifzettel 1 Faden blau, 1 Faden schwarz
           Schußzettel· 1 Faden schwarz, 1 Faden blau

Fig 326 Querstreifen 1 1
           Bindung Leinwand
           Schweif- und Schußzettel
           1 Faden blau, 1 Faden schwarz

Betrachtet man den Farbeneffekt der Fig 326, so findet man, daß der blaue Schuß uber allen schwarzen und unter allen blauen Kettenfaden liegt, wahrend der schwarze uber alle blauen und unter alle schwarzen Kettenfaden geht Bei dem Effekte der Fig 325 ist gerade das Gegenteil der Fall, der schwarze Schuß liegt uber allen schwarzen und unter allen blauen Kettenfaden, der blaue uber allen blauen und unter allen schwarzen Kettenfaden.

Außer Leinwandbindung kann man auch aus Rips, Mattenbindung und Koper Langs- und Querstreifen bilden

Fig 327 Langsstreifen 1 · 1 1
           Bindung 3bindiger Kettenkoper
           Schweif- und Schußzettel
           1 Faden blau, 1 Faden schwarz, 1 Faden rot

Will man bei der Leinwandbindung schmale Querstreifchen 1 1 mit schmalen Langsstreifchen 1 . 1 partienweise abwechseln lassen, so erzielt man dies bei geradzahligen Partien, wenn man die ungeraden Partien

$$\left.\begin{array}{l} 1 \text{ Faden hell} \\ 1 \quad\text{»}\quad \text{dunkel} \end{array}\right\} x \text{ mal}$$

die ungeraden
$$\left.\begin{array}{l} 1 \quad\text{›}\quad \text{dunkel} \\ 1 \quad\text{›}\quad \text{hell} \end{array}\right\} x \text{ mal}$$

anordnet und den Schuß 1 Faden hell, 1 Faden dunkel eintragt Durch diese Zusammenstellung kommen bei dem Partienwechsel immer zwei gleichfarbige Kettenfaden nebeneinander zu stehen, wodurch ein Wechsel des Farbeneffektes

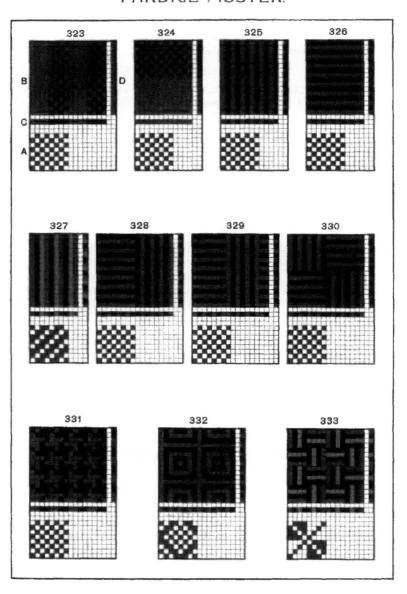

stattfinden muß, da die Einlage des Schusses in den ungeradzahligen Partien nach der Fig 326, in den geradzahligen nach der Fig 325 zustande kommt

Fig 328 Langsstreifen von 8 8 Faden

Bei dieser Musterung wechseln Streifen mit wagrechter Liniatur 1·1, mit Streifen senkrechter Liniatur 1 1 ab Die Bindung ist Leinwand.

Schweifzettel 1 Faden blau ⎫
           1 » schwarz ⎬ 4mal
           1 » schwarz ⎫
           1 » blau ⎬ 4mal

Der Schuß wird 1 Faden blau, 1 Faden schwarz eingetragen Betrachtet man die Fadenfolge unter dem Farbeneffekte, so findet man, daß der 1 und 16, beziehungsweise 17 Kettenfaden blau, der 8 und 9 Kettenfaden schwarz ist, es muß demnach zwischen dem 16 und 17 sowie 8 und 9 Kettenfaden ein Effektwechsel stattfinden

Bei Mattenbindung 2:2 und 4bindigem zweiseitigen Koper erzielt man derartige Effekte im Verhaltnis 2 2, wenn man die Fadenfolge anstatt 1 1 2 2 richtet und durch 4 teilbare Partien nimmt

Bei ungeradzahligen Partien (5, 7, 9 etc) schweift man bei Leinwandbindung

           1 Faden hell ⎫
           1 » dunkel ⎬ x mal
           1 » hell

und tragt den Schuß 1 Faden hell, 1 Faden dunkel ein. Bei nicht durch 4, sondern durch 2 teilbaren Partien (10, 14, 18 etc.) schweift man bei Mattenbindung 2 2 oder 4bindigem zweiseitigen Koper

           2 Faden hell ⎫
           2 » dunkel ⎬ x mal
           2 » hell

und legt den Schuß 2 Faden hell, 2 Faden dunkel ein Durch diese Anordnung kommen bei Leinwandbindung immer 2, bei Mattenbindung 2 2 und 4bindigem zweiseitigem Koper 4 gleichfarbige Kettenfaden nebeneinander zu liegen, was wieder einen Effektwechsel ergeben muß

Fig 329 Langsstreifen von 7.7 Faden

           Bindung Leinwand

           Schweifzettel

           1 Faden blau ⎫
           1 » schwarz ⎬ 3mal
           1 » blau

      Schußzettel 1 Faden blau, 1 Faden schwarz

Sollen die Effekte Fig 328, 329 als Querstreifen wirken, so dreht man diese um ein Viertel, wodurch die Fadenfolge der Kette zur Schußfolge und umgekehrt die Schußfolge zur Fadenfolge der Kette wird

Karos.

Quadratische Musterungen erhalt man aus den Fig 328, 329, wenn man den Schußzettel nach dem Schweifzettel anordnet

Fig 330 Karos von 8 : 8 Ketten- und Schußfaden

Bindung Leinwand.

Schweif- und Schußzettel

1 Faden blau ⎱
1 » schwarz ⎰ 4mal

1 » blau ⎱
1 » schwarz ⎰ 4mal

Figurierte Muster.[1]

Durch die Bearbeitung einer Bindung mit verschiedenen Schweif- und Schußzetteln entstehen verschiedenfarbig figurierte Muster.

Fig 331. Figuriertes Muster

Bindung Leinwand

Schweif- und Schußzettel

2 Faden blau 2 Faden schwarz

Fig 332 Figuriertes Muster

Bindung 8bindiges Spitzmuster

Schweif- und Schußzettel

1 Faden blau. 1 Faden schwarz

Fig 333 Figuriertes Muster

Bindung· 8bindiger Krepp

Schweif- und Schußzettel

1 Faden blau

1 » schwarz

1 » rot

2 » schwarz

1 rot

1 » schwarz

1 » rot

[1] Alle erdenklichen Variationen der farbigen Musterung liefert das vom gleichen Verfasser herausgegebene Werk »Farbige Gewebemusterung«

Schräger Rips mit Ketteneffekt.

Querrips wird in Partien von 2, 4, 6 etc Kettenfaden in schrage Richtung gebracht, d h die einzelnen Partien immer um einen, beziehungsweise zwei Schusse hoher gestellt. Diese Bindungen werden vermoge der beiderseitigen Kettenflottungen und engen Schußbindung Gewebe liefern, wo auf beiden Seiten nur die Kette ersichtlich ist.

Fig 334· Schrager Rips

2 Kettenfaden Querrips 4 4 wurden immer um einen Schuß hoher getupft

1 Rapport = 16 Ketten- und 8 Schußfaden = 8 Schafte und 8 Tritte

Fig. 335 Schrager Rips

Querrips 3 3 wurde von 4 zu 4 Kettenfaden immer um einen Schuß hoher getupft

1 Rapport = 24 Ketten- und 6 Schußfaden = 6 Schafte und 6 Tritte

Fig 336 Schrager Rips

Querrips 5 5 wurde von 2 zu 2 Kettenfaden immer um 2 Schusse hoher gesetzt

1 Rapport = 10 Ketten- und 10 Schußfaden

Fig 337 Gemischter schrager Rips

Gemischter Querrips 4·2 2 4 2 2 wurde von 2 zu 2 Kettenfaden immer um einen Schuß hoher gesetzt

1 Rapport = 32 Ketten- und 16 Schußfaden

Fig 338. Gemischter schrager Rips

Querrips 5 3 wurde von 4 zu 4 Kettenfäden immer um 2 Schusse hoher angeordnet.

1 Rapport = 16 Ketten- und 8 Schußfaden = 8 Schäfte und 8 Tritte

Fig. 339. Gemischter schrager Rips

Gemischter Querrips 4 1 ist von 6 6 Kettenfaden immer um 2 Schusse hoher gesetzt

1 Rapport = 30 Ketten- und 5 Schußfaden

Schweift man bei diesen Bindungen die Kette 1 Faden hell (Rot), 1 Faden dunkel (Blau), so werden im Gewebe, wie aus den Bindungen ersichtlich ist, schrage helle Streifen (Rot) mit dunklen (Blau) regelmaßig abwechseln.

Schräger Rips mit Schußeffekt

Bei diesen Bindungen bringt man Langsrips in eine schiefe Lage Diese Bindungen werden wie der Langsrips auf beiden Gewebseiten Schußeffekt liefern, da der flottliegende Schuß die engbindende Kette uberdeckt

Fig 340 Schrager Rips

Langsrips 6 · 6 wird in Partien von 2 Schussen immer um einen Kettenfaden nach rechts getupft

1 Rapport = 12 Ketten- und 24 Schußfaden

Fig 341 Gemischter schrager Rips

Gemischter Langsrips 5 3 ist von 2 zu 2 Schussen immer um einen
Kettenfaden nach rechts gesetzt

1 Rapport = 8 Ketten- und 16 Schußfaden

Fig 342: Schrager Rips

Langsrips 4 · 4 wurde von 4 zu 4 Schußfaden immer um einen Kettenfaden nach rechts versetzt

1 Rapport = 8 Ketten- und 32 Schußfaden

Nimmt man bei den Bindungen Fig 340—342 Weiß als Kette, Rot
und Blau als Schuß an, so entstehen bei abwechselnder Einlage eines roten
und eines blauen Schusses im Gewebe diagonallaufende rote und blaue Streifen

Bindungen fur diagonale Farbeneffekte.

Durch diese Bindweise wechseln auf beiden Gewebseiten diagonallaufende
Kettenstreifen mit Schußstreifen ab

Fig 343 Bindung fur diagonalen Farbeneffekt

Schweift man bei der Bindung A einen Faden blau, einen Faden schwarz
und schießt einen Faden gelb, einen Faden rot, so werden im Gewebe blaue
Kettenstreifen mit roten Schußstreifen, schwarzen Kettenstreifen und gelben Schußstreifen regelmaßig abwechseln Im Gewebe sind nur die blauen, roten, schwarzen
und gelben Flottungen des Farbeneffektes ersichtlich, da die mit der Ringtype
versehenen uber einen Schuß bindenden Kettentupfen von den Schußflottungen
verdeckt werden

Fig 344 Bindung fur diagonalen Farbeneffekt

Nimmt man bei der Bindung A dieselbe Fadenfolge wie bei Fig 343,
so wechseln im Gewebe schwarze und blaue Kettenstreifen mit roten und gelben
Schußstreifen ab Der Farbeneffekt ergibt nur die Flottungen (Blau, Rot, Gelb,
Schwarz), da die uber einen Schuß bindenden, im Gewebe nicht ersichtlichen
Kettenbindpunkte (Ringtype bei Fig 343) weggelassen wurden

Versetzter Querrips.

Durch diese Bindungen erscheint die Ware nicht gerippt, sondern gemustert

Die Bindungen entstehen durch partienweises Versetzen eines Querripses
Das Versetzen kann 2, 4, 5, 6 etc. mal erfolgen Bei zweimaligem Versatze ist

SCHRÄGE RIPSE.

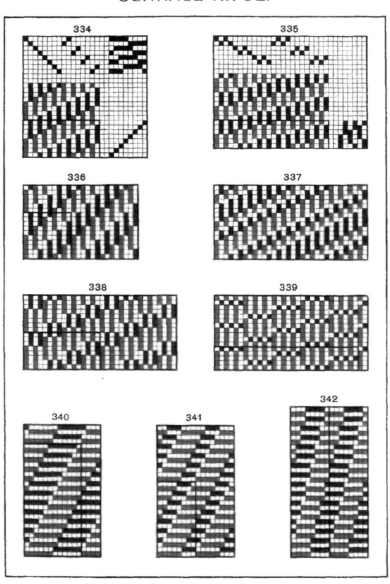

SCHRÄGE UND VERSETZTE RIPSE.

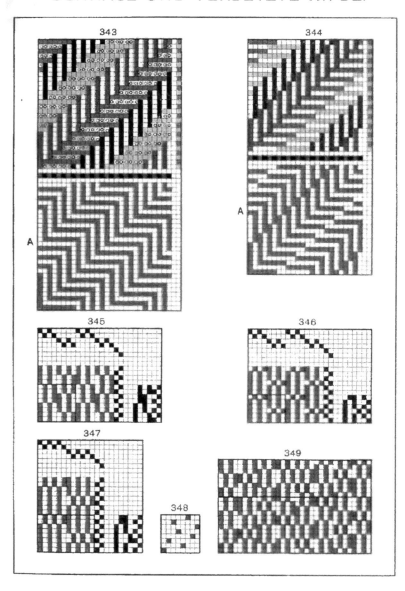

die Bindung mit der 2 Partie vollständig, während bei 4-, 5-, 6- etc maligem Versatze 4, 5, 6 etc. Partien zu einem Rapporte gehoren Wird zweimal versetzt, so ist bei gemischten Querripsen zu beachten, daß beide Rippenzahlen entweder gerade oder ungerade genommen werden, da nur dadurch ein genaues Versetzen um die Halfte moglich ist

Fig 345 Versetzter Querrips

4 Kettenfaden Querrips 4·4 sind in der zweiten Partie um 2 Schusse hoher getupft

1 Rapport = 8 Ketten- und 8 Schußfaden.

Fig 346 Versetzter gemischter Querrips

4 Kettenfaden gemischter Querrips 5·1 wurden in der zweiten Partie um 3 Schusse hoher gesetzt

1 Rapport = 8 Ketten- und 6 Schußfaden.

Fig 347 Versetzter gemischter Querrips

6 Kettenfaden gemischter Querrips 6 2 wurden in der zweiten Partie um die Halfte des Schußrapportes, das sind 4 Schusse, hoher getupft

1 Rapport = 12 Ketten- und 8 Schußfaden

Fig 349 Versetzter gemischter Querrips

Gemischter Querrips 2 3 4 3 wurde von 4 4 Kettenfaden nach dem 8bindigen versetzten Schußatlasse Fig 348 versetzt. Die blauen Tupfen erklaren das Versetzen und sind diese bei der Entwicklung der Bindung zuerst zu tupfen

1 Rapport = 32 Ketten- und 12 Schußfaden = 16 Schafte und 12 Karten

Versetzter Längsrips.

Bei dieser Bindungsart wird Langsrips 2-, 4, 5, 6- etc mal partienweise versetzt

Fig. 350 Versetzter Langsrips

4 Schußfaden Langsrips 4 4 wurden in der zweiten Partie um 2 Kettenfaden nach rechts versetzt

1 Rapport = 8 Ketten- und 8 Schußfaden

Fig 352 Versetzter gemischter Langsrips

Gemischter Langsrips 4 3 2 3 wurde von 4 4 Schussen nach dem 6bindigen versetzten Koper, Fig 351, getupft

1 Rapport = 12 Ketten- und 24 Schußfaden

Figurierter Rips.

Zur Bildung derartiger Bindungen tupft man zuerst eine Vorlage (Fig 353, 355) und bestimmt, je nachdem man Ketten- oder Schußeffekt bilden will, das

5*

blau Getupfte als Bindweise der ungeraden, das rot Getupfte als Bindung der geraden Ketten-, beziehungsweise Schußfaden der zu entwickelnden Bindung.

Fig 354 Figurierter Rips mit Ketteneffekt auf beiden Gewebseiten

Die blauen Tupfen der Vorlage Fig 353 sind auf die ungeraden, die roten auf die geraden Kettenfaden gesetzt

1 Rapport = 28 Ketten- und 14 Schußfaden

Fig 356 Figurierter Rips mit Ketteneffekt auf beiden Gewebseiten

Die blauen Tupfen der Vorlage Fig 355 sind auf die ungeraden, die roten auf die geraden Kettenfaden übertragen

1 Rapport = 40 Ketten- und 10 Schußfaden

Fig 357 Figurierter Rips mit Schußeffekt auf beiden Gewebseiten

Die blauen Tupfen der Vorlage Fig 353 sind auf die ungeraden, die roten auf die geraden Schusse gesetzt. Da in diesem Falle das blau und rot Getupfte im Schuß ausfallen soll, muß beim Kartenstanzen Weiß als Kette betrachtet werden.

1 Rapport = 14 Ketten- und 28 Schußfaden

Glatter zweikettiger Rips.

Um einen recht erhabenen kraftigen Querrips für Möbelstoffe zu erzeugen, verwendet man 2 Ketten und 2 Schusse. Man braucht dazu eine Rippenkette, eine Einschnittkette, einen Rippenschuß und einen Einschnittschuß Das Verhältnis der Rippenkette zur Einschnittkette ist gewöhnlich 2 1 Die Ketten mussen jede für sich auf einen Baum kommen, da dieselbe verschiedene Spannung und Einarbeitung haben Beim Eintragen des Rippenschusses wird die ganze Rippenkette gehoben, die Einschnittkette gesenkt oder in Ruhe gelassen Beim Eintragen des Einschnittschusses wird die ganze Einschnittkette gehoben und die Rippenkette bleibt in Ruhe Nachdem der Rippenschuß ein mehrfach gespulter starker Faden ist und die Einschnittkette mit Einschnittschuß feines Material reprasentiert, wird durch die Einlage des ersteren eine Querrippe, durch letzteren ein Einschnitt im Gewebe entstehen

Fig 358 Glatter zweikettiger Rips

Die roten Tupfen ergeben gehobene Rippenkette, die blauen gehobene Einschnittkette Die ungeraden Schusse sind Rippenschusse, die geraden Einschnittschusse Der Kammeinzug erfolgt dreifadig, und zwar kommen 1 Rippen-, 1 Einschnitt-, 1 Rippenkettenfaden in eine Rohrlucke

Figurierter zweikettiger Rips

Laßt man bei der besprochenen glatten Ripsbindung Fig 358 die Rippenkette nach einer Vorlage auch über die Einschnittschusse binden, so entsteht ein aus Kettenflottungen gebildeter figurierter Rips

VERSETZTE UND FIGURIERTE RIPSE.

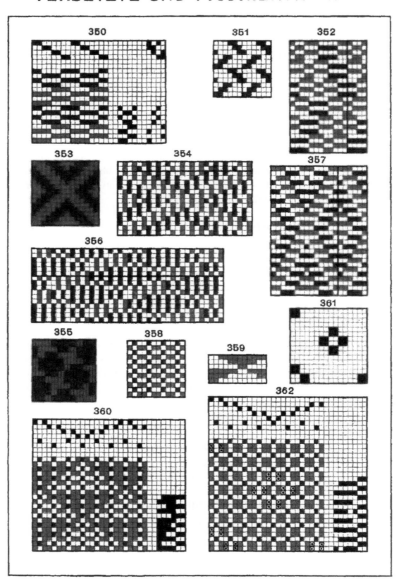

Fig 360 Figurierter Rips.

Die Grundbindung ist glatter Rips, Fig 358

Das Uberbinden der Rippenkette, hier Figurkette genannt, uber die Einschnittschusse erfolgt nach der Vorlage Fig 359

1 Rapport = 18 Ketten- und 12 Schußfaden Zur Verwendung kommen 4 Schafte fur die Figurkette, 2 Schafte fur die Einschnittkette und 12 Karten.

Figurierter zweikettiger Rips.

Wenn man nach einer Vorlage bei glattem Rips, Fig. 358, Rippenkettenfaden auf den Rippenschuß liegen laßt, kommt an den Stellen Rippenschuß zum Vorschein, wodurch eine Figurierung erfolgt

Fig 362 Figurierter Rips

Bei dieser Darstellung wurden fur den Rippenschuß zwei Schußlinien genommen, da dies besser dem Starkeverhaltnisse des Rippenschusses zum Einschnittschusse entspricht Das Uberbinden des Rippenschusses auf der Rippenkette erfolgt nach der Vorlage Fig 361 und ist dies durch schwarze Tupfen, welche als gelassen zu betrachten sind, ersichtlich gemacht

1 Rapport = 24 Ketten- und da zwei Rippenschusse fur einen gelten, 16 Schußfaden

Durch die Zusammenstellung von figuriertem Rips durch Kette und Schuß entstehen wieder neue lebhaftere Muster

II. Bindungen für gestreifte, karierte und figurierte Gewebe.
Längsstreifen.

Ordnet man zwei oder mehrere Bindungen streifenweise nebeneinander an, so wird die Ware nicht glatt, sondern gestreift ausfallen Die Streifen befinden sich in der Langsrichtung des Gewebes, weshalb man derartige Bindungen als Langsstreifen bezeichnet.

Bei der Aneinanderfugung der Bindungen ist zu berucksichtigen, daß der Endfaden des einen Streifens mit dem Anfangsfaden des anderen Streifens entgegengesetzt kreuzt, d h daß Kettenstellen mit Schußstellen und umgekehrt Schußstellen mit Kettenstellen wechseln Durch diese Bindweise werden sich die Streifen klar voneinander trennen Bei Nichteinhaltung dieser Regel stutzen sich die Endfaden der Streifen nicht gegenseitig, was eine Verbreiterung des einen und Verschmalerung des anderen Streifens zur Folge hat

Gewohnlich wechselt ein Streifen von Schußeffekt mit einem Streifen von Ketteneffekt ab

Fig 363· Langsstreifen von 4 4 Kettenfaden der Schuß und Kettenseite des 4bindigen Kopers

1 Rapport = 8 Ketten- und 4 Schußfaden Um diese Bindung zu bilden, tupft man 4 Kettenfaden 4bindigen nach rechts laufenden Schußkoper als ersten Streifen Um den zweiten Streifen zu bilden, tupft man das Entgegengesetzte des ersten Streifens Man tupft den 1 Kettenfaden des zweiten Streifens entgegengesetzt dem 4 Kettenfaden des ersten Streifens, den 2 Kettenfaden des zweiten Streifens entgegengesetzt dem 3 Kettenfaden des ersten Streifens usw Auf diese Weise erfolgt eine korrekte Abbindung beim Streifenwechsel Anstatt glatten Koper kann man auch gebrochenen, beziehungsweise versetzten Koper und Atlas zur Bildung von Streifen verwenden

Fig 364 Langsstreifen 8 8

Bei dieser Bindung wechseln Streifen von 4bindigem versetzten Schußkoper mit 4bindigem versetzten Kettenkoper regelmaßig ab

1 Rapport = 16 Ketten- und 4 Schußfaden

Will man die Streifen nicht gleich breit haben, sondern schmale mit breiten abwechseln lassen, so bildet man nach den Fig 365—368 eine Skizze oder ein Warenbild und entwickelt aus letzterem die Bindung Bei den Warenbildern bedeutet immer ein Kettenfaden einen oder zwei Rapporte der zu verwendeten Bindung Die weißen Flachen stellen Schußbindung, die roten Kettenbindung dar Das Warenbild Fig 365 soll in 5bindigem Atlasse ausgeführt werden Zu diesem Zwecke verfahrt man folgend

1 Man übertragt Rot von Fig 365. unter Beachtung funfmaliger Vergroßerung des Ganzen der Breite nach, auf die neue Bindungsflache

2 Man setzt auf die weißen Flachen 5bindigen Schußatlas mit Rot

3 Man tupft auf die roten Flachen den 5bindigen Atlas entgegengesetzt den roten Tupfen der weißen Flachen mit Weiß, beziehungsweise Schwarz

Die Vergroßerung vom Warenbild auf das Muster richtet sich nach der Abbindung Bei einer 4bindigen Abbindung vergroßert man 4-, 8-, 12- etc mal, bei einer 5bindigen 5-, 10- etc mal, bei einer 6bindigen 6-, 12- etc mal

Fig 369 Langsstreifen von 20 10 5 10 Kettenfaden der Schuß- und Kettenseite des 5bindigen Atlasses

1 Rapport = 35 Ketten- und 5 Schußfaden

Eine andere weniger gebrauchliche Art zur Bildung von Langsstreifen besteht darin, daß man die Bindung des zweiten Streifens nicht in entgegengesetzter Lage des ersten Streifens, sondern nach derselben Richtung laufend tupft

Fig 370 Langsstreifen

4bindiger nach rechts laufender Schußkoper wurde auf 4 Kettenfaden gesetzt und die nachsten 4 Kettenfaden in entgegengesetztem Effekt nach rechts

LÄNGSSTREIFEN.

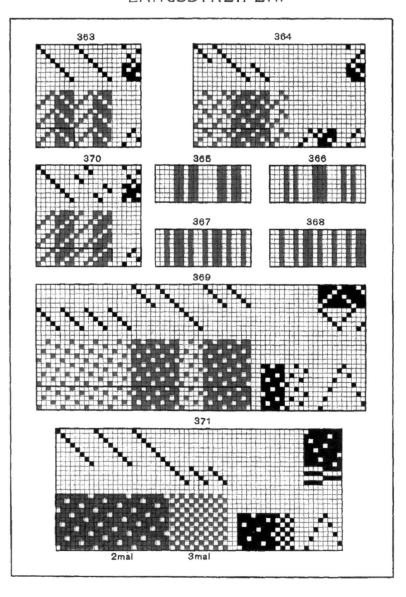

363 364 370 365 366 367 368 369 371

2mal   3mal

laufend getupft Mit der zweiten Partie ist jedoch die Bindung noch nicht vollständig, da der 4 Kettenfaden des zweiten Streifens nicht entgegengesetzt mit dem 1. Kettenfaden des ersten Streifens kreuzt. Es muß demnach die Bindung nach dem zweiten Streifen so lange fortgesetzt werden, bis der 1 Kettenfaden des ersten Streifens mit dem letzten Kettenfaden eines Streifens entgegengesetzt bindet, was bei der Fig 370 bei den vierten Streifen der Fall ist

1 Rapport = 16 Ketten- und 4 Schußfaden

Außer den durchgenommenen Langsstreifen kommen auch solche vor, wo zwei oder mehrere verschiedenartige Bindungen nebeneinander gesetzt sind Beim Zusammenstellen derartiger Bindungen ist wieder der Anschluß der einzelnen Streifen womöglich zu berucksichtigen und die Bindungsrapporte der zu verwendeten Kreuzungsarten zu beachten, da der Schußrapport des Musters gleich dem gemeinschaftlichen Vielfachen der Schußrapporte der einzelnen Bindungen ist

Fig 371 Langsstreifen 48 36 (Fig 5)

8bindiger Kettenatlas und Taft sind streifenweise nebeneinander angeordnet

1 Rapport = 84 Ketten- und 8 Schußfaden

Fig 372 Langsstreifen 12 6 12 18

6bindiger zweiseitiger Koper, Mattenbindung 3 3, 6bindiger zweiseitiger Koper und 6bindiger Krepp sind streifenweise nebeneinander getupft

1 Rapport = 48 Ketten- und 6 Schußfaden = 8 Schafte und 8 Tritte

Querstreifen

Diese Muster entstehen, wenn man zwei oder mehrere Bindungen streifenweise ubereinander anordnet. Bei dem Zusammenstellen ist wieder der Anschluß der Streifen zueinander und der Rapport der einzelnen Bindungen zu beachten Die Schaftzahl entspricht dem kleinsten gemeinschaftlichen Vielfachen der Kettenrapporte der zur Verwendung kommenden Kreuzungsarten Was den Ausdruck der einzelnen Streifen im Gewebe anbelangt, ist zu bemerken, daß derjenige Streifen, welcher die größten Schußflottungen hat, am erhabensten erscheinen wird.

Fig 373 Querstreifen 4 4

Bei dieser Bindung wechselt 4bindiger Schußköper, mit 4bindigem Kettenkoper querstreifenweise ab

1 Rapport = 4 Ketten- und 8 Schußfaden

Fig 374 Querstreifen mit Leinwandrand

16 Schußfaden 8bindigen Krepps, wechseln mit 8 Schußfaden Mattenbindung 2.2 ab

1 Rapport = 8 Ketten- und 24 Schußfaden = 8 Grund-, 2 Leistenschafte und 24 Karten, beziehungsweise 12 Tritte

Karos.

Wechselt man den Effekt einer Bindung nicht streifenweise, sondern quadratisch, so entsteht ein getafeltes, schachbrettartig eingeteiltes Gewebe.

Fig 375· Karos 8.8

Quadrate von 8 Ketten- und 8 Schußfaden sind abwechselnd in 4bindigem Schuß- und Kettenkoper, nach der Regel der Langs- und Querstreifen abgebunden

1 Rapport = 16 Ketten- und 16 Schußfaden = 8 Schafte und 8 Tritte, beziehungsweise 16 Karten

Fig 376 Karos von 5 5 Ketten- und Schußfaden der Schuß- und Kettenseite des 5bindigen Atlasses

1 Rapport = 10 Ketten- und 10 Schußfaden = 10 Schafte und 10 Tritte

Die Fig. 377 ergibt dieselbe Bindweise, nur ist der Atlas anders angefangen Betrachtet man beide Karos, so wird man finden, daß die Bindpunkte in Fig 377 besser in dem Raume verteilt sind wie in Fig 376 Man wird deshalb bei Atlassen und versetzten Kopern nicht mit dem ersten Tupfen wie in Fig 376 beginnen, sondern den Einsatz so richten, daß der letzte Kettenfaden des Quadrates von oben nach unten genau so bindet wie der erste von unten nach oben

Fig 378 Karos

Quadrate von 12 Ketten- und 12 Schußfaden binden abwechselnd in 6bindigem versetzten Schuß- und Kettenatlas

1 Rapport = 24 Ketten- und 24 Schußfaden = 12 Schafte und 24 Karten, beziehungsweise 12 Tritte.

Fig 379 Karos

Diese Musterung entstand durch die quadratweise ausgeführte entgegengesetzte Tupfweise eines 4bindigen Krepps

1 Rapport = 24 Ketten- und 24 Schußfaden = 8 Schafte und 24 Karten, beziehungsweise 8 Tritte

Anstatt die Quadrate durch Schuß- und Ketteneffekt einer Bindung zu bearbeiten, kann man auch zwei verschiedenartige Bindungen quadratisch aneinander reihen

Fig 380 Karos

Bei dieser Musterung wechseln Leinwandbindung und Mattenbindung 2 2 quadratisch ab

1 Rapport = 24 Ketten- und 24 Schußfaden

Außer quadratischen Musterungen kommen auch solche in Verbindung mit Rechtecken vor Bei der Bearbeitung sind genau dieselben Regeln uber den Anschluß der Bindungen wie bei den quadratischen zu beachten

LÄNGSSTREIFEN, QUERSTREIFEN UND KAROS.

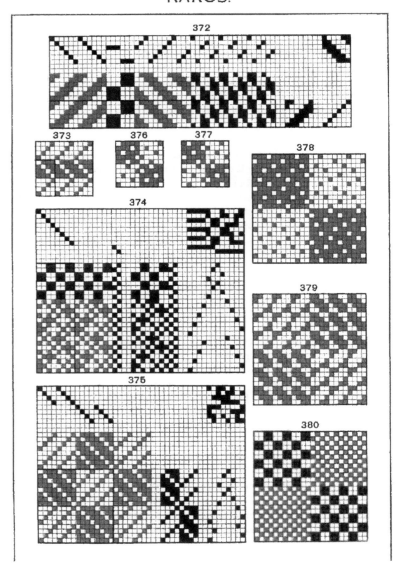

Fig 381 Karos.

4bindiger zweiseitiger Koper wurde von 8 8 und 4 4 Ketten- und Schußfaden entgegengesetzt getupft Man bringt zu diesem Zwecke die Einteilung von 8 8 und 4:4 Ketten- und Schußfaden durch eine Bleistiftkontur auf das Tupfpapier, wodurch vier große Quadrate entstehen, welche oben und rechts von vier Rechtecken und an der Kreuzung der letzteren von vier kleinen Quadraten eingeschlossen sind Nach dieser Einteilung setzt man in das erste Quadrat den Koper und bearbeitet die benachbarten Räume immer abwechselnd entgegengesetzt

1 Rapport = 24 Ketten- und 24 Schußfaden = 4 Schafte und 24 Karten, beziehungsweise 8 Tritte

Beim Zusammenstellen derartiger Muster bildet man ein Warenbild, welches als Vorlage der Musterzeichnung dient. Ein Warenbild besteht aus verschieden großen Quadraten und Rechtecken, welche leinwandartig aneinander gesetzt sind Auf dem Warenbilde (Fig 382) bedeutet ein Quadrat des Tupfpapieres einen Bindungsrapport der in der Musterzeichnung (Fig 383) zur Verwendung kommenden Abbindung Soll die Musterzeichnung beispielsweise in 4bindigem Koper abgebunden werden, so entspricht ein Quadrat des Warenbildes 4 Ketten- und Schußfaden der Musterzeichnung Die roten Flächen des Warenbildes versinnbildlichen Kettenbindung, die weißen Schußbindung

Fig 382· Warenbild für Fig 383

Fig 383 Karos

1 Rapport = 48 Ketten- und 48 Schußfaden

Um diese Musterzeichnung zu bilden, verfährt man folgend

1 Man vergrößert Rot vom Warenbilde 4mal mit roter Farbe auf der zu bildenden Musterzeichnung

2 Man setzt auf die weißen Flächen der Musterzeichnung den 4bindigen Schußkoper mit roter Farbe

3 Man setzt auf die roten Flächen der Musterzeichnung die Schußtupfen mit weißer oder schwarzer Farbe, entgegengesetzt den Kettentupfen der weißen Flächen

Zum Weben derartiger Muster braucht man immer zwei Schaftpartien, wovon jede soviel Schafte hat, als der Rapport der Abbindung beträgt Bei der Verteilung der Schaftpartien ist bei ungleicher Helfenzahl, wegen guter Fachbildung, zu berücksichtigen, daß die Partie mit der großen Helfenzahl gegen die Lade genommen wird

Außer den durchgenommenen Mustern, welche man, da sie aus zwei Ketten- und zwei Schußfadenpartien bestehen, zweiteilig heißt, kommen auch drei-, vier- etc teilige Muster vor Die Fig 389—392 ergeben dreiteilige, die Fig 393, 396—398 vierteilige Warenbilder Die Bearbeitung erfolgt genau so wie bei der zweiteiligen Wurde man bei diesen Mustern die Bindung des Atlasses oder versetzten Kopers mit dem ersten Tupfen beginnen, so wurde nicht nur wie bei den zweiteiligen eine weniger vorteilhafte Verteilung der Bindpunkte vorkommen, sondern es wurde auch der korrekte Ausschluß nicht uberall stattfinden Der Einsatz der Bindung ist bei 4bindigem versetzten Koper nach der Fig 384, bei 5bindigem Atlasse nach Fig 385, bei 6bindigem nach Fig 386, bei 8bindigem nach Fig 387 und bei 10bindigem Atlasse nach Fig 388 zu richten

Fig 389 Dreiteiliges Warenbild

Fig 390 Zwillich oder Steinmuster

Zwillich werden gemusterte Gewebe genannt, bei welchen das Muster aus aneinander gereihten Quadraten oder Quadraten und Rechtecken gebildet wird, welche abwechselnd in Ketten- und Schußeffekt einer Bindung auftreten. Stein- oder Plattenmuster heißt man dieselben, weil sie aus zweierlei farbigen quadratischen Steinen, beziehungsweise Platten zusammengesetzt, auch als Fußbodenbeleg Verwendung finden

Die Musterzeichnung, Fig 390, entsteht aus dem Warenbilde Fig 389 durch vierfache Vergroßerung und Abbindung in 4bindigem versetzten Koper mit dem Einsatze der Fig 384

Um das zeitraubende Bilden der Musterzeichnung zu vermeiden, kann man auch den Schafteinzug und das Kartenmuster, beziehungsweise die Trittweise aus dem Einzuge und dem Kartenmuster des Warenbildes ausfertigen.

Fig 393 Zwillich- oder Steinmuster

Bei der Durchsicht des Warenbildes findet man 4 verschiedene Bewegungen oder Elemente der Kettenfaden, weshalb 4 Schafte erforderlich sind Die schwarzen Tupfen uber dem Warenbilde ergeben den Einzug, wobei zugleich berucksichtigt wurde, daß die Schafte, welche die wenigsten Helfen per Rapport haben, zuerst genommen werden Die schwarzen Tupfen neben dem Warenbilde bilden das Kartenmuster Jeder Schaft des Warenbildes bedeutet eine Schaftpartie der Musterzeichnung Es kommen demnach so viele Schaftpartien zur Verwendung, als Schafte uber dem Warenbilde angegeben sind Jede Schaftpartie hat soviel Schafte, als der Rapport der Abbindung angibt Soll z B die Abbindung in 4bindigem Koper ausgeführt werden, so hat jede Schaftpartie 4, bei 5bindigem Atlasse 5 Schafte Wir nehmen das letztere an, weshalb der Einzug Fig 394 auf 4 Schaftpartien a 5 Schaften ausgeführt werden muß Ein Tupfen des Einzuges vom Warenbilde ergibt in diesem Falle 5 fortlaufend gesetzte Tupfen des zu bildenden Einzuges Ist der Faden beim

KAROS ODER CARREAUX.

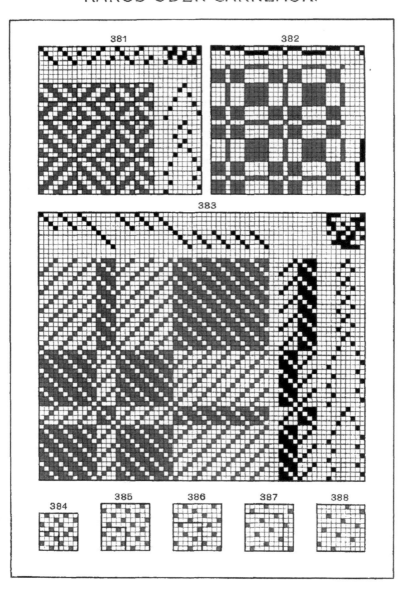

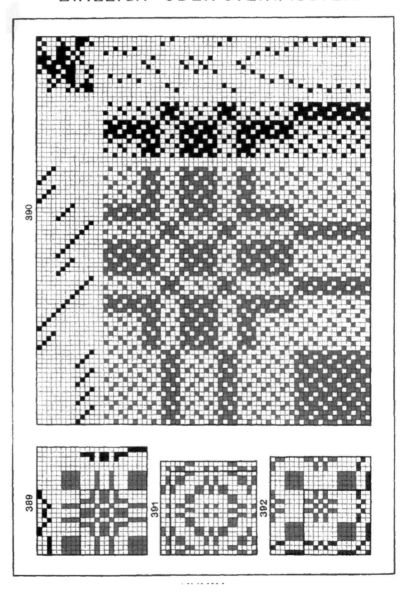

ZWILLICH- ODER STEINMUSTER.

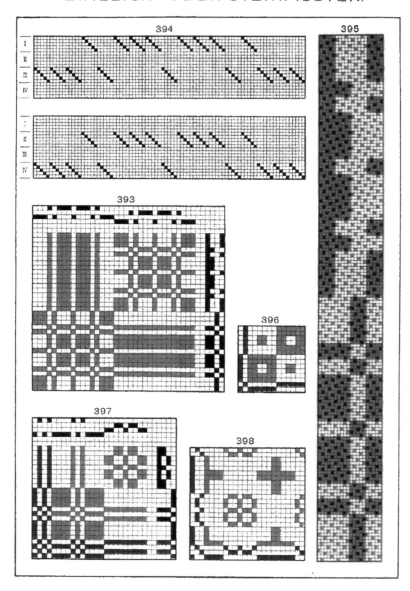

Einzuge des Warenbildes in den 1. Schaft gezogen, so kommen die 5 gerade gesetzten Tupfen auf die 1. Schaftpartie, ist dieser auf den 3. Schaft gezogen, auf die 3. Schaftpartie usw.

Nachdem die Schaftpartien I—IV, Fig. 394, numeriert sind, beginnt man mit der Übertragung des Einzuges vom Warenbilde auf folgende Weise: Die Kettenfäden 1, 2 und 3 des Warenbildes sind eingezogen in den 3. Schaft, weshalb in der 3. Schaftpartie dreimal gerade eingezogen wird. Der 4. Kettenfaden des Warenbildes ist in den 1. Schaft eingezogen, weshalb in der 1. Schaftpartie einmal gerade eingezogen wird. Der 5. Kettenfaden des Warenbildes ist eingezogen in den 3. Schaft, weshalb in der 3. Schaftpartie einmal gerade eingezogen wird usw.

Um das Kartenmuster Fig. 395 zu bilden, vergrößert man Schwarz des Kartenmusters Fig. 393 5mal mit Rot und bindet die weißen und roten Flächen der Regel gemäß in 5bindigem Atlasse ab. Rot bedeutet gehobene Kette.

Nachdem Handtücher, Servietten, Tischtücher in Zwillichausführung gewöhnlich eine andersbindende Bordüre haben, ist diese bei den Fig. 396—398 mit Blau angegeben. Die Breite der Bordüre ist im Gewebe verschieden und schwankt ungefähr zwischen 5 und 10 *cm*. Die Bindweise der Bordüre oder Kantenmusterung im Warenbilde wird aus den Figurfäden passend zusammengestellt.

Damast.

Unter Damast versteht man vergrößerte Jacquardgewebe oder 3-, 4- etc. teilige Steinmuster, welche mittels einer besonderen Webstuhlvorrichtung erzeugt wurden. Bei dieser Vorrichtung wird nach Fig. 400, Teil *A*, die Figur (Rot und Blau) ausgehoben, der Grund (Weiß) liegen gelassen. Man zieht zu diesem Zwecke die Kette in Figurschäfte. Die Zahl der Figurschäfte und Tritte ergibt der Einzug und die Trittweise des Warenbildes Fig. 399. Für einen schwarzen Einzugstupfen des Warenbildes werden je nach der 4., 5., 6. etc. Vergrößerung 4, 5, 6 etc. Kettenfäden nebeneinander in einem Figurschaft gezogen. Da durch die Bewegung der Figurschäfte keine Ware zustande kommen kann, weil die Fadensysteme flott liegen, zieht man alle Kettenfäden noch durch die Helfen eines Vorderwerkes. Die Zahl der Schäfte und Tritte des Vorderwerkes richtet sich nach der Abbindung. Soll die Ware in 4bindigem Ketten- und Schußköper abgebunden werden, so braucht man 4, bei 8bindigem Atlasse 8 usw. Schäfte. Die Bewegung der Figurschäfte erfolgt durch Kontermarsch oder Schaftmaschine für Aufzug. Das Vorderwerk hat eine dreifache Dienstleistung; ein Schaft geht hoch, einer tief, die anderen bleiben in Ruhe.

Die Vorrichtung muß demgemäß die Vereinigung von Kontermarsch für Hochfach und Kontermarsch für Tieffach ergeben

Die Trittweise ist eine doppelte

Es wird Figurtritt getreten und so lange darauf stehen geblieben, bis durch
Treten von 2, 4, 6, 8 Vorderwerkstritten 2, 4, 6, 8 etc Schusse eingetragen
sind Die Zahl der Vorderwerkstritte, welche auf einen Figurtritt kommen,
richtet sich nach der Vergrößerung des Musters

Erklärung

Durch den Figurtritt wird die Kette an den Stellen der Figur ausgehoben,
während an den anderen Stellen die Kette auf der Ladebahn liegen bleibt
Um den ausgehobenen und den auf der Ladebahn liegenden Kettenfäden eine
Abbindung zu geben, muß von ersteren ein Teil gesenkt, von letzteren ein
Teil gehoben werden Dieses erfolgt durch das Treten eines Vorderwerkstrittes
Aus der Dienstleistung des Vorderwerkes erklärt sich, daß die Helfen so beschaffen sein müssen, daß sie den durch die Figurschäfte gehobenen Kettenfäden nicht hinderlich sind Es werden die Vorderwerkshelfen demnach kein
kleines Auge, sondern ein 7—8 *cm* langes Zwirnauge haben müssen Die
Bindung der Figur wird in diesem FalleKetteneffekt, die des Grundes Schußeffekt aufweisen

Fig 399 3teiliges Steinmuster.

Soll das Muster nach Art der Zwillichwaren mit 4facher Vergrößerung
in 8bindigem Atlasse abgebunden werden, so braucht man $3 \times 8 = 24$ Schäfte
und ohne die blaue Bordure $13 \times 4 = 52$ Karten

Bei Damastausführung braucht man 3 Figurschäfte a, 3 Figurtritte a_1,
8 Vorderschäfte b und 8 Vorderwerkstritte b_1 Bei der Anschnürung c bedeutet
ein Tupfen den Aufzug, ein Ringel den Tiefzug des Schäftes.

Fig 401 6teiliges Steinmuster

Sollte das Muster bei 8facher Vergrößerung und Abbindung in 8bin-
digem Atlasse nach Art der Zwillichwarenvorrichtung gewebt werden, so
brauchte man $6 \times 8 = 48$ Schäfte und ohne die Bordure bei gewöhnlicher
Schaftmaschine $37 \times 8 = 296$ Karten Bei Damastvorrichtung kommen 6 Figurschäfte, 6 Figurtritte, 8 Vorderschäfte und 8 Vorderwerkstritte zur Verwendung

Außer Quadraten und Rechtecken wie bei den Steinmustern, kann man
auch anderweitige Muster damast- oder zwillichartig bearbeiten

Das figurierte Muster Fig 402 wurde in den Fig 403—406 zwillichartig bearbeitet Die Vergrößerung erfolgte bei Fig. 403 4mal, bei Fig 404
5mal, bei Fig 405 und 406 8mal Die Abbindung erfolgte bei Fig 403
in 4bindigem Koper, bei Fig 404 in 5bindigem Atlasse, bei Fig 405 in
Quer- und Längsrips 2 . 2 und in Fig. 406 in 8bindigem Krepp Die unter

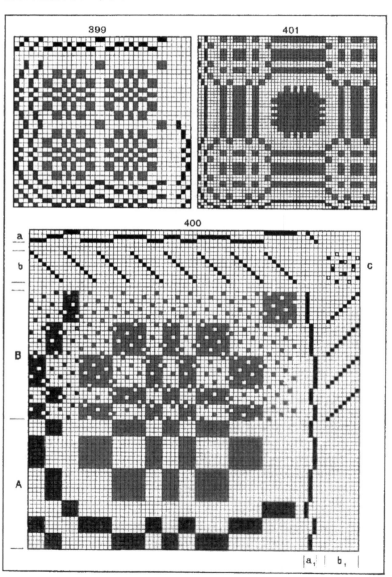

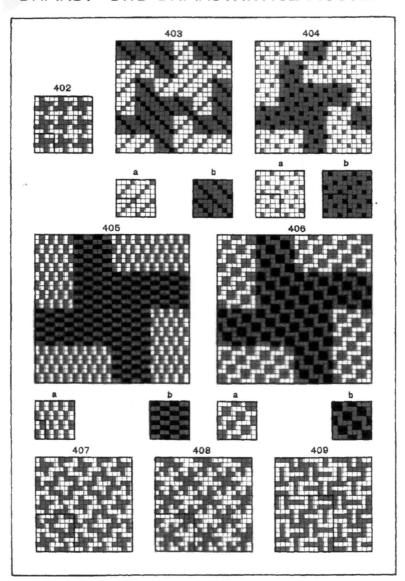

den Figuren stehenden Bindungen *a* und *b* zeigen den Bindungseinsatz des Grundes und der Figur

Mit der Zwilchvorrichtung lassen sich alle, mit der Damastvorrichtung nur die Fig 403 ausführen Bei Damast darf ein Kettenfaden des Rapportes im Grunde, dem gleichen Kettenfaden im fortlaufenden Rapporte der Figur, nie entgegengesetzt wirken Fig 404 läßt sich mit der Damastvorrichtung weben, wenn man den Atlas im Grunde oder in der Figur ändert Allerdings wird dann ein schlechter Bindungsanschluß erfolgen, was aber bei Damasten in der Praxis zu öfteren zu finden ist

Die Fig 407—409 geben Musterungen, welche sich zur Bearbeitung von Zwilch- und Damastmustern eignen

Musterkompositionen.

Bearbeitet man kleine Damastmuster mit gemusterten Einzugen bei gerader und gemusterter Trittweise, so entstehen große Musterzeichnungen

Fig 410 8bindiger Krepp

Fig. 411 4fädiger Damast

Das Muster entsteht aus Fig 410 durch vierfache Vergrößerung und Abbindung in 4bindigem Koper

1 Rapport = 32 Ketten- und 32 Schußfaden

Fig. 412 4fädiger Damast

Diese Musterzeichnung entsteht, wenn man zu dem über der Fig 413 befindlichen gemusterten Einzuge die Fig 411 als Kartenmuster nimmt

1 Rapport = 128 Ketten- und 32 Schußfaden

Fig 413 Damast

Diese Musterzeichnung entsteht aus der Fig. 412, wenn man die Schußfaden nicht in gerader Ordnung *b*, sondern nach gemusterter Trittweise *c*, ordnet.

1 Rapport = 128 Ketten- und 128 Schußfaden

Die Zahl der Schafte *a* und Tritte *b*, mit welchen die Bearbeitung erfolgt, entspricht dem Rapporte des als Grundlage dienenden Damastmusters (Fig 411) Die Tritte kommen naturlich nur theoretisch in Betracht, da man diese Muster mit Schaftmaschinen webt und zu diesem Zwecke bei gemusterter Trittweise (Fig 413) das Kartenmuster zu bilden hat

Sollen die großen Musterzeichnungen damastartig ausfallen wie Fig. 412 und 413, so muß man den Einzug und die Trittweise aus Partien zusammensetzen, welche dem Rapporte der Abbindung, respektive Vergrößerung entsprechen Wird dies nicht eingehalten, wie z B der Einzug Fig 414 angibt, so entsteht eine verworrene, kreppartige Musterzeichnung

Durch die große Zahl von aus Kreppmustern (Fig 410, 415) leicht zusammenstellbaren Vorlagsmustern (Fig. 411, 416) und die Mannigfaltigkeit, mit welcher man derartige Einzuge zusammenstellen kann, ist man in der Lage, viele große, mit verschiedenen Rapportgroßen versehene Muster zu schaffen

Karierte Muster.

Durch diese Bindweise wird das Gewebe durch schmale Langs- und Querstreifen netzartig eingeteilt Die zwischen den Streifen befindlichen quadratischen, manchmal mehr rechteckigen Raume haben glatte Bindung, oder sind raumlich verschieden (Fig. 419) abgebunden Die schmalen Streifen Karierstreifen genannt, konnen zweierlei Art sein

1 Man nimmt zu den Langsstreifen Ketteneffekt, zu den Querstreifen Schußeffekt (Fig 417, 419, 420)

2 Man nimmt zu beiden Streifen eine Bindung, welche so beschaffen ist, daß sie nach beiden Richtungen gut wirkt (Fig 418)

Bei der ersten Art kann wieder eine zweifache Zusammenstellung erfolgen Man laßt die Langsstreifen durch das ganze Gewebe glatt durchbinden (Fig 417, 420) oder man setzt an der Kreuzung der Langsstreifen mit den Querstreifen eine eigene Kreuzungsart (Fig 419) Bei den Zusammenstellungen derartiger Muster gelten die Regeln der langs- und quergestreiften Gewebe

Fig 417: Kariertes Muster.

Die Bindung der Quadrate ist Leinwand, die der Kettenkarierstreifen 4bindiger Kettenkoper, die der Schußkarierstreifen 4bindiger Schußkoper

1 Rapport = 16 Ketten- und 16 Schußfaden

Fig. 418. Kariertes Muster

Die Quadrate sind in 4bindigem versetzten Koper, die Karierstreifen in Mattenbindung 2 2 abgebunden

1 Rapport = 16 Ketten- und 16 Schußfaden

Fig 419 Kariertes Muster

Die Quadrate haben abwechselnd Leinwand- und Mattenbindung, die Karierstreifen Quer-, beziehungsweise Langsrips, die Kreuzung der Karierstreifen Leinwandbindung

1 Rapport = 32 Ketten- und 32 Schußfaden

Fig 420 Kariertes Muster

Die Bindung der Quadrate ist 4bindiger zweiseitiger Koper, die der Kettenkarierstreifen 8bindiger Kettenatlas und Querrips 4 4, die der Schußkarierstreifen 8bindiger Schußatlas und Langsrips 4 4

1 Rapport = 44 Ketten- und 44 Schußfaden

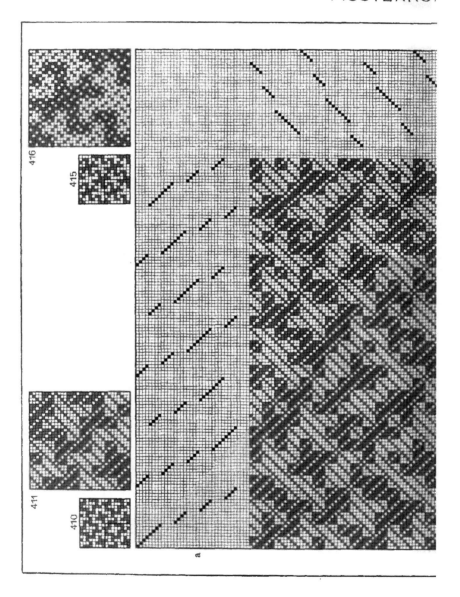

416

415

411

410

a

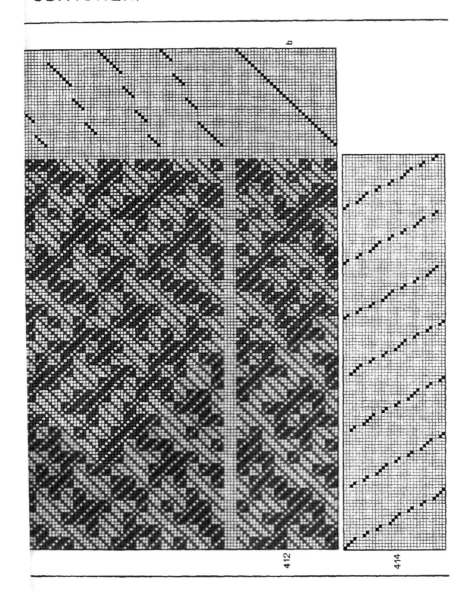

412

414

KARIERTE MUSTER.

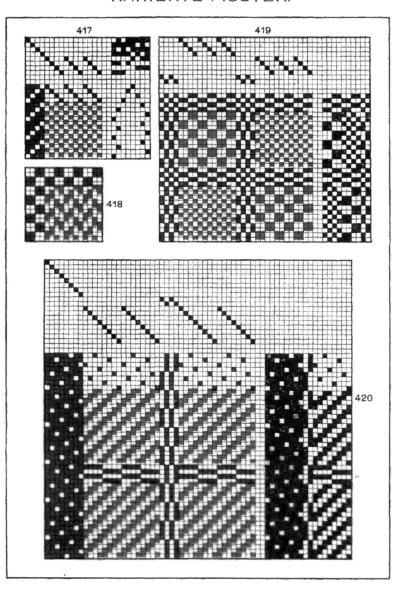

417

419

418

420

III. Verstärkte Gewebe

Struck.

Unter Struck versteht man eine Bindung, welche ein Gewebe mit erhöhten Partien und linienartigen Vertiefungen liefert Die erhöhten Partien werden durch Unterstellung eines Schuß- oder Kettenfadensystemes, die tiefen Linien durch glatte Bindung hervorgebracht

Nach dem Charakter der aufgeworfenen Partien unterscheidet man folgende Arten

    1. Längsstruck

    2 Querstruck

    3 Diagonaler Struck

    4 Figurierter Struck

Längsstruck.

Bei dieser Bindungsgattung wechseln erhöhte Längsstreifen mit schmalen Längsfurchen ab Die erhöhten Längsstreifen werden durch Unterstellung eines Schußfadensystemes, die Furchen durch einfache Bindung hervorgebracht. Um das erstere vorzunehmen, läßt man in den betreffenden Streifen nur $^1/_2$ oder $^2/_3$ der Schüsse mit den Kettenfäden verbinden und den anderen Teil unter den Kettenfäden flottliegen Die rückwärts flottliegenden Schüsse können sich nicht neben die abgebundenen Schüsse legen, sondern müssen sich unter diesen anordnen Auf diese Weise kommen in diesen Streifen zwei Schußlagen übereinander zu liegen, was eine Verdickung, Erhöhung bedingt Die Bindung der benachbarten Streifen ist eine einfache, d h es verbinden sich alle Schüsse mit den Kettenfäden, weshalb diese Streifen gegenüber den vorhergehenden vertieft im Gewebe erscheinen Damit sich beide Streifen streng abgrenzen, sollen an den Wechselstellen Schußtupfen mit Kettentupfen abwechseln

Fig 422 Längsstruck 12 4

Der Streifen *A* fällt im Gewebe wegen Unterstellung eines Schußfadensystems (2, 4, 6 etc) erhöht, der Streifen *B* wegen Verbindung aller Schüsse (1, 2, 3, 4 etc.) tiefliegend aus Um diese Bindung zu bilden, teilt man nach Fig 421 die Bindungsfläche in die Streifen *A* und *B* und tupft im Streifen *A* auf die geraden Schüsse die Kette mit Rot Nach diesem setzt man nach Fig 422 den 3bindigen Kettenköper (*a*) mit Blau auf die weißen Schüsse des Streifens *A* und Leinwand (*b*) mit Schwarz, im Streifen *B*

1 Rapport = 16 Ketten- und 8 Schußfaden

Fig 423 gibt einen Querschnitt der Fig 422 Die roten Kreise stellen die Kette, die schwarzen Linien den Schuß dar Im Teile *A* des Querschnittes sieht man, wie der zweite Schuß als Unterschuß wirkt, wahrend er im Teile *B* glatte Bindung bildet

Fig 524 Langsstruck 8 4

Die Bindung des 8 Faden breiten erhohten Streifens ist 4bindiger zweiseitiger Koper, die des Schnittstreifens Langsrips

1 Rapport = 12 Ketten- und 8 Schußfaden

Fig 425 Langsstruck 10 2 6 2

Diese Bindung liefert ein Gewebe mit breiten und schmalen erhohten Streifen *A* und *C,* welche durch Langsfurchen *B* und *D* getrennt sind

1 Rapport = 20 Ketten- und 4 Schußfaden = 4 Schafte und 4 Tritte.

Fig 426 Langsstruck 8 2 8 2

Bei dieser Bindung ist die Anordnung so getroffen, daß im Streifen *A* die geraden, im Streifen *C* die ungeraden Schusse als Unterschusse wirken Die Bindung der Oberschusse ist im Streifen *A* 4bindiger Kettenkoper, im Streifen *C* 4bindiger versetzter Kettenkoper Die Bindung der tiefliegenden oder Schnittstreifen *B, D* ist Querripps 2 2

1 Rapport = 20 Ketten- und 8 Schußfaden.

Fig. 427. Langsstruck 8 2 4 2

Bei dieser Bindung ist das Verhaltnis des Oberschusses zum Unterschusse in den erhohten Streifen 2 1

1 Rapport = 16 Ketten- und 3 Schußfaden

Fig. 428 Langsstruck 8 2 8 2

Im Streifen *A* sind die Schusse 3, 4, 7, 8 etc im Streifen *C* 1, 2, 5, 6 etc Unterschusse Die Bindung der Oberschusse und der Schnittstreifchen ist Leinwand

1 Rapport = 20 Ketten- und 4 Schußfaden

Fig 429 Langsstruck 8 2 8·2

Bei dieser Bindung kommen in den roten Streifen auf zwei Oberschusse vier Unterschusse

1 Rapport = 20 Ketten- und 6 Schußfaden = 6 Schafte und 6 Tritte.

Um den Streifen mit dem Unterschusse recht aufgeworfen, wulstig zu machen, fullt man den Raum zwischen der Oberware und dem Unterschusse des erhohten Streifens durch einen in die Mitte gestellten starken Faden aus Man nennt diesen Faden Fullfaden und alle zu einem Gewebe notwendigen Fullfaden Fullkette Diese Kette muß extra auf einen Kettenbaum kommen, da sie sich fast gar nicht einarbeitet. Anstatt eines Fadens pro Streifen kann man auch mehrere anordnen Durch einen starken Fullfaden wird der Streifen in der Mitte am erhabensten wirken, wahrend mehrere feinere Fullfaden den Streifen gleichmaßig erhaben gestalten Was die Wirkungsweise der Fullkette anbelangt,

STRUCK- ODER SCHNÜRLBINDUNGEN.

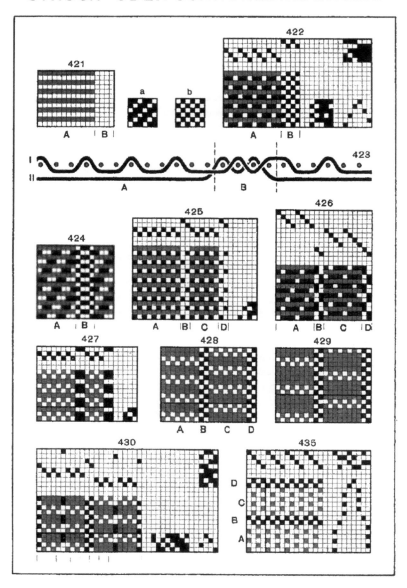

bleiben die Faden beim Oberschusse liegen, wahrend sie beim Unterschusse gehoben werden.

Fig 430 Langsstruck 8 2 8 2 mit Fullkette

Das Verhaltnis der Oberschusse zu den Unterschussen ist 2 2. Die Bindung der Oberschusse und der Schnittstreifen ist Leinwand Der Fullfaden ist schwarz getupft und in die Mitte des Streifens gesetzt. Beim Kammeinzuge ist zu berucksichtigen, daß der Fullfaden zu den Grundfaden pro Rohrlucke kommt Uber der Bindung ist der Einzug in die Schafte, unter derselben der Kammeinzug angefuhrt, die zwischen den Strichen befindlichen Faden kommen in eine Rohrlucke

Man kann auch Langsstrucke aus Langsripsen bilden, wenn man die Schußflottungen eng abbindet Die nur linienartig wirkenden Langsfurchen werden bei dieser Bindungsart beim Wechsel der Rippe (entgegengesetzte Bindestellen) zustande kommen

Fig 432 Langsstruck 4 4.

Die Bindung entsteht aus dem Langsripse 4 4 Fig 431, durch Abbinden der weißen Schusse in Leinwand

1 Rapport = 8 Ketten- und 4 Schußfaden = 4 Schafte und 4 Tritte

Fig 433 Langsstruck 8 6 · 8 6

Langsrips 8 . 6 8 6 wird vorgetupft und die Schußstellen der ersten Partie in 4bindigem Kettenkoper, der zweiten und vierten Partie in Leinwand der dritten Partie in Querrips 2 2 abgebunden

1 Rapport = 28 Ketten- und 8 Schußfaden

Fig 434. Langsstruck 12 12.

Auf die Schußflottungen eines Langsripses 12 12 wurde im Streifen *A* ein verstarkter Langszickzack gesetzt und dieser im Streifen *B* annahernd symmetrisch genommen

1 Rapport = 24 Ketten- und 28 Schußfaden

Querstruck.

Diese Bindungsgattung kommt weniger in Betracht Die erhohten Querstreifen werden durch Unterstellung eines Kettenfadensystems, die tiefliegenden durch glatte Bindung hervorgebracht

Fig 435 Querstruck

Im Streifen *A* liegen die Kettenfaden 2, 4, 6 etc, im Streifen *C* 1, 3, 5 etc ruckwarts flott, wahrend die anderen in Leinwand gebunden sind Die ruckwarts flottliegenden Kettenfaden werden sich nicht neben die engbindenden legen, sondern darunter schieben, so daß auf der Oberseite ein Anschluß der mit Rot getupften Kettenfaden stattfindet und dadurch eine Verstarkung, Verdickung dieses Streifens erfolgt Die Streifchen *B* und *D* binden in Leinwand und werden diese vermoge der einfachen Bindung im Gewebe tiefliegender, als die durch Unterkette verstarkten Streifen *A* und *C* ausfallen.

1 Rapport = 4 Ketten- und 16 Schußfaden = 4 Schafte und 16 Karten oder 8 Tritte

Diagonaler Struck.

Bei dieser Bindungsart sind diagonallaufende Streifen so angeordnet, daß die Halfte der Schusse unter dem Streifen flottliegt Diese Streifen werden im Gewebe erhoht ausfallen, wahrend die Wechselstellen linienartige Furchen erzeugen.

Fig 436. Diagonaler Struck

Die Schußstellen des 13bindigen verstarkten Atlasses 2er Steigung sind in Leinwand abgebunden.

1 Rapport = 13 Ketten- und 13 Schußfaden

Figurierter Struck.

Wird einfache und verstarkte Bindung figurenweise nebeneinander angeordnet, so entsteht figurierter Struck

Fig 437 Figurierter Struck.

Quadrate von Langsstruck wechseln mit Quadraten von Querstruck ab Die Quadrate werden erhoht ausfallen, wahrend an den Wechselstellen linienartige Schnitte im Gewebe zum Vorschein kommen

1 Rapport = 16 Ketten- und 16 Schußfaden

Fig 438 Figurierter Struck.

Quadrate mit Langsstruck wechseln mit Quadraten von Querstruck ab An den Stellen der blau getupften Leinwand wird das Gewebe furchenartige Linien erhalten, wahrend die anderen Gewebestellen erhoht ausfallen

1 Rapport = 32 Ketten- und 32 Schußfaden

Fig 439 Figurierter Struck

Ein Querzickzackstreifen mit Unterschuß wechselt mit einem solchen von einfacher Bindung ab

1 Rapport = 10 Ketten- und 15 Schußfaden.

Fig 440 Figurierter Struck

In den auf der Spitze stehenden Quadraten liegen die ungeraden Schusse ruckwarts flott, wahrend die geraden in Leinwand binden Diese Quadrate werden vermoge dieser Anordnung im Gewebe hoher liegend erscheinen als die dazwischen befindlichen diagonalen Streifen

1 Rapport = 14 Ketten- und 28 Schußfaden

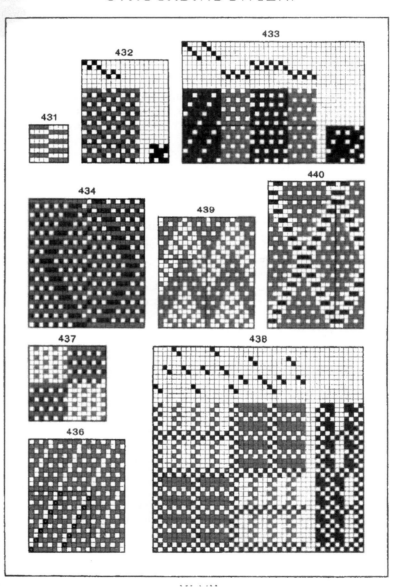

Schußdouble.

Um ein Gewebe starker, dicker zu machen, ordnet man zwei Schußlagen ubereinander an Im Gewebe darf auf der Oberseite nur das eine, auf der Unterseite nur das andere Schußfadensystem ersichtlich sein Man nennt deshalb das erstere Schußfadensystem Oberschuß, das zweite Unterschuß Nachdem beide Schußfadensysteme aber eine gemeinsame Kette haben, muß die Bindung des Unterschusses so gesetzt werden, daß der auf die Kette zu liegen kommende Unterschuß auf der Oberwarenseite nicht ersichtlich ist Zu diesem Zwecke muß man die Einbindung des Unterschusses dort vornehmen, wo der vorhergehende und der nachfolgende Oberschuß auch auf der Kette liegt Auf diese Weise kommt der auf der Kette liegende Unterschuß zwischen zwei Oberschußflottungen zu liegen, welche ihn verdecken und unsichtbar machen Es werden sich nicht alle Bindungen fur diese Gewebe eignen. Die Bindung des Oberschusses muß Schußeffekt haben oder mindestens die zum Verheften des Unterschusses notwendigen zwei Schußtupfen ubereinander aufweisen. Die Bindung des Unterschusses kann entweder die des Oberschusses mit entgegengesetztem Effekte oder eine andere sein Im letzteren Falle muß dieselbe jedoch mit dem Rapporte der Bindung des Oberschusses ubereinstimmen, d h entweder dieselbe Fadenzahl oder ein Vielfaches derselben haben.

Die Fig 441 ergibt die Darstellung eines Gewebes mit einer Kette und zwei ubereinander liegenden Schußfadensystemen nach der Art der Gewebevergroßerung Die roten senkrechten Faden 1—12 sind Kettenfaden, die weißen wagrechten rot numerierten Faden Oberschusse, die schwarzen Unterschusse. Bei Durchsicht der Zeichnung findet man, daß sich die Kette mit dem Oberschusse in 4bindigem Schußkoper und mit dem Unterschusse in 4bindigem Kettenkoper verbindet Denkt man bei dieser Verflechtung die Schusse aneinander geschlagen, so wird man finden, daß durch diese Zusammensetzung »gelassene Kettenstellen auf dem Unterschusse entsprechen gelassenen Kettenstellen dem vor diesem und nach diesem eingetragenen Oberschusse« die schwarzen Schusse unter die weißen gleiten und dadurch ein Aneinanderreihen aller weißen Schusse auf der oberen Warenseite, aller schwarzen auf der unteren Warenseite erfolgt Auf dem ersten Unterschuß (Schwarz) bleiben die Kettenfaden 3, 7, 11 liegen, weshalb sich der Unterschuß auf diese Kettenfaden legt Wurden nun auf dem ersten und zweiten Oberschuß (Weiß) die Kettenfaden 3, 7, 11 nicht auch liegen bleiben, so wurden die uber diesen Kettenfaden liegenden Unterschußstellen auf der oberen Warenseite zum Vorschein kommen, da sich vermoge des Bindungsfehlers der erste Unterschuß nicht unter den ersten Oberschuß, der zweite Oberschuß nicht uber den ersten Unterschuß legen kann

Unter der Verflechtung ist der Querschnitt, aus welchem wieder deutlich ersichtlich ist, daß bei genauer Einhaltung der Regel der Unterschuß unmöglich auf der Oberseite ersichtlich ist Rechts neben der Verflechtung ist ein Langsschnitt, woraus ersichtlich ist, wie sich die rote Kette abwechselnd mit den weißen und schwarzen Schüssen verbindet

Das Verhältnis des Oberschusses zum Unterschusse ist je nach der Qualität des Stoffes 1 1, 2 1, 3 . 1 etc Anstatt 1 1 und 2 1 bringt man bei Stoffen, wo der Oberschuß andere Farbe oder anderes Gespinst als der Unterschuß hat und man mit einseitigem Schützenwechsel weben will, die Verhältnisse 2 : 2 und 4 2 in Anwendung

Zur Ausführung der Bindung auf dem Tupfpapiere verfährt man folgend·

1. Man bestimmt die Aufeinanderfolge der Ober- und Unterschüsse Zu diesem Zwecke streicht man nach Fig 442 die Unterschüsse einer Bindungsfläche mit gelber Farbe an

2 Man tupft auf die weißen Schußlinien mit roter Farbe, die genommenen Tupfen der Bindung des Oberschusses (Rot von *a*) Auf diese Weise entsteht aus Fig 442 Fig 443

3 Man tupft auf die gelben Schußlinien die gelassenen Tupfen der Bindung des Unterschusses (Weiß von *b*) mit schwarzer Farbe Beim Einsetzen der schwarzen Tupfen muß berücksichtigt werden, daß diese zwischen zwei weiße Tupfen der benachbarten Oberschüsse kommen müssen Auf diese Weise entsteht aus Fig. 443 Fig 444

4 Die roten und gelben Tupfen entsprechen gehobener Kette, weshalb diese angeschnurt, beziehungsweise gestanzt werden müssen.

Fig. 444. Schußdouble 1 1

Oberschuß 4bindiger Schußköper

Unterschuß 4bindiger Kettenköper.

1 Rapport = 4 Ketten- und 8 Schußfaden

Fig 445 Schußdouble 1 1

Oberschuß 4bindiger zweiseitiger Köper

Unterschuß 8bindiger Kettenatlas

1 Rapport = 8 Ketten- und 16 Schußfaden

Bei dieser Bindung kann man zum Unterschuß stärkeres Material nehmen als zum Oberschusse, weil die Bindung des Unterschusses bedeutend offener als die des Oberschusses ist

Fig 446 Schußdouble 1 · 1.

Oberschuß 8bindiger verstärkter Kettenatlas

Unterschuß 8bindiger Kettenatlas

1 Rapport = 8 Ketten- und 16 Schußfaden

SCHUSSDOUBLES.

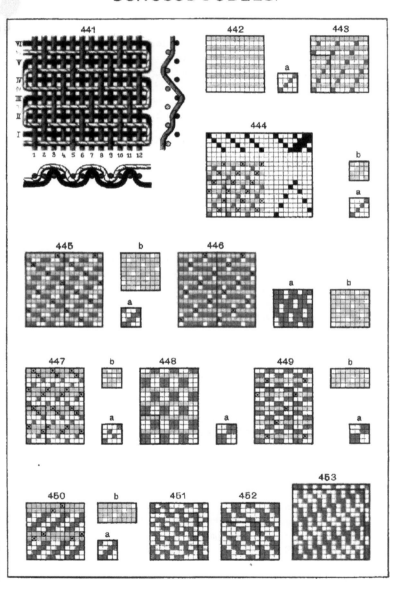

Zum Unterschiede von Fig 444 findet man hier für den Oberschuß eine Kettenbindung Bei näherer Betrachtung findet man aber immer zwei übereinander stehende Schußtupfen, welche die regulare Anheftung des Unterschusses zulassen

Fig 447 Schußdouble 2 2 (Gewebe 6, Tafel I).

Oberschuß 4bindiger versetzter Schußkoper

Unterschuß 4bindiger versetzter Kettenköper

1 Rapport = 4 Ketten- und 8 Schußfaden

Fig 449 Schußdouble 2 · 1

Oberschuß Mattenbindung 2 2

Unterschuß 8schaftig

1 Rapport = 8 Ketten- und 12 Schußfaden

Wenn man die Mattenbindung nach der Fig 448 auf die Oberschusse bringt, kann man keine Verbindung des Unterschusses vornehmen, da man keine schwarzen Tupfen zwischen Weiß zweier benachbarter Oberschusse stellen kann Aus diesem Grunde darf man bei Bindungen, welche entgegengesetzt bindende Schußfaden enthalten (Fig 121, 204, 209, 210, 242, 243, 375 etc), den Unterschuß nicht wie bei Fig. 448 zwischen die entgegengesetzt bindenden Schußfaden stellen, sondern letztere zwischen zwei Unterschussen setzen.

Bei Bindungen außer den Verhaltnissen 1 1 und 2 2 läßt sich auf den Unterschuß meist keine regulare Bindung setzen, sondern meist nur ein Grat wie bei Fig 449 anordnen

Fig 450 Schußdouble 4 2

Oberschuß 4bindiger zweiseitiger Koper

Unterschuß 8schaftig

1 Rapport = 8 Ketten- und 12 Schußfaden

Um aus der Bindung des Oberschusses die passende Bindung für den Unterschuß zu bestimmen, sucht man auf den Zwischenlinien der Oberschußbindung jene geeigneten Stellen, welche sich zwischen Schußtupfen (Weiß) befinden und markiert diese durch flache Farbtupfen. Bei den Fig 451—453 wurde die Bindung des Unterschusses durch gelbe, flache Tupfen ersichtlich gemacht Das Verhaltnis des Oberschusses zum Unterschusse ist bei Fig 451 1 1, bei Fig 452 2 1 und bei Fig. 453 3 1

Im allgemeinen kann man aus Schußdoublebindungen dicke, weiche, wollige, schwere, einseitige oder doppelseitige Stoffe erzeugen

Kettendouble.

Bei diesen Bindungen kommen zwei Ketten- und ein Schußfadensystem in Anwendung Durch diese Bindweise werden die zwei Kettenfadensysteme im

Gewebe aufeinander liegend angeordnet, so daß dadurch eine dickere, kräftigere Ware entsteht. Das eine Kettenfadensystem, welches nur auf der Oberseite ersichtlich ist, heißt Oberkette, das andere nur auf der Unterseite des Gewebes auftretende Unterkette. Nachdem Ober- und Unterkette einen gemeinsamen Schuß haben, muß man die auf den Schuß zu liegen kommende Unterkette besonders berücksichtigen, damit diese Stellen auf der oberen Gewebeseite nicht ersichtlich sind. Man kann dies nur erreichen, wenn man die Hebung des Unterkettenfadens zwischen zwei gehobene Oberkettenfaden setzt. Durch diese Anordnung wird die Unterkettenfadenhebung von den Oberkettenfadenflottungen eingeschlossen, verdeckt und dadurch dem Auge unsichtbar gemacht. Aus diesem Grunde muß die Bindung der Oberkette Ketteneffekt haben, oder mindestens die zur Verbindung der Unterkette notwendigen zwei Kettentupfen nebeneinander aufweisen. Die Bindung der Unterkette kann die der Oberkette in entgegengesetztem Effekte oder eine andere sein. Im letzteren Falle entspricht die Bindung der Unterkette der aus der Bindung der Oberkette gesuchten vorteilhaften Verheftung und hat denselben Rapport oder ein Vielfaches desselben. Das Verhältnis der Oberkette zur Unterkette ist $1 \cdot 1, 2 \cdot 1, 3 \cdot 1$ etc.

Die Fig. 454 versinnbildlicht ein vergrößertes Gewebe, welches aus zwei Kettenfaden- und einem Schußfadensystem besteht. Die roten senkrechten Faden bedeuten Oberkette, die blauen Unterkette, die wagrechten weißen Faden Schuß. Betrachtet man die Verflechtung, so findet man, daß die rote Kette mit dem weißen Schusse in 5bindigem Kettenatlasse arbeitet, während die blaue Kette mit dem Schusse in 5bindigem Schußatlasse bindet. Im Gewebe werden die Kettenfaden nicht so nebeneinander liegen wie in der Zeichnung, da sich die blauen Faden unter die roten Faden stellen, so daß alle roten Kettenfaden auf der Oberseite, alle blauen Kettenfaden auf der Unterseite des Gewebes aneinander gereiht sind.

Wenn die auf dem Schusse liegenden Unterkettenfaden (Blau) nicht so abbinden, daß sie rechts und links gehobene Oberkette (Rot) haben, so können sich vermöge des eintretenden Widerstandes die Unterkettenfaden nicht unter die Oberkettenfaden anordnen, was eine fehlerhafte Ware bedingt. Denkt man sich z. B. die Bindung der Unterkette in der Fig. 454 um drei Schusse tiefer eingesetzt, so daß der erste Unterkettenfaden auf dem 1., 6., 11. Schuß liegt, so wird man finden, daß der 1. Unterkettenfaden nicht unter den 1. Oberkettenfaden kann, da die Hebungen der Unterkette auf dem 1., 6. und 11. Schuß dieser Unterstellung Widerstand leisten. Aus den gefundenen Tatsachen ergibt sich die Regel, daß gehobene Unterkettenfaden von gehobenen Oberkettenfaden eingeschlossen werden müssen. Der unter der Fig. 454 dargestellte Querschnitt ergibt die Verbindung des Schusses mit der Ober- und Unterkette. Aus dem

KETTENDOUBLES.

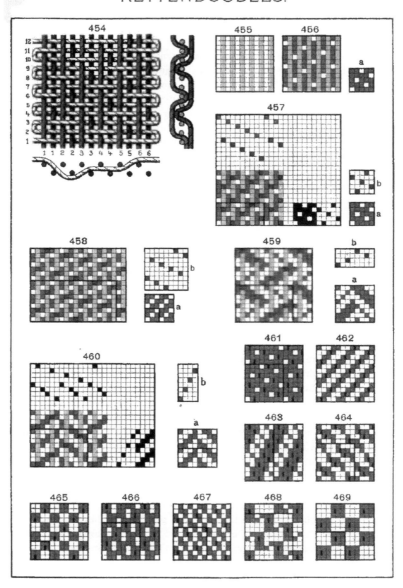

rechts neben der Figur ersichtlichen Langsschnitte ist erkennbar, daß bei genauer Einhaltung der Regel eine Unterstellung des unteren Kettenfaden-systemes stattfinden muß und daß die auf dem Schusse liegende Unterkette auf der oberen Warenseite unsichtbar ist.

Um diese Bindweise auf Tupfpapier zu bringen, verfahrt man folgend·

1. Man bestimmt nach Fig 455 durch Vorstreichen der Unterketten-faden mit gelber Farbe die Aufeinanderfolge der Ober- und Unterkette auf der Bindungsflache.

2. Man tupft auf die weißen Kettenfäden der Bindungsflache mit roter Farbe die Bindung der Oberkette Auf diese Weise entsteht aus der vorgestrichenen Bindungsflache Fig. 455 und der Bindung a die Fig 456

3. Man tupft auf die gelben Kettenfaden die Bindung der Unterware mit blauer Farbe. Beim Einsetzen dieser Bindung ist zu beachten, daß jeder Unterkettenfadentupfen zwischen zwei benachbarte Oberkettenfadentupfen ge-setzt wird. Auf diese Weise entsteht aus Fig 456 und Bindung b die Fig 457

4 Die roten und blauen Tupfen entsprechen gehobener Kette, be-deuten deshalb Schafthebung

Fig 457 Kettendouble 1 1

Oberkette 5bindiger Kettenatlas

Unterkette 5bindiger Schußatlas

1 Rapport = 10 Ketten- und 5 Schußfaden

Fig 458· Kettendouble 1 1

Oberkette 3bindiger Kettenkoper

Unterkette 9bindiger Schußatlas

1 Rapport = 18 Ketten- und 9 Schußfaden Nachdem man den 3bindigen Kettenkoper mit 3 Schaften und dem 9bindigen Atlas mit 9 Schaften weben kann, braucht man bei reduzierender Einzugsweise $3 + 9 = 12$ Schafte

Fig 459 Kettendouble 2 1

Oberkette 8bindiger Krepp

Unterkette 8schaftig

1 Rapport = 12 Ketten- und 8 Schußfaden.

Fig. 460. Kettendouble 2 1

Oberkette versetzter zweiseitiger Koper

Unterkette 4schaftig

1 Rapport = 12 Ketten- und 8 Schußfaden

Bei Bindungen mit entgegengesetzt bindenden Kettenfaden, wie dies bei der Bindung 460 b, die Kettenfaden 1, 8, beziehungsweise 4, 5 sind, darf der Unterkettenfaden die entgegengesetzt bindenden Faden nicht trennen, da sonst eine Verheftung unmöglich ist

Wie bei den Schußdoubles kann man bei den Kettendoubles eine Ver-
sinnbildlichung der Unterbindung auf der Oberbindung vornehmen. Bei den
Fig. 461—469 ist die Bindung der Unterkette durch schmale blaue Tupfen
zwischen den Kettenfäden der Oberkettenbindung angegeben. Bei den
Fig. 461—464 ist das Verhältnis der Oberkette zur Unterkette 1 : 1, bei den
Fig. 465—468 2 : 1 und bei Fig. 469 3 : 1.

Durch die Kettendoublebindungen bekommt man verstärkte einseitig-
oder zweiseitig verwendbare Waren. Die erste Manier findet bei Anzugsstoffen,
die zweite bei seidenen Bändern, Schirmstoffen etc. vielfache Anwendung.

Kettendouble-Imitationen.

Durch diese Bindungen will man Gewebe, welche aus zwei Ketten- und
einem Schußfadensysteme bestehen, durch eine Kette und einen Schuß nach-
bilden. Nimmt man bei Querrips, Fig. 731, schragem Rips, Fig. 334—339,
oder verstärktem Atlas, Fig. 150—153, eine sehr dichte Kette, so wird man
Waren erhalten, welche wie Kettendoublegewebe auf beiden Gewebeseiten
Ketteneffekt liefern. Während bei Ripsen die Kettenflottungen auf beiden
Gewebeseiten gleich lang sind, werden dieselben bei den Fig. 151—153 auf
der Oberseite kürzer als auf der Unterseite ausfallen. Ähnliche Effekte kann
man aus Koper, Atlas, Diagonal und Kreppbindungen mit Atlasgrundlage erzielen, wenn man die Bindungen einer entsprechenden Bearbeitung unterzieht.
Zu diesem Zwecke wird der im Rapporte der Grundbindung befindliche Kettengrat im neuen Muster fadenweise angeordnet und 2- oder 3mal atlasartig versetzt. Verdoppelt werden die Grate, wenn die Übertragung vom Kettengrate
der Grundbindung auf das neue Muster im Verhältnisse 1 : 1 erfolgt, verdreifacht, wenn dies 2 : 1 geschieht. Die Rapporte der neuen Muster sollten
demgemäß auch 2-, beziehungsweise 3mal größer werden als die der Grundbindungen. Da aber die 1 : 1 oder 2 : 1 gesetzten Grate in diesem Raume
keinen Anschluß finden, ist je nach der Steigung des Grates eine Vermehrung,
beziehungsweise Verminderung von 1, 2, 3 etc. Faden notwendig. Folgende
Aufstellung gibt Aufschluß über die Bestimmung des Rapportes aus Koper,
Atlas, Diagonal und Krepp.

Rapportbestimmung bei Verhältnissen 1 : 1

1 Koper
  a) Bindungsrapport $\times 2 + 1$
  b) » $\times 2 - 1$
2 Atlas, Diagonal, Krepp 2er Steigung
  a) Bindungsrapport $\times 2 + 2$
  b) » $\times 2 - 2$

3 Atlas, Diagonal, Krepp 3er Steigung
   a) Bindungsrapport $\times 2 + 3$
   b)   » $\times 2 - 3$.
4 Atlas, Diagonal, Krepp 4er Steigung
   a) Bindungsrapport $\times 2 + 4$.
   b)   » $\times 2 - 4$ usw.

Rapportbestimmung bei Verhältnissen 2 1

1. Koper.
   a) Bindungsrapport $\times 3 + 1$
   b)   » $\times 3 - 1$
2 Atlas, Diagonal, Krepp 2er Steigung.
   a) Bindungsrapport $\times 3 + 2$
   b)   » $\times 3 - 2$
3. Atlas, Diagonal, Krepp 3er Steigung
   a) Bindungsrapport $\times 3 + 3$
   b)   » $\times 3 - 3$ usw.

Bevor ein Muster entwickelt wird, begrenzt man auf dem Tupfpapiere den Rapport nach den soeben erklärten Grundlagen. Nach der Rapportbestimmung verfährt man folgend

I. Bei Koper im Verhältnisse 1 : 1.

Man tupft den Kettengrat des Kopers auf die ungeraden Kettenfaden der Bindungsfläche und rapportiert den Grat immer der Breite nach auf die bestimmte Fadenzahl

II. Bei Koper im Verhältnisse 2 : 1.

Man tupft den Kettengrat des Kopers auf dem 1, 2, 4, 5, 7., 8 etc Kettenfaden der Bindungsfläche und wiederholt diesen Grat im Anschlusse des Rapportes 3mal, d h man rapportiert vom 1 Grat nach links, vom 2. nach unten und vom 3 nach links

III Bei Atlas, Diagonal, Krepp 1 · 1.

a) Man setzt den Atlasgrat der Grundbindung auf die ungeraden Kettenfaden der Bindungsfläche.

b) Man bildet aus dem Grate einen sovielbindigen Schußatlas, als der Rapport des zu bildenden Musters angibt. Die Steigung vom 1 Grate zu den folgenden wird gefunden, wenn man vom Bindungsrapporte der neuen Bindung die Steigung des 1 Grates abzieht und die Summe durch zwei teilt

c) Man setzt an jedem Atlastupfen soviel Tupfen nach oben an, als der Bindungsgrat der Grundbindung angibt

IV. Bei Atlas, Diagonal, Krepp 2.1

a) Man setzt den Atlasgrat der Grundbindung auf den 1, 2, 4, 5, 7, 8 etc Kettenfaden der Bindungsfläche

b) Man bildet aus dem Grate einen sovielbindigen Schußatlas, als der Rapport Faden haben soll

Zur Bestimmung der zweiten Steigungszahl, welche zum Entwickeln des Atlasses notwendig ist, rapportiert man den getupften Grat in der Höhe und setzt zwischen beiden Graten zwei nach links oder nach rechts laufende, gleichmäßig voneinander entfernt stehende Tupfen Die näheren Details sind bei den Fig 494 und 496 erklärt

Fig 470. 3bindiger Kettenköper.

Fig 471 Kettendouble-Imitation 1 1, *a*, aus Fig 470

Rapportzahl $3 \times 2 + 1 = 7$

Der Köpergrat wird auf die ungeraden Kettenfaden getupft und durch fortgesetztes Wiederholen auf 7 Kettenfaden die Bindung entwickelt

Fig 472. Kettendouble-Imitation 1 1, *b*, aus Fig 470

Rapportzahl: $3 \times 2 - 1 = 5$

Der Köpergrat wird 1·1 getupft und auf 5 Kettenfaden wiederholt

Fig 473. 4bindiger zweiseitiger Köper

Fig 474· Kettendouble-Imitation 1 1, *a*, aus Fig. 473

Rapportzahl $4 \times 2 + 1 = 9$

Der Köpergrat wird auf die ungeraden Kettenfaden getupft und durch fortgesetztes Wiederholen auf 9 Kettenfaden die Bindung gebildet

Fig. 475· Kettendouble-Imitation 1 1, *b*, aus Fig 473

Rapportzahl $4 \times 2 - 1 = 7$

Der Köpergrat wird 1 1 getupft und auf 7 Kettenfaden wiederholt

Fig. 476 4bindiger zweiseitiger Köper

Fig 477 Kettendouble-Imitation 2 1, *a*, aus Fig 476.

Rapportzahl $4 \times 3 + 1 = 13$

Der Köpergrat wird auf den 1, 2, 4, 5, 7, 8 etc Kettenfaden getupft und dieser Grat im Rapporte durch fortgesetzten Anschluß 3mal gesetzt Der 1 Grat wird nach links, der daraus entstandene 2 Grat nach unten und der aus dem 2 Grat entstandene 3 Grat nach links, immer auf 13 Faden wiederholt

Fig 478 Kettendouble-Imitation 2 1, *b*, aus Fig 476

Rapportzahl $4 \times 3 - 1 = 11$

Fig 479 6bindiger zweiseitiger Köper

Fig 480 Kettendouble-Imitation 2 1, *a*, aus Fig 479.

Rapportzahl $6 \times 3 + 1 = 19$

Fig 481 Kettendouble-Imitation 2 1, *b*, aus Fig. 479
Rapportzahl $6 \times 3 - 1 = 17$

Fig 482 5bindiger verstarkter Atlas 2er Steigung.

Fig 483 Kettendouble-Imitation 1 1, *a*

Rapportzahl $5 \times 2 + 2 = 12$

Der Atlasgrat von Fig 482 (schwarze Typen) wird auf die ungeraden Kettenfaden getupft und daraus der 12bindige Schußatlas gebildet Die dazu notwendige, mit Ringtype versehene zweite Steigungszahl ist $\dfrac{12 - 2}{2} = 5$ Die Atlastupfen werden nach den Tupfen der Fig 482 verstärkt

Fig 484 Kettendouble-Imitation 1 1, *b*.

Rapportzahl $5 \times 2 - 2 = 8$

Der Atlasgrat von Fig 482 wird auf die ungeraden Kettenfaden getupft und daraus mit Hilfe der zweiten Steigungszahl 3 $\left(\dfrac{8 - 2}{2} = 3 \right)$ der 8bindige Schußatlas gebildet Die Tupfen des Atlasses werden nach der Fig 482 verstarkt

Fig 485 9bindiger Diagonal 2er Steigung

Fig. 486 Kettendouble-Imitation 1 1, *a*, aus Fig 485

Rapportzahl $9 \times 2 + 2 = 20$

Die zweite Steigungszahl $= \dfrac{20 - 2}{2} = 9$

Fig. 487 Kettendouble-Imitation 1 1, *b*, aus Fig 485

Rapportzahl. $9 \times 2 - 2 = 16$

Die zweite Steigungszahl $= \dfrac{16 - 2}{2} = 7$

Fig 488: 8bindiger verstarkter Atlas 3er Steigung

Fig 489· Kettendouble-Imitation 1 1, *a*, aus Fig 488

Rapportzahl $8 \times 2 + 3 = 19$

Die zweite Steigungszahl $= \dfrac{19 - 3}{2} = 8$

Fig 490 Kettendouble-Imitation 1.1, *b*, aus Fig 488

Rapportzahl. $8 \times 2 - 3 = 13$

Die zweite Steigungszahl $= \dfrac{13 - 3}{2} = 5.$

Fig 491 10bindiger Krepp 2er Steigung

Fig 492 Kettendouble-Imitation 1 1, *a*

Rapportzahl· $10 \times 2 + 3 = 23$

Der schwarz getupfte Atlasgrat von Fig 491 wird auf die ungeraden Kettenfäden getupft und mit Hilfe der zweiten Steigungszahl $= \dfrac{23-3}{2} = 10$ der 23bindige Schußatlas gebildet. Die uber den Atlastupfen gesetzten Bindpunkte entsprechen genau den Tupfen uber den schwarzen Tupfen der Fig 491

Fig 493 Kettendouble-Imitation 1 1, b, aus Fig 491

Rapportzahl $10 \times 2 - 3 = 17$

Die zweite Steigungszahl $= \dfrac{17-3}{2} = 7$

Fig 494· Kettendouble-Imitation 2 1, a, aus Fig 491

Rapportzahl $10 \times 3 + 3 = 33$

Der schwarze Atlasgrat der Fig. 491 wird auf den Kettenfaden 1, 2, 4. 5, 7, 8, usw getupft und mit Hilfe der zweiten Steigungszahl der 33bindige Schußatlas gesetzt Zur Bestimmung der zweiten Steigungszahl rapportiert man den schwarzen Grat in der Hohe und setzt zwischen den letzten Tupfen im Rapporte und den ersten Tupfen über dem Rapporte (Pfeilrichtung) auf die zwei leeren Schusse zwei gleichmäßig voneinander entfernt stehende, von rechts nach links laufende Tupfen Die über den Atlastupfen befindlichen Bindpunkte entsprechen genau den Tupfen, welche über den schwarzen Atlastupfen der Fig 491 stehen

Fig 495 Kettendouble-Imitation 2 1 b

Rapportzahl $10 \times 3 - 3 = 27$.

Die Bestimmung der zweiten Steigungszahl erfolgte nach der bei Fig 494 angegebenen Regel Die Verstarkung der Atlastupfen nach Fig 491

Fig 496 Kettendouble-Imitation 2 1, b, aus Fig 491

Rapportzahl $10 \times 3 - 3 = 27$.

Bei dieser Musterung wurde die Steigungszahl auf folgende Weise ermittelt. Man rapportiert den schwarzen Grat in der Hohe, verlangert den ersten um zwei Tupfen und setzt zwischen den ersten Tupfen des zweiten Grates und den letzten Tupfen des verlangerten Grates auf die zwei leeren Schußlinien (Pfeilrichtung) zwei gleichmäßig voneinander entfernt stehende, von links nach rechts laufende Tupfen (Diese Anordnung ist bei Fig 494 nicht möglich, da dadurch die Tupfen aller Grate gleiche Anordnung hatten, wodurch die Kettenfaden 3, 6, 9 etc ohne Bindung waren)

Schußdouble-Imitationen.

Aus diesen erhalt man Gewebe, welche ahnlich den Langsripsen (Fig 75) und schragen Ripsen (Fig 340—342) auf beiden Gewebseiten Schußeffekt liefern Dreht man die Kettendouble-Imitations-Bindungen um ein Viertel und

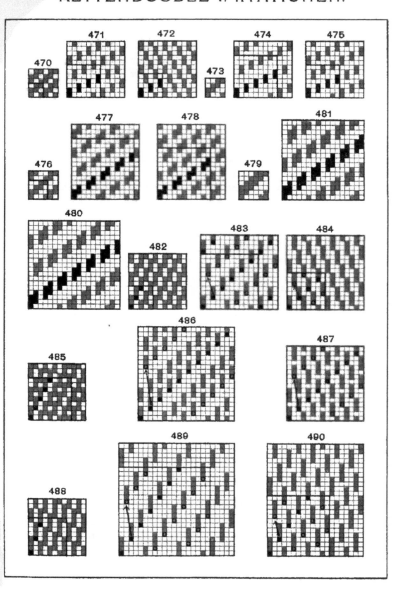

KETTENDOUBLE-IMITATIONEN.

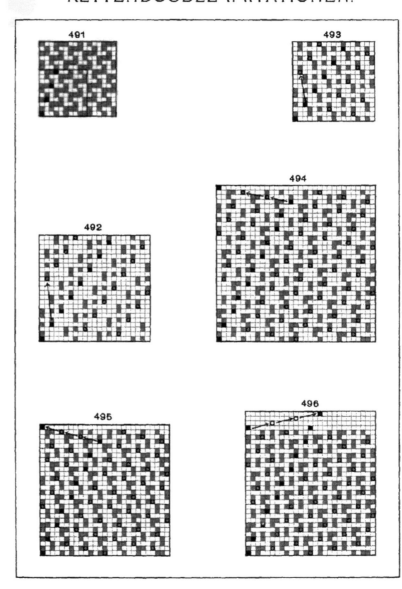

491

493

492

494

495

496

nimmt man Weiß als Kette, Rot als Schuß an, so bekommt man Schußdouble-Imitations-Bindungen Diese Gewebe mussen selbstverstandlich mit großer Schußdichte gewebt werden.

Schußtriple.

Diese Bindungen bestehen aus einem Ketten- und drei Schußfadensystemen Durch die Bindweise werden die Schußfadensysteme untereinander liegend angeordnet, so daß das erste nur auf der Oberseite des Gewebes, das zweite nur in der Mitte und das dritte auf der Unterseite auftritt Aus diesem Grunde unterscheidet man Ober-, Mittel- und Unterschuß Damit sich d e Schusse im Gewebe untereinander stellen konnen, muß der Mittelschuß ruckwarts großere Schußflottungen als der Oberschuß und der Unterschuß wieder großere Schußflottungen als der Mittelschuß haben Auch muß die Einsetzung der Bindung des Mittel- und Unterschusses so erfolgen, daß die obenliegende Mittel- und Unterschußstelle von dem darubei liegenden Schusse gedeckt wird, wie dies bei den Schußdoubles Regel war Man wird deshalb immer erst aus Oberschuß und Mittelschuß ein Schußdouble und aus dem Schußdouble durch Beifugen des dritten Schußfadensystemes ein Schußtriple bilden

Fig 497. Schußdouble 1 · 1
Oberschuß 4bindiger zweiseitiger Köper *a*
Unterschuß 4bindiger Kettenköper *b*
Fig 498 Schußtriple

Die Schußdoublebindung Fig 497 wurde durch einen in 8bindigem Atlas bindenden Unterschuß verstarkt Rot und Gelb gilt als ausgehobene Kette
1 Rapport = 8 Ketten- und 24 Schußfaden

Kettentriple.

Drei Kettenfadensysteme sind so mit einem gemeinsamen Schusse verbunden, daß im Gewebe das erste Kettenfadensystem nur auf der Oberseite, das zweite nur in der Mitte und das dritte nur auf der Unterseite ersichtlich ist Man unterscheidet demgemaß Obei, Mittel- und Unterkette Damit ein Unterstellen der drei Kettenfadensysteme erfolgt, muß die Mittelkette ruckwarts großere Flottungen haben als die Oberkette und die Unterkette wieder großere als die Mittelkette. Man stellt zuerst aus Oberkette und Mittelkette ein Kettendouble nach den bekannten Gesetzen zusammen und fugt diesem nach denselben Regeln das dritte Kettenfadensystem bei

Fig 499 Kettendouble 1 . 1
Oberkette 4bindiger zweiseitiger Koper, *a*
Unterkette 4bindiger Schußkoper, *b*.

Fig 500 Kettentriple

Die Kettendoublebindung Fig 499 wurde durch eine in 8bindigem Schußatlas bindende Unterkette verstaikt Das rot, blau und giun Getupfte entspricht gehobener Kette

1 Rapport = 24 Ketten- und 8 Schußfaden Aus dem Langsschnitte Fig 501 ist die Arbeitsweise der drei Ketten deutlich erkennbar.

Fullfaden.

Unter diesen versteht man ein Fadensystem, welches zum Ausfullen eines einfachen oder verstarkten Gewebes dient Das Fullfadensystem soll auf der Obei- und Unterseite des Gewebes nicht ersichtlich sein Wird die Ausfullung durch eine Kette besoigt, so heißt man diese Fullkette, verwendet man dazu ein Schußfadensystem, so nennt man dies Fullschuß

Füllschuß.

Um ein einfaches Gewebe durch ein Schußfadensystem dichter zu machen, muß man Bindungen mit Schußeffekt wahlen Damit der Fullschuß nicht auf der Obeiseite des Gewebes ersichtlich ist, muß er von den Flottungen der Grundschusses verdeckt werden Man erreicht dies, wenn man den Fullschuß nur dort einbinden laßt, wo der Oberschuß einbindet

Fig 502 8bindiger Schußatlas mit Fullschuß

Der Fullschuß ist mit gelber Farbe vorgestiichen Auf die weißen Schußlinien ist 8bindigei Schußatlas a mit Rot getupft und die Abbindung des Fullschusses nach aufgestellter Regel mit Blau vorgenommen Die roten und blauen Tupfen ergeben gehobene Kette

1 Rapport = 8 Ketten- und 16 Schußfaden

Mehr als bei einfachen Geweben kommt Fullschuß bei verstarkten in Anwendung, da er sich bei diesen viel besser unterbringen laßt

Fig 504. Kettendouble mit Fullschuß

Das Verhaltnis der Kettenfaden ist 1 Ober-, 1 Unterfaden, das der Schußfaden 2 Grund-, 1 Fullschuß Die Bindung der Obeikette ist 3bindiger Kettenkoper a, die der Unterkette 3schaftig koperartig b Zur Ausfuhrung der Bindung bestimmt man die Aufeinanderfolge der Oberkettenfaden zu den Unterkettenfaden durch Vorstreichen der letzteien mit gelber Farbe Dei Fullschuß wird bei Kettendoubles zwischen Ober- und Unterkette gelegt, weshalb er im Gewebe vollstandig dem Auge unsichtbar wiid Um dies zu erreichen, wird beim Eintiagen des Fullschusses die ganze Obeikette ausgehoben und die Unterkette liegen gelassen Zu diesem Zwecke tupft man nach Fig 503 auf dem Fullschuß die Obeikette zum Heben mit schwarzer Farbe Auf die

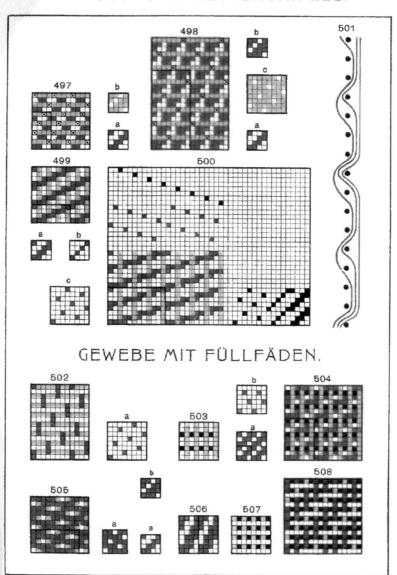

GEWEBE MIT FÜLLFÄDEN.

weißen Quadrate dieser Bindungsfläche wird die Bindung der Oberkette mit roter Farbe getupft und die gelben Unterkettenfaden nach *b* so mit den Grundschussen verbunden, daß die grunen Tupfen rechts und links rote Tupfen der Oberkette haben Das rot, schwarz und grun Getupfte gilt als gehobene Kette

1 Rapport = 6 Ketten- und 9 Schußfaden

Füllkette.

Bei dieser Anordnung muß man bei einfachen Geweben die Bindung in Ketteneffekt wahlen Die Fullkette wird nur dort gehoben, wo sie rechts und links gehobene Grundkette hat, damit sie von den Flottungen der letzteren verdeckt wird

Fig 505 5bindiger Kettenatlas mit Fullkette

Zur Bestimmung der Aufeinanderfolge der Grundkettenfaden zu den Full-kettenfaden werden die letzteren mit gelber Farbe vorgestrichen Auf die weißen Kettenfaden wird der 5bindige Kettenatlas *a* mit Rot getupft und die Aushebung der Fullkette nach angefuhrter Methode mit Blau ausgefuhrt

1 Rapport = 10 Ketten- und 5 Schußfaden

Fullkette findet auch vielfache Verwendung bei verstarkten Geweben und wurde bei dem Kapitel »Struck« schon erwahnt

Fig 506· Schußdouble 1 · 1

Oberschuß 4bindiger zweiseitiger Koper *a* Unterschuß 4bindiger Ketten-koper *b*

Dieser Schußdouble soll mit einer Fullkette im Verhaltnisse 1 1 versehen werden Zur Bestimmung der Schußfolge streicht man die Unterschusse mit gelber Farbe an Die Fullkette befindet sich zwischen den Ober- und Unter-schussen, wird also dem Auge vollstandig unsichtbar gemacht Zu diesem Zwecke wird beim Eintragen des Oberschusses die gesamte Fullkette liegen bleiben, wahrend diese beim Eintragen des Unterschusses gehoben werden muß Die Aushebung der Fullkette mit schwarzer Farbe hat dem-gemaß nach Fig 507 zu erfolgen Die roten Tupfen der Fig 506 werden mit roter Farbe auf die Kreuzungsquadrate der ungeraden Ketten- und un-geraden Schußfaden (Oberschuß), die blauen Tupfen auf die ungeraden Ketten- und geraden Schußfaden (Unterschuß) der Fig 507 ubertragen, wonach die Bindung Fig 508 entsteht Das rot, blau und schwarz Getupfte entspricht gehobener Kette Selbstverstandlich wird die Fullkette, da sie fast gar keine Einarbeitung hat, auf einen besonderen Kettenbaum kommen mussen

1 Rapport = 8 Ketten- und 8 Schußfaden

Hohl-. Schlauch- oder Dochtgewebe.

Diese durch das Gewebe Fig 7 illustrierte Bindungsart dient zur Erzeugung von Schlauchen, Lampendochten, Säcken, Walzenuberzugen, Schlipsen usw Um ein Schlauchgewebe herzustellen, webt man zwei Waren ubereinander und verbindet diese seitlich durch das gemeinsame Schußfadensystem Die Fig 509—512 sollen die Entstehung dieser Warengattung erklaren Die Fig 509 besteht aus einem roten und blauen Ketten- und einem roten und einem blauen Schußfadensysteme

Der erste von links nach rechts eingetragene rote Schuß verbindet sich mit der roten Kette in Taft, wahrend die blaue Kette liegen bleibt

Der erste von links nach rechts eingetragene blaue Schuß verbindet sich mit der blauen Kette in Taft, wahrend die rote Kette ausgehoben ist Aus diesen Bewegungen ist erklarlich, daß der erste blaue Schuß sich nicht neben dem ersten roten Schuß, sondern unter den letzteren und die rote Kette legen muß

Der zweite von rechts nach links eingelegte rote Schuß arbeitet mit der roten Kette in Taft, wahrend wieder die blaue Kette liegen bleibt Es kann deshalb kein Anschluß an den ersten blauen Schuß stattfinden, da er sich uber diesen und die ganze blaue Kette an den ersten roten Schuß anreiht

Der zweite von rechts nach links eingetragene blaue Schuß arbeitet mit der blauen Kette in Taft, wahrend die ganze rote Kette ausgehoben ist Dieser Schuß hat keine Gemeinschaft mit dem ersten und zweiten roten Schusse, sondern reiht sich, unter diesen und der roten Kette liegend, an den ersten blauen Schuß

Auf diese Weise liefern die roten Ketten- mit den roten Schußfaden und die blauen Kettenfaden mit den blauen Schußfaden zwei selbstandige ubereinander angeordnete Gewebe

Tragt man aber die beiden Schußfadensysteme nach Fig 511 mit einem Schutzen ein, so muß eine seitliche Verbindung der Gewebe stattfinden, da der Schutzen abwechselnd das Fach der Oberware und der Unterware durchlauft

Im ersteren Falle ist auf die Fadenzahl der Kette, ob gerade oder ungerade etc , keine Rucksicht zu nehmen, wohl aber im letzteren Falle Beim Zusammenstellen von Schlauchbindungen ist auf den Anschluß der Ober- und Unterware beim Warenwechsel besonders Rucksicht zu nehmen, damit keine Bindungsfehler entstehen Um die Fadenzahl zu finden, mit welcher ein Hohlgewebe ordnungsgemaß gewebt werden kann, bildet man nach den Fig 512, 514—516 Querschnitte der Ware Zu diesem Zwecke zeichnet man eine gewisse Anzahl Ober- und Unterkettenfaden (rote und blaue Kreise) und

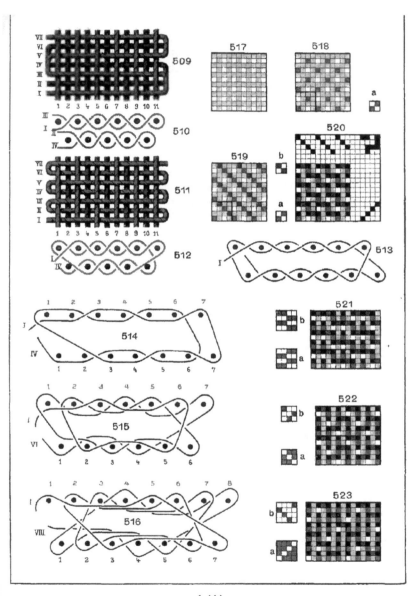

umlegt diese ordnungsgemäß mit dem Schusse Findet beim Rapportwechsel
ein genauer Anschluß statt, so war die Fadenzahl gut gewählt Ist der Anschluß aber nicht vorhanden, so muß man Faden zugeben oder wegnehmen und
so lange versuchen, bis der ordnungsgemäße Anschluß beim Rapportwechsel
stattfindet Aus den Querschnitten Fig 512, 514—516 findet man, daß bei
Taftbindung die Kettenfadenzahl eine ungerade sein muß und daß bei Langsrips 2 2 die Fadenzahl $4 \times x + 2$, bei 3bindigem Köper $3 \times x + 1$, bei
4bindigem Kettenköper $4 \times x + 7$ sein muß, wenn der Schützenwurf von
links nach rechts beginnt Die Fig 513 zeigt eine gerade Kettenfadenzahl
bei Taftbindung und ist daraus ersichtlich, daß sich eine tadellose Umlegung
des Schusses nicht vornehmen läßt, da auf der linken Seite immer zwei gleichbindende Kettenfaden zusammenkommen

Um die Bindweise der Querschnitte Fig. 512, 514—516 auf das
Tupfpapier zu bringen, sucht man zuerst die Bindungseinsatze der Ober-
und Unterware Auf den 1 Oberschuß des Querschnittes Fig 512 sind alle
ungeraden Oberkettenfaden gehoben, während auf dem 2. Oberschuß alle geraden
Oberkettenfäden oben liegen Die Leinwandbindung der Oberware beginnt
deshalb nach a Fig 518. Auf den 1. Unterschuß sind alle geraden Unterkettenfaden gehoben, während beim 2 Unterschusse alle ungeraden Unterkettenfaden oben liegen. Die Leinwandbindung der Unterware beginnt demnach nach b Fig. 519

Fig 520. Tafthohlstoffbindung.

Um aus der Bindung der Ober- und Unterware a und b die Bindung
des Hohlgewebes zu entwickeln, verfahrt man folgend·

1. Man bestimmt nach Fig 517 die Aufeinanderfolge der einzelnen
Fadensysteme durch Vorstreichen der Unterketten- und Unterschußfaden mit
gelber Farbe Durch die Kreuzung der weißen Kettenfaden (Oberkette) mit
den weißen Schüssen (Oberschuß) entstehen weiße Quadrate, welche vereinigt
die Bindungsflache der Oberware bilden Durch die Kreuzung der gelben
Kettenfaden (Unterkette) mit den gelben Schüssen (Unterschuß) entstehen gelbe
Kreuzungsquadrate, deren Gesamtheit die Bindungsflache der Unterware ergibt

2 Man setzt auf die weißen Quadrate der Fig 517 die Bindung der
Oberware, d i Leinwand a, mit roter Farbe Auf diese Weise entsteht aus
der Fig 517 die Fig 518

3 Man tupft auf die gelben Kreuzungsquadrate die Kettenbindpunkte
der Unterware, d i Leinwand b, mit blauer Farbe Auf diese Weise entsteht
aus der Fig 518 die Fig 519

4 Durch diese Übertragung ist jedoch die Bindweise noch nicht fertig,
da wenn man nach Fig 519 Rot und Blau als gehobene Kette betrachtet,

beim Weben ein einfaches Gewebe aus 4bindigem Schußkoper entstehen würde Um zwei Gewebe übereinander zu erhalten, muß man auf die Unterschusse (2, 4, 6 etc) die Oberkettenfaden (1, 3, 5 etc) ausheben, was durch schwarze Tupfen ersichtlich gemacht wird Auf diese Weise entsteht aus der Fig 519 die Fig 520

5 Beim Anschnuren, beziehungsweise Kartenstanzen gilt das rot, blau und schwarz Getupfte als gehobene Kette

1 Rapport = 4 Ketten- und 4 Schußfaden = 4 Schafte und 4 Tritte

Fig 521 Hohlgewebebindung aus Langsrips 2 . 2 (Fig 514)

1 Rapport = 8 Ketten- und 4 Schußfaden.

Tragt man den Schuß doppelt ein, so wird aus der Langsripsbindung Mattenbindung 2 . 2

Fig 522 Hohlgewebebindung aus 3bindigem Kettenkoper (Fig 515)

1 Rapport = 6 Ketten- und 6 Schußfaden

Fig 523· Hohlgewebebindung aus 4bindigem Kettenkoper (Fig. 516)

1 Rapport = 8 Ketten- und 8 Schußfaden

Bei der Fig 522 und Fig 523 ist beim Einsatz der Unterware zu beachten, daß der Effekt wechselt und daß auch die Gratrichtung sich ändert Die Querschnitte geben daruber genugenden Aufschluß

Das Weben von Sacken erfolgt der Lange oder der Breite nach

Im ersteren Falle wird das Zumachen des Bodens auf dem Webstuhle dadurch erzielt, daß man beim Sackende nicht doppelte, sondern einfache Bindung webt, Fig 524 Beim Weben der Breite nach wird die Tiefe des Sackes der Breite der Kette entsprechen, wahrend der Schluß zu beiden Seiten durch glatte Bindung gebildet wird Damit nun auf der einen Seite Boden, d i geschlossener Sack, auf der anderen Seite offener Sack entsteht, wird der Schuß zweimal durch die Oberkette, dann zweimal durch die Unterkette eingetragen, Fig 525. Interessant ist auch die Bildung von Matratzen »ohne Naht mit eingewebtem Schlitz«, wie solche im Jahre 1882 vom Autor erfunden und gewebt wurden

Doppelgewebe.

Laßt man bei einem Hohlstoffe teilweise die Kettenfaden der einen Ware mit den Schußfaden der anderen Ware verbinden, so entsteht eine Vereinigung der beiden Waren zu einem einzigen Gewebe. Ein derartiges Produkt heißt man Doppelgewebe

Die Vereinigung der Ober- und Unterware eines Hohlgewebes zu einem Doppelgewebe kann auf folgende Arten stattfinden

1 Durch teilweises Unterlegen der Oberkette unter die Unterschusse

2 Durch teilweises Uberlegen der Unterkette uber die Oberschusse

Fig. 526 Doppelstoffbindung

Die roten senkrechten Faden bilden Oberkette, die wagrechten Oberschusse, die blauen Unterkette, beziehungsweise Unterschuß Die Verkreuzung
der Oberkettenfaden mit den Oberschussen und den Unterkettenfaden mit den
Unterschussen erfolgt in Leinwandbindung Bei Durchsicht der Bindung findet
man, daß auf den blauen Unterschussen nicht immer die ganze rote Oberkette ausgehoben ist, wie dies bei einem Hohlgewebe Bedingung ist Da der
1 und 5 Oberkettenfaden unter dem 1 und 5 Unterschusse, der 3 Oberkettenfaden unter dem 3 Unterschusse liegt, wird eine Verbindung der Oberware mit der Unterware bewirkt

Fig 527 Doppelstoffbindung

Die Verkreuzung der roten Oberkettenfaden mit den roten Oberschussen
und der blauen Unterkettenfaden mit den blauen Unterschussen erfolgt in
4bindigem zweiseitigen Koper Betrachtet man die Fadenverbindung, so findet
man, daß auf den roten Oberschussen teilweise die blauen Unterkettenfaden
liegen, was bei einem Hohlgewebe ausgeschlossen ist Nachdem der 1 und
5 Unterkettenfaden auf dem 1 Oberschusse, der 2 und 6 Unterkettenfaden
auf dem 2 Oberschusse usw liegen, muß eine Verheftung der Unterware
mit der Oberware, beziehungsweise der Unterkette mit dem Oberschusse stattfinden

Die Verheftung der Unterkette mit dem Oberschusse oder der Oberkette mit dem Unterschusse muß so vorgenommen werden, daß dadurch der
Ausdruck des Gewebes keinen Schaden erleidet

Verbindet man die Unterkette mit dem Oberschusse, so soll erstens der
die Anheftung besorgende Unterkettenfaden beim nächsten Unterschuß gehoben
sein, damit sich der Unterschuß unter den anbindenden Unterkettenfaden
schieben kann Noch besser ist es, wenn der die Anheftung besorgende Unterkettenfaden am vorhergehenden und folgenden Unterschusse gehoben ist Zweitens
soll der die Anheftung besorgende Unterkettenfaden, wie bei Kettendoubles,
rechts und links von aufgehender Oberkette eingeschlossen sein, damit er von
den Kettenflottungen verdeckt wird

Bei der Verbindung von Oberkette mit Unterschuß muß der gelassene
Oberkettenfaden auf dem Unterschusse, wie bei Schußdoubles, zwischen ge-
gelassener Oberkette des vorhergehenden und nachfolgenden Oberschusses angeordnet werden

Die Verteilung der Anheftstellen muß eine durchaus gleichmäßige sein
Dem Bindungscharakter zufolge werden die Anheftstellen leinwand-, koper- oder

7*

atlasartig angeordnet Am meisten kommt die Verbindung von Unterkette mit Oberschuß vor, da die Unterkette besser zwischen den Oberkettenflottungen unsichtbar gemacht werden kann als der gewöhnlich stärkere Unterschuß zwischen den Flottungen des Oberschusses Um die reguläre Verbindung der Unterkette mit dem Oberschusse auszufuhren, muß die Bindung der Oberware Ketteneffekt haben oder mindestens so beschaffen sein, daß sich die Anheftpunkte zwischen gehobener Oberkette anbringen lassen Bei der Verbindung von Oberkette mit Unterschuß muß die Bindung der Oberware Schußeffekt aufweisen oder mindestens so beschaffen sein, daß sich die Anheftung zwischen Oberschußflottungen stellen laßt

Nachdem sich aus der Leinwandbindung kein reines Schuß- und Kettendouble bilden laßt, kann man auch bei zwei taftbindenden Geweben die Verbindung nicht ordnungsgemaß anbringen, was aus der Fig 526 ersichtlich ist Die über der Oberkette liegenden Unterschusse (Anheftstellen) haben wohl nach oben gelassene Oberkette, nach unten aber gehobene Oberkette Aus diesem Grunde werden die Anheftstellen bei Leinwandbindung nicht gut verdeckt werden Bei der Fig 527 ist die Verbindung von Unterkette mit Oberschuß in 4bindigem Koper ausgefuhrt und tadellos angeordnet, da die die Anheftung besorgenden Unterkettenfaden immer zwischen gehobener Oberkette stehen, was ein vollstandiges Verdecken der Anheftstellen bedingt Die Langs- und Querschnitte, welche neben den Figuren stehen, machen das Verbinden der zwei Gewebe recht deutlich erkennbar Aus dem Langsschnitte *a* der Fig 526 ist das Unterlegen der Oberkette unter Unterschuß, aus dem Querschnitte *b* das Uberlegen des Unterschusses über die Oberkette ersichtlich Aus dem Langsschnitt *a* der Fig 527 sieht man das Uberlegen der Unterkette über den Oberschuß, aus dem Querschnitte *b* das Unterlegen des Oberschusses unter die Oberkette

Außer den durchgenommenen zwei Verbindungsarten kommt bei Gurten, Transmissionsriemen etc eine dritte in Verwendung Man nimmt zur Verbindung beider Gewebe eine besondere Kette, welche abwechselnd in die Ober- und Unterware bindet und dadurch eine Vereinigung beider Waren herbeifuhrt Man nennt eine derartige die Verbindung besorgende Kette Bindekette

Fig 528. Doppelgewebe mit Bindekette

Die roten senkrechten Faden bedeuten Oberkette, die blauen Unterkette, die grunen Bindekette, die roten wagrechten Faden Oberschuß, die blauen Unterschuß. Aus der Verkreuzung der roten Kettenfaden mit den roten Schussen und der blauen Kettenfaden mit den blauen Schussen ist erkennbar, daß die Bindung der Ober- und Unterware Leinwand ist Die grunen Kettenfaden binden abwechselnd zweimal oben, zweimal unten, was ein Vernahen. Verheften der

HOHL- UND DOPPELGEWEBE.

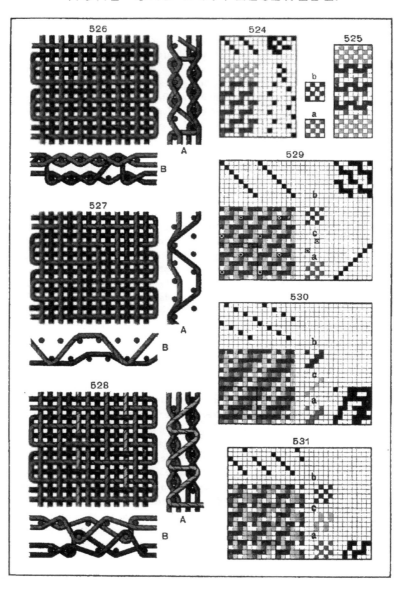

Oberware mit der Unterware zur Folge hat. Der neben der Verflechtung befindliche Langsschnitt *a* und der darunter stehende Querschnitt *b* machen das Verbinden der zwei Gewebe durch die Bindekette deutlich ersichtlich

Um ein Doppelgewebe auf dem Tupfpapiere zu versinnbildlichen, verfahrt man wie bei den Hohlgeweben

1 Man streicht das Unterketten- und Unterschußfadensystem mit gelber Farbe vor

2 Man tupft auf die weißen Quadrate die Bindung der Oberware mit roter Farbe

3 Man setzt auf die gelben Kreuzungsquadrate die Bindung der Unterware mit blauer Farbe

4 Man tupft auf die Unterschusse alle Oberkettenfaden mit blauer Farbe.

5 Man setzt die Anheftstellen

Die Punkte 1—4 sind bei den Hohlgeweben erklart und ist nur bei Punkt 4 dadurch eine Vereinfachung eingetreten, daß man das Ausheben der Oberfaden mit der Farbe der Unterwarenbindung (Blau) vornimmt.

Will man Oberkette mit Unterschuß (Fig 534) verbinden, so setzt man an der Kreuzung von Oberkette mit Unterschuß einen schwarzen Tupfen dort, wo derselbe oben und unten gelassene Oberkette (Weiß) hat Soll Unterkette mit Oberschuß (Fig 530) verbunden werden, so setzt man an der Kreuzungsstelle von Unterkette mit Oberschuß einen grunen Tupfen dort, wo derselbe oben, beziehungsweise unten gehobene Unterkette (Blau) links und rechts gehobene Oberkette (Rot) hat. Wahrend die schwarzen Tupfen bei der ersten Verheftungsart als gelassen zu betrachten sind, gelten die grunen Tupfen der zweiten Art fur genommen

Die Aufeinanderfolge der Ober- und Unterkettenfaden und der Ober- und Unterschusse ist verschieden und kommen folgende Verhaltnisse zur Verwendung

1 1	in Kette und Schuß					(Fig 529, 530, 532, 533)
2 1	»	»	»	»		(Fig 534—537)
1.1	in Kette und	2 1	im Schuß			(Fig 538)
2 1	»	»	»	1 1	»	»
1 1	»	»	»	2 2	»	» (Fig 539)
1 1	»	»	»	3 1	»	» (Fig 540)
2 1	»	»	»	2 2	»	» (Fig 541)
2 1	»	»	»	4 2	»	» (Fig 542)
2 1	»	»	»	3 1	»	» (Fig 543)
3 1	»	»	»	3.1	»	(Fig. 544)
3 1	»	»	»	2 1	»	» (Fig 545) etc

Fig 529 (526) Doppelgewebe 1 1

Dei Bindung der Ober- und Unterware ist Leinwand Die Verbindung erfolgt durch Oberkette mit Unterschuß leinwandartig Bei der Verbindung sind nur die ungeraden Oberketten- und Unterschußfaden beteiligt Die Verbindung selbst laßt sich nicht tadellos vornehmen, da Leinwandbindung nicht zwei ubereinander stehende Schußtupfen aufweist Rot und Blau gilt als gehobene Kette

1 Rapport = 8 Ketten- und 8 Schußfaden.

Fig 530 (527) Doppelgewebe 1 : 1

Ober- und Unterware 4bindiger zweiseitiger Köper Verbindung durch Unterkette mit Oberschuß in 4bindigem Koper. Das rot, blau und grun Getupfte entspricht gehobener Kette

Fig 531 (528) Doppelgewebe mit Bindekette

Die Fadenfolge ist in der Kette 1 Ober-, 1 Unter-, 1 Ober-, 1 Unter-, 1 Bindefaden im Schusse, 1 Ober-, 1 Unterschuß Die Bindung der Ober- und Unterware ist Leinwand Die Verbindung der zwei Gewebe erfolgt durch die Bindekette im Querrips 2 2

1 Rapport = 10 Ketten- und 4 Schußfaden

Fig 532 Doppelgewebe 1 1

Ober- und Unterware 8bindiger Krepp Verbindung durch Unterkette mit Oberschuß in 8bindigem Atlas

1 Rapport = 16 Ketten- und 16 Schußfaden

Fig 533 Doppelgewebe 1 1.

Ober- und Unterware 8bindiger Krepp Verbindung durch Unterkette mit Oberschuß (grune Tupfen) und Oberkette mit Unterschuß (schwarze Tupfen) in 8bindigem gemischten Atlas

1 Rapport = 16 Ketten- und 16 Schußfaden

Fig 534 Doppelgewebe 2 1

Oberware Mattenbindung 2 2, Unterware Leinwandbindung Verbindung durch Oberkette mit Unterschuß 8schaftig.

1 Rapport = 12 Ketten- und 12 Schußfaden

Fig 535 Doppelgewebe 2 1

Oberware 4bindiger versetzter Kettenköper.

Unterware 4bindiger Kettenkoper

Verbindung durch Unterkette mit Oberschuß in 4schaftigem gemischten Atlas

1 Rapport = 12 Ketten- und 12 Schußfaden

Fig 536 Doppelgewebe 2 1

Oberware 4bindiger versetzter zweiseitiger Koper, Unterware Leinwand, Verbindung durch Unterkette mit Oberschuß 4schaftig

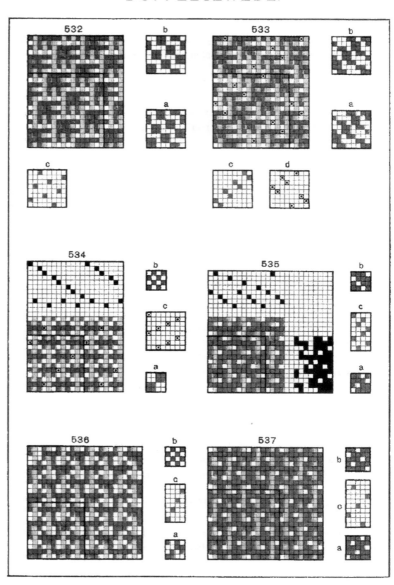

DOPPELGEWEBE.

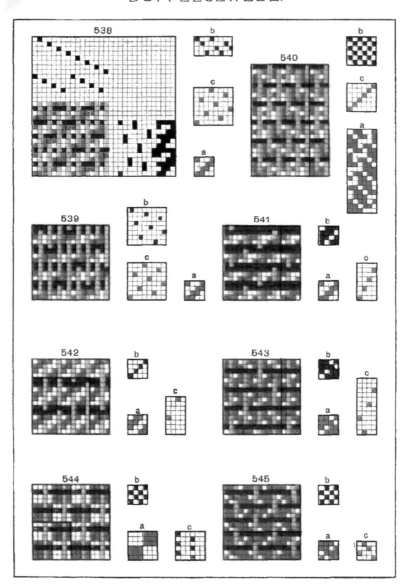

1 Rapport = 12 Ketten- und 12 Schußfaden

Fig. 537 Doppelgewebe 2 1.

Ober- und Unterware 5bindiger Kettenatlas Die Verbindung erfolgte durch Unterkette mit Oberschuß in 5schaftigem Atlas Bei dieser Bindung und bei der Bindung 536 sind nicht alle Oberschusse mit der Unterkette verbunden, sondern immer einer angeheftet, einer ohne Anheftung angeordnet.

1 Rapport = 15 Ketten- und 15 Schußfaden

Fig 538. Doppelgewebe 1 1 und 2 1.

Die Bindung der Oberware ist 4bindiger zweiseitiger Köper, die der Unterware 8schaftiger gemischter Atlas Die Verbindung erfolgte durch Unterkette mit Oberschuß in 8bindigem Atlasse

1 Rapport = 16 Ketten- und 12 Schußfaden

Die Fig 540—545 ergeben Doppelstoffbindungen in verschiedenen Fadenverhältnissen und ist der Aufbau aus den beigegebenen Bindungen der Oberware Unterware und Anheftung leicht verständlich

Die bei den Kettendoubles und Doppelgeweben vorgefundenen zwei Kettenfadensysteme kommen teilweise auf einen Kettenbaum, teilweise nimmt man für jedes System einen Kettenbaum Zwei Kettenbäume muß man nehmen, wenn die Oberkette ein anderes Gespinstmaterial hat als die Unterkette oder wenn eine Kette durch die Bindweise oder Garnstärke sich mehr einwebt als die andere So z B muß man zwei Kettenbäume nehmen, wenn die Oberkette Kammgarn, die Unterkette Streichgarn oder Baumwollgarn ist Der Kammeinzug richtet sich nach der Fadenfolge der Ketten Ist das Verhältnis der Oberkette zur Unterkette 1 1, so zieht man 2-, 4- oder 6fädig ein, während man bei 2 1 3- oder 6fädig, bei 3 1 4fädig einziehen muß Zu beachten ist auch, daß der Unterfaden in die Mitte der Rohrlücke zu liegen kommt, da dies die Verdeckung der Anheftung fordert Bei sämtlichen Figuren ist die Bindung der Oberware *a*. der Unterware *b* und der Anheftung *c*, beziehungsweise *d* neben der Doppelstoffbindung angegeben

Doppelgewebe und Füllschuß.

Um einem Doppelgewebe größere Dicke und Schwere zu geben, fügt man einen Füllschuß bei Nachdem der Füllschuß ungebunden zwischen der Ober- und Unterware liegt, muß man beim Eintragen desselben die ganze Oberkette ausheben, während die ganze Unterkette liegen bleibt.

Fig 547 Doppelgewebe mit Füllschuß

Die Fadenfolge ist in der Kette 1 Ober-, 1 Unter-, 1 Oberkettenfaden, im Schusse 1 Ober-, 1 Unter-, 1 Ober-, 1 Füllschuß Zur Entwicklung der Bindung streicht man nach Fig. 546 die Unterkette und den Unterschuß mit Gelb vor, tupft auf die Füllschüsse die Oberkette mit Blau, setzt auf die weißen Quadrate die Bindung der Oberware *a* mit Rot, auf die gelben Kreuzungsquadrate die Bindung der Unterware *b* mit Schwarz, tupft auf die Unterschüsse die Oberkette mit Schwarz und bewirkt durch die 4schäftige Anheftung von Unterkette mit Oberschuß Grün eine Verbindung der zwei Gewebe Rot, Blau, Schwarz, Grün entspricht gehobener Kette

1 Rapport = 12 Ketten- und 16 Schußfaden

Doppelgewebe mit Füllkette

Die Füllkette hat denselben Zweck wie der Füllschuß, doch wird dieselbe bei glatten Stoffen weniger angewendet Damit sich die Füllkette nur zwischen der Ober- und Unterware befindet, muß dieselbe auf den Unterschuß ausgehoben werden, während sie beim Eintragen des Oberschusses liegen bleibt

Fig 549· Doppelgewebe mit Füllkette

Die Fadenfolge ist in der Kette 1 Ober-, 1 Unter- 1 Ober-, 1 Füllkettenfaden, im Schusse 2 Ober-, 1 Unterschuß Um die Bindung zu bilden, streicht man nach Fig 548 die Unterkette und den Unterschuß mit Gelb vor, tupft auf den Unterschuß die Füllkette mit Blau, setzt auf die weißen Quadrate der Oberware die Bindung *a* mit Rot, auf die gelben Kreuzungsquadrate der Unterware die Bindung *b* mit Schwarz, tupft auf den Unterschussen die Oberkette mit Schwarz und setzt mit Grün die 4schäftige Verbindung der Unterkette mit dem Oberschusse Rot, Blau, Schwarz, Grün bedeutet gehobene Kette

1 Rapport = 16 Ketten- und 12 Schußfaden

Durch die Verbindung von Unterkette mit Oberschuß oder Oberkette mit Unterschuß werden die beiden Gewebe fest vereinigt, was eine kräftige Ware liefert Will man aber einen Stoff dicker, weicher machen, so nimmt man zur Warenverbindung öfters ein besonderes Ketten- oder Schußfadensystem in Anwendung.

Doppelgewebe mit Bindeschuß.

Der Bindeschuß liegt als Füllschuß zwischen der Ober- und Unterware Er bewirkt durch abwechselndes Einbinden in die Ober- und Unterkette eine Verbindung der beiden Waren

Fig 551 Doppelgewebe mit Bindeschuß

Die Fadenfolge ist in der Kette 1 Ober-, 1 Unterkettenfaden, im Schusse 1 Ober, 1 Binde-, 1 Unter-, 1 Ober-, 1 Full-, 1 Unterschuß Um die Bindung zu bilden, streicht man das Unterketten- und Unterschußfadensystem nach der Fig 550 mit Gelb vor, tupft auf die Füll-, beziehungsweise Bindeschusse die Ober-

kette mit Blau, setzt auf die weißen Quadrate die Bindung der Oberware *a*
mit Rot, auf die gelben Kreuzungsquadrate die Bindung der Unterware *b* mit
Rot und tupft auf die Unterschusse die gesamte Oberkette ebenfalls mit Rot
Um aus dem Fullschusse einen Bindeschuß zu machen, muß derselbe abwechselnd unter die Unterkette und uber die Oberkette zu liegen kommen

Die grunen Tupfen ergeben ein Heben der Unterkette, was ein Unterlegen des Bindeschusses bedingt, die schwarzen ein Liegenlassen der Oberkette,
was ein Uberlegen des Bindeschusses zur Folge haben muß Bei der Bindung
wechselt immer ein Bindeschuß mit einem Fullschusse ab Die Bindweise der
grunen und schwarzen Tupfen ist leinwandartig (Man konnte auch den Fullschuß weglassen, wodurch das Verhaltnis im Schusse 1 Ober-, 1 Binde-, 1 Unter-,
1 Ober , 1 Unterschuß wurde) Rot, Blau und Grun bedeutet Schafthebung,
Weiß, Gelb und Schwarz Senkung oder Schaftruhe

1 Rapport = 8 Ketten- und 12 Schußfaden

Doppelgewebe mit Bindekette.

Laßt man ein Kettenfadensystem abwechselnd uber die Ober- und Unterschusse binden, wahrend man dasselbe an den anderen Stellen zwischen Ober-
und Unterware anordnet, so entsteht eine lockere Verbindung der beiden Gewebe, wodurch eine weichere, dickere Gesamtware gebildet wird Das besprochene Kettenfadensystem heißt man Bindekette und nimmt man dazu meist
schwacheres Garn als die Ober- und Unterkette Da sich die Bindekette beim
Weben anders einarbeitet als die Ober- und Unterkette, muß man dieselbe
auf einen Kettenbaum allein bringen

Fig 553 Doppelgewebe mit Bindekette

Die Fadenfolge ist in der Kette 1 Ober-, 1 Unter-, 1 Binde-, 1 Ober-,
1 Unterkettenfaden im Schusse, 1 Ober-, 1 Unterschuß Zur Ausfuhrung der
Bindung verfahrt man folgend

1 Man streicht nach Fig 552 das Unterketten- und Unterschußfadensystem mit gelber Farbe vor

2 Man tupft nach Fig 552 auf die Unterschusse die Bindekette mit
blauer Farbe.

3 Man setzt auf die weißen Quadrate der Oberware 4bindigen zweiseitigen Koper *a* mit roter Farbe.

4 Man tupft auf die gelben Kreuzungsquadrate die Bindung der Unterware *b* mit roter Farbe

5. Man tupft auf die Unterschusse die Oberkette ebenfalls mit roter Farbe

6. Man laßt die Bindekette abwechselnd uber den Ober- und unter den
Unterschuß einbinden, wodurch die Verbindung der Ober- und Unterware

geschieht Durch die grunen Tupfen kommt die Bindekette auf den Oberschuß, durch die schwarzen unter den Unterschuß zu liegen. Die grunen und schwarzen Tupfen sind leinwandartig gesetzt Das rot, blau und grun Getupfte bedeutet Schafthebung

1 Rapport = 10 Ketten- und 8 Schußfaden

Aus dem Langsschnitte Fig 554 ist die Wirkungweise der Bindekette ersichtlich

Doppelgewebe mit Unterschuß oder Gewebe mit 2 Ketten und 3 Schussen.

Um ein Doppelgewebe kraftiger zu machen, bringt man zuweilen noch einen Unterschuß in Anwendung

Fig 556 Doppelgewebe mit Unterschuß

Die Fadenfolge ist in der Kette 1 Ober-, 1 Unterfaden, im Schusse 1 Ober-, 1 Mittel-, 1 Unterschuß Zur Ausfuhrung der Bindung streicht man nach Fig 555 das zweite Ketten- und Schußfadensystem mit Gelb, das dritte Schußfadensystem mit Grun an Man tupft auf die weißen Quadrate die Bindung der Oberware a, auf die gelben Kreuzungsquadrate die Bindung b und auf die Kreuzungsquadrate der zweiten Kette mit dem dritten Schusse die Bindung des Unterschusses c Nach diesem tupft man auf die Mittel- und Unterschusse, die Oberkette mit Blau respektive Schwarz Die Verbindung erfolgt durch Unterkette mit Oberschuß in 4bindigem Koper und ist dies aus der Kreuztype ersichtlich Das rot, blau und schwarz Getupfte sowie die Kreuztype = gehobene Kette

1 Rapport = 8 Ketten- und 12 Schußfaden

Doppelgewebe mit Unterkette oder Gewebe mit 3 Ketten und 2 Schussen.

Eine andere Verstarkung des Doppelgewebes erfolgt durch Beifugung einer Unterkette

Fig 558 Doppelgewebe mit Unterkette

Die Fadenfolge ist in der Kette 1 Ober-, 1 Mittel-, 1 Unterkettenfaden, im Schusse 1 Ober-, 1 Unterschuß Um die Bindung zusammenzustellen, verfahrt man folgend

1 Man streicht nach Fig 557 die zweite Kette und den zweiten Schuß mit Gelb, die dritte Kette mit Grun an

2 Man tupft auf die weißen Quadrate die Bindung der Oberware a mit Rot

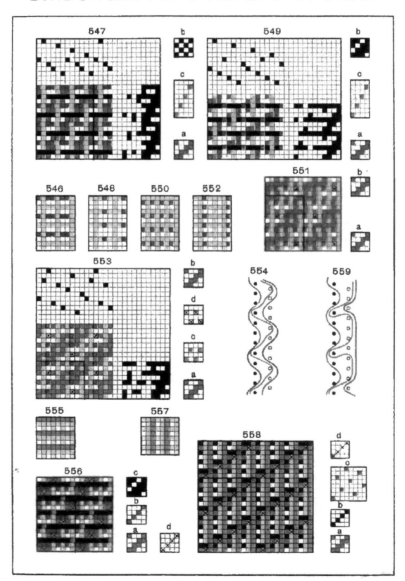

3. Man tupft auf die gelben Kreuzungsquadrate die Bindung *b* mit Schwarz

4. Man tupft auf die Kreuzungsquadrate der dritten Kette (Grun) mit dem zweiten Schusse (Gelb) die Bindung *c* mit Blau

5 Man tupft auf die zweiten Schusse (Gelb) die Oberkette mit Schwarz.

6 Man verbindet durch die gesetzten Kreuztypenquadrate die zweite Kette mit dem ersten Schusse in 4bindigem Koper *d*

Die roten, blauen, schwarzen und Kreuztypenquadrate bedeuten gehobene Kette

1 Rapport = 12 Ketten- und 16 Schußfaden

Die Fig 559 zeigt einen Langsschnitt der Fig 558, woraus die Bindung der Ober- und Unterware, deren Verheftung und die Bindung der dritten Kette erkennbar ist

Drei- und mehrfache Stoffe.

Um besonders starke und dicke Waren zu erzeugen, webt man 3, 4 oder mehr Waren ubereinander und verbindet diese zu einem einzigen Gewebe.

Fig 560· Triplestoffbindung

In der Kette und im Schusse wechselt immer 1 roter, 1 blauer, 1 gruner Faden Die roten Kettenfaden bilden mit den roten Schussen das erste Gewebe, die blauen Kettenfaden mit den blauen Schußfaden das zweite Gewebe und die grunen mit den grunen das dritte Gewebe Pruft man die Bindweise der einzelnen Gewebe, so findet man, daß alle drei Gewebe in Leinwand arbeiten Webt man diese Verflechtung in diesem Zustande mit drei Schutzen, so entstehen drei getrennte Gewebe ubereinander, nimmt man dazu nur einen Schutzen, so entstehen drei Gewebe, welche an den Randern verbunden sind Legt man aber, wie dies aus der Fig 560 ersichtlich ist, z B. den 1, beziehungsweise 3 Kettenfaden der zweiten Kette uber den 1, beziehungsweise 3 Schuß der ersten Kette und den 3, beziehungsweise 1. Kettenfaden der dritten Kette uber den 1, beziehungsweise 3 Schuß der zweiten Kette, so muß ein Vernahen der drei Gewebe stattfinden. Aus dem Largsschnitte *A* und dem Querschnitte *B* ist die Verheftung erkennbar Um diese Verflechtung auf das Tupfpapier zu ubertragen, verfahrt man folgend

1 Man streicht die 2. Kette und den 2 Schuß nach Fig 561 mit Gelb an

2. Man streicht die 3 Kette und den 3 Schuß mit Grun an Aus der Fig 561 entsteht die Fig 562.

3 Man tupft auf die weißen Quadrate, welche die Bindungsflache des 1 Gewebes reprasentieren, die Bindung des 1. Gewebes *a* mit Rot Aus der Fig 562 entsteht Fig. 563.

4 Man setzt auf die gelben Kreuzungsquadrate die Bindung des 2 Gewebes *b* mit Blau Aus der Fig 563 entsteht die Fig 564

5 Man tupft auf die grunen Kreuzungsquadrate die Bindung des 3 Gewebes *c* mit Schwarz Aus der Fig 564 entsteht die Fig 565

6 Nachdem beim Weben des 2 Schusses die 1 Kette ausgehoben werden muß, tupft man auf die 2, das sind gelbe Schusse, die 1, d i. weiße Kette, mit Rot Aus der Fig 565 entsteht Fig. 566

7 Nachdem beim Weben des 3 Schusses die 1 und 2 Kette ausgehoben werden muß, tupft man auf die 3, das sind grune Schusse, die 1. Kette mit Rot, die 2 Kette mit Blau Aus der Fig 566 entsteht die Fig 567

8 Man verbindet durch das Setzen der Kreuztype die 2 Kette mit dem 1 Schusse leinwandartig

9 Man verbindet durch das Setzen der Ringtype die 3 Kette mit dem 2 Schusse leinwandartig Aus der Fig 567 entsteht die Fig 568

10 Rot, Blau, Schwarz, Kreuz- und Ringtype = gehobene Kette

1 Rapport = 12 Ketten- und 12 Schußfaden

Außer 3fachen Geweben kommen auch 4fache zur Verwendung Aus den Fig 569—572 soll die Entwicklung einer 4fachen Gewebebindung erklart werden

Fig 569 Vorgestrichene Bindungsflache

Die weißen Quadrate reprasentieren die Bindungsflache fur das 1 Gewebe, die gelben Kreuzungsquadrate die des 2, die grunen Kreuzungsquadrate die des 3 und die blauen die des 4 Gewebes

Fig 570 Bindung des 1, 2, 3 und 4 Gewebes in Leinwand mit Rot

Fig 571 Bindung des 1, 2, 3 und 4 Gewebes (Fig 570) und Aushebung der 1 Kette (Weiß) auf die 2 Schusse (Gelb), der 1 und 2 Kette (Weiß und Gelb), auf die 3 Schusse (Grun) und der 1, 2, und 3 Kette Weiß, Gelb und Grun) auf die 4 Schusse (Blau) mit Rot

Fig 572 4faches verbundenes Gewebe

Durch die blauen Tupfen erfolgt eine Verbindung der 2. Kette mit dem 1. Schusse, durch die grunen Tupfen eine Verbindung der 3 Kette mit dem 2 Schusse und durch die gelben eine Verbindung der 4. Kette mit dem 3 Schusse Die einzelnen Anheftungen sind leinwandartig angeordnet Das rot, blau, grun und gelb Getupfte gilt als gehobene Kette

1 Rapport = 16 Ketten- und 16 Schußfaden

Die mehrfachen Gewebe dienen auch als Ersatz der Transmissionsriemen. Zu diesem Zwecke webt man mehrere Waren ubereinander und vernaht diese durch eine Bindekette

Fig 573· 4faches Gewebe mit Bindekette

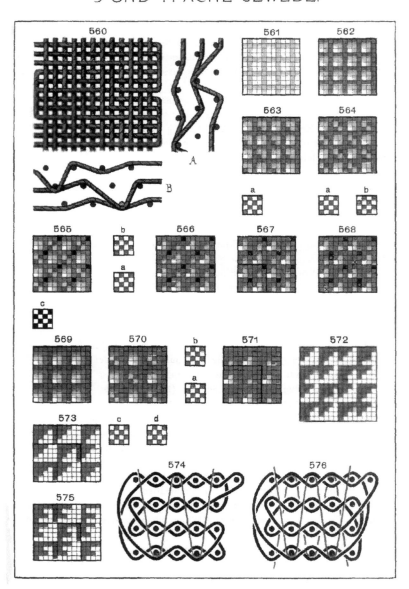

Die Fadenfolge ist in der Kette ein Faden 1. Kette, ein Faden 2 Kette, ein Faden 3. Kette, ein Faden 4 Kette, ein Faden Bindekette, im Schusse ein Schuß des 1. Gewebes, ein Schuß des 2. Gewebes, ein Schuß des 3. Gewebes und ein Schuß des 4 Gewebes Die Bindung der vier einzelnen Gewebe ist Leinwand (Fig. 571) Die Bindekette bewirkt ein Vereinigen der vier Gewebe zu einem Ganzen Fig 574 ist der Querschnitt des Gewebes und macht dieser die Verbindung der vier übereinander liegenden Leinwandgewebe durch die blaue Bindekette ersichtlich Bei Prüfung dieses Querschnittes findet man aber, daß die rechte Leiste offen ist, während die linke geschlossen erscheint Um die rechte Leiste auch geschlossen zu bekommen, muß man nach Fig 575 die Schußfolge ändern Aus dem Querschnitte Fig 576, welcher die richtige Anordnung bringt, sieht man, daß der 1 Schuß in das 1 Gewebe, der 2 Schuß in das 3 Gewebe, der 3 Schuß in das 2 Gewebe und der 4 Schuß in das 4 Gewebe eingetragen ist

Zerlegen von Doppelstoffbindungen.

Hat man eine Doppelstoffbindung, welche nur in einer Farbe ausgeführt ist, so ist es schwer, aus dieser die einzelnen Details der Zusammensetzung zu bestimmen Um daraus die genaue Kenntnis der Bindung von der Ober- und Unterware sowie Verheftung zu erhalten, muß man ein Zerlegen der Vorlagsbindung vornehmen Zu diesem Zwecke verfahrt man folgend

1 Man tupft die Vorlagsbindung Fig 577 in 3 Exemplaren Fig 578—580.

2 Man sucht auf Fig 578 die Unterketten- und Unterschußfaden und streicht diese mit schwarzer Farbe an Auf diese Weise bleibt die Bindung der Oberware stehen, welche nun nach a abgetupft wird

3 Man streicht auf Fig 579 die Oberketten- und Oberschußfaden mit schwarzer Farbe an und tupft die deutlich ersichtliche Bindung der Unterware nach b ab.

4 Man sucht die Verheftung aus Fig 580

Bei der Aufsuchung der Unterkette und des Unterschusses hat man zu merken, daß auf den Unterschussen die Oberkette ausgehoben werden muß Aus diesem Grunde wird auf den Oberketten und Unterschußfaden viel getupft sein, so daß eine Bestimmung dieser Fadensysteme leicht vorgenommen werden kann Um die Anheftung zu bestimmen, sucht man, ob an der Kreuzung von Unterkette mit Oberschuß Tupfen stehen, was eine Verbindung von Unterkette mit Oberschuß bedeuten wurde (Fig 580), oder ob auf den Unterschussen mitunter Oberkettenfaden liegen geblieben sind, was eine Verbindung von Oberkette mit Unterschuß (Fig 584) ergeben wurde.

Fig 577 Doppelgewebebindung

Bei Durchsicht der Bindung findet man, daß auf den 1, 3, 4, 6, 7 etc Ketten- und 3, 6, 9 etc Schußfaden viel getupft ist. Es werden demgemaß die Kettenfaden 1, 3, 4, 6, 7 etc Oberkettenfaden und die Schußfaden 3, 6, 9 etc Unterschusse sein Um das Unterfadensystem unsichtbar zu machen, wird man nach Fig 578 die Unterkettenfaden 2, 5, 8 und Unterschußfaden 3, 6, 9 etc mit schwarzer Farbe uberstreichen mussen Die dadurch deutlich hervortretende Bindung ist die Bindung der Oberware, welche nach *a* abgesetzt wird Um nach Fig. 579 das Oberfadensystem zu verdecken, streicht man einfach das Gegenteil von Fig 578 mit schwarzer Farbe an Die dadurch ersichtlich werdende Bindung ist die der Unterware, welche wieder durch Aneinanderreihen der Bindpunkte nach *b* abgesetzt wird Verfolgt man den 1, 2., 3, 4 und 5 Unterkettenfaden, so findet man nach Fig 580, daß diese an der Kreuzung des 2, 6, 10, 4 und 8 Oberschusses einen Tupfen haben, was eine Verbindung von Unterkette mit Oberschuß bedeutet Diese grunen Tupfen so herausgesetzt, daß nur Unterketten- und Oberschußfaden beim Zahlen in Betracht kommen, ergibt die Anheftung *e*

Fig 581 Doppelstoffbindung

Diese Bindung ist nach den Fig 582 und 583 in die Bindung der Ober- und Unterware zerlegt. Bei Durchsicht der Bindung findet man nach Fig 584, daß auf den 1, 2, 3 und 4 Unterschuß die Oberkettenfaden 5, 7, 1 und 3 nicht gehoben sind, was eine Verbindung von Oberkette mit Unterschuß bedingt Beim Heraussetzen der Anheftung *c* kommen naturlich nur die Kreuzungsquadrate von Oberkette mit Unterschuß zur Berucksichtigung

Winterrock- und Paletotstoffe.

Nach der allgemeinen Behandlung der verstarkten Gewebe sei ein Kapitel uber die Winterrock- und Paletotstoffe eingeschaltet. Man unterscheidet folgende Arten

    1 Eskimo, Mandarin
    2 Pelzstoffe Boi, Moutonnés, Tuffel
    3 Velourstoffe
    4 Ratiné, Welliné oder Ondulé
    5 Montagnacs
    6 Schlingenstoffe
    7 Floconné

Mandarin, Eskimo

Dies sind Winterrockstoffe mit glatter Oberseite und stark gerauhter Unterseite Die hiezu verwendeten Bindungen sind Schußdoubles oder Doppelgewebe, welche auf der Oberseite Ketteneffekt, auf der Unterseite Schußeffekt haben Das erstere bezieht sich auf die glatte Oberseite, das letzte auf die rauhe Unterseite Die pelzartige Unterseite der Ware wird durch starkes Rauhen hervorgebracht Es eignet sich zum Rauhen besser der Schuß als die Kette, da der Schuß erstens weniger gedreht ist als die Kette und zweitens die Rauhkarde senkrecht auf die Faser wirken kann Fig 446 ergibt eine diesbezügliche Bindung für eine Kette und 2 Schußlagen, die Fig 535 und 537 für 2 Ketten- und 2 Schußlagen

Boi, Tuffel, Moutonnés

Unter diesen versteht man Stoffe, welche auf der Oberseite eine starke liegende Haardecke haben Zur Verwendung kommen selten einfache, sondern meist verstärkte Bindungen Bei einfachen Bindungen zeigt die rechte Seite, bei verstärkten meist beide Gewebeseiten Schußeffekt Fig 585 zeigt eine derartige Bindung für eine Kette und zwei Schusse, Fig 586 für eine Kette und drei Schusse, Fig 587 für zwei Ketten und drei Schusse Bei Pelzstoffen muß der Oberschuß von passendem Gespinst sein Er ist schwach gedreht, damit er beim Rauhen recht viel Flor liefert Die Faserlänge richtet sich nach den Schußflottungen Zu lange Wollen liefern zu viel Haardecke, zu kurze zu wenig Flor Um die Ware kräftig und zugleich mild zu machen, spult man den Oberschuß meist zwei- oder mehrfach

Velourstoffe.

Bei dieser Warengattung hat die rechte Seite eine kurze aufrechtstehende Haardecke Man erreicht dieses durch Abscheien, beziehungsweise Gleichschneiden des durch Rauhen und Klopfen gebildeten Flors Als Bindungen kommen dieselben wie bei den Pelzstoffen in Betracht

Ratiné, Welliné.

Dies sind dicke, weiche, auf der rechten Seite durch kleine oder größere Wollknotchen, wellen- oder baumrindenartige Aufschurfungen gemusterte Stoffe. Die Knotchen werden, nachdem die Ware gewalkt, gerauht, geklopft, gedampft, abgespitzt ist, durch Reiben einer Platte der Ratiniermaschine hervorgebracht Beim Ratinieren muß die Ware gegen den Strich laufen Als Bindung kommen Schußdouble wie Fig 585, Schußtriples Fig 586, Doppelgewebe etc zur Verwendung Bei Ratinés wähle man zu den den Flor bildenden Schuß eine kurze feine Wolle, da die Feinheit der Wolle die Knotchenbildung fordert

Montagnac

Bei dieser Warengattung besteht die Oberseite aus gekrauselten dichten Haarbuscheln. Die Benennung dieses Stoffes erfolgt nach dem Erfinder, dem

Fabrikanten Montagnac in Sedan Als Bindungen kommen Schußdoubles, Schußtriples, Fig 586, Doppelgewebe und Doppelgewebe mit besonderem Krauselschuß, Fig. 587, zur Verwendung Bei der Fig 586 gilt Grün, Rot und Blau, bei der Fig 587 Grün, Rot, Blau und Schwarz als gehobene Kette Der die Kräuselung besorgende Schuß ist aus Kaschmirgarn, mitunter auch Kamelhaar und muß die Bindung dieses Schusses Schußflottungen aufweisen. Durch das Auf-, beziehungsweise Durchrauhen der Flottungen des Kräuselschusses, der Materialbeschaffenheit des letzteren, Klopfen der Ware etc entstehen die charakteristischen Wollkrausel

Schlingenstoffe.

Dies sind Stoffe, welche auf der Oberfläche Schlingen haben Auf die einfachste Weise eizielt man dies, wenn man bei glatter Bindweise Schlingenzwirne verwendet Eine andere Methode, Schlingenstoffe zu erzeugen, beruht auf der Verwendung zweier Gespinstmaterialien, von welchen das eine walkfähig ist, während das andere diese Eigenschaft nicht hat

Fig 588 Bindung für ein Schlingengewebe mit einem Ketten- und zwei Schußfadensystemen Das eine Schußfadensystem soll das Grundgewebe, das andere die Schlingen bilden Nach einem Schlingenfadenschusse folgen zwei Grundschusse Die Bindung des Grundgewebes ist 4bindiger zweiseitiger Köper b, die des Schlingenschusses ein Atlasgrat a

1 Rapport $=$ 8 Ketten- und 12 Schußfaden

Nimmt man bei dieser Bindung zur Kette und zum Grundschusse Streichgarn, zum Schlingenschusse Mohair und walkt den Stoff zirka 30 % ein, so muß ein Zusammenschrumpfen der Streichgarnkette und des Streichgarnschusses erfolgen, was eine Verkürzung des Gewebes in der Länge und Breite bedingt Da aber das Ziegenhaar die Eigenschaft des Einschrumpfens nicht hat, müssen sich dessen Flottungen wölben und dadurch die Oberseite des Gewebes durch Schlingen bemustern. Die Schlingen können je nach Anordnung der Flottungen gleichmäßig verteilt, in diagonaler Richtung Fig 588 oder figurenartig Fig. 589 wirken

Fig. 589. Bindung für ein Schlingengewebe

Nach einem leinwandbindenden Grundschusse aus walkfähigem Materiale folgt ein Schlingenschuß aus nicht zusammenschrumpfbarem Materiale Durch die Flottungen des Schlingenschusses werden nach dem Walken [1]) des Stoffes versetzte Schlingeneffekte auf Ripsgrunde entstehen

---

[1]) Unter Walken versteht man den Appreturprozeß, welcher die Zusammenschrumpfung (Verfilzung) eines Wollgewebes durch Feuchtigkeit und schiebenden Druck ausführt Die dazu verwendeten Maschinen heißen Walken Bei Baumwollgarn erfolgt eine Zusammenschrumpfung durch Behandlung mit Natronlauge.

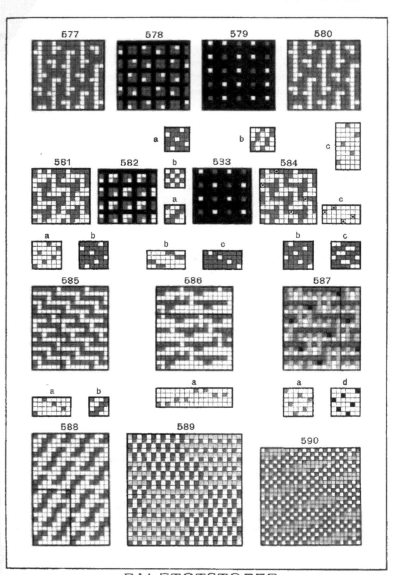

PALETOTSTOFFE

Fig. 590: Bindung für einen Schlingenstoff mit einem Ketten- und einem Schußfadensysteme. Nimmt man bei dieser Bindung zur Kette Baumwollgarn, zum Schusse Mohair oder Weft und walkt die Ware um zirka 30% ein, so schrumpfen die leinwandbindenden Gewebestellen zusammen, was ein Wölben der durchs Walken nicht verkürzten Schußflottungen zur Folge hat. Auf diese Weise entsteht ein Gewebe, welches als Imitation der später erklärten Krimmergewebe gilt und den Namen Walkkrimmer führt.

Flockenstoffbindungen oder Floconné.

Bei dieser Gewebegattung ist die rechte Seite durch flockenartige Haarbüschel gemustert. Diese Haarbüschel entstehen aus Schußflottungen, welche auf der Rauhmaschine in der Mitte zerrissen, zerfasert und aufgerichtet sind. Damit beim Durchrauhen der Schußflottungen die Verbindung von Flottung zu Flottung nicht mit herausgerissen wird, muß neben der Flottung enge Bindung gesetzt werden. Nachdem bei einem einfachen Gewebe durch das Durchrauhen von Schußflottungen die Haltbarkeit in Frage gestellt wird, verwendet man zu einem Floconné mindestens ein Ketten- und zwei Schußfadensysteme. Das eine Schußfadensystem bildet mit der Kette das Grundgewebe, das andere dient zur Erzeugung der Wollflocken. Damit die Ware weich und mild ausfällt, muß dieselbe auf dem Webstuhle möglichst dicht gewebt werden, damit man nur sehr wenig walken darf. Besondere Rücksicht ist auf das Material des die Flocken bildenden Schusses zu nehmen. Derselbe ist wenig gedreht und wird gewöhnlich mehrfach gespult eingetragen, da dadurch ein leichteres Zerfasern durch die Rauhkarde erfolgt als bei einem einzelnen starken Faden. Man erzeugt folgende Arten von Floconnés:

1. Floconnés bei einfachen Geweben.
2. ɔ bei verstärkten Geweben.
3. Gepreßte Floconné.

Bei der ersten Art wechseln Grundschüsse mit Flockenschüssen ab. Das Verhältnis der Grundschüsse zu den Flockenschüssen ist 1 : 1, 1 : 2 etc.

Fig. 593: Floconnébindung für eine Kette und zwei Schüsse. Die Bindung der Grundschüsse (2, 4, 6 etc.) ist Leinwand, die der Flockenschüsse ein Karos aus Quadraten mit Leinwandbindung und Quadraten mit Schußflottungen. Die Flockenschußbindweise wird aus dem Flockenbilde Fig. 591 durch zweifache Vergrößerung in der Breite und Abbindung der gelben Flächen mit Blau in Leinwand, entwickelt. Kommt die Ware auf die Rauhmaschine, so werden die Schußflottungen in der Mitte zerrissen, zerfasert und aufgerichtet. Der Effekt, welchen die durchgerauhten Schußflottungen eines Flockenschusses liefern, ist aus dem Querschnitte der Fig. 594 ersichtlich.

Fig 597 Floconnebindung fur eine Kette und zwei Schusse Bei dieser Bindung sind die Flocken langsstreifenweise angeordnet Als Grundlage dient Querrips 5 5, Fig 595 Aus letzterer wird durch zweifache Vergroßerung in. der Breite und Leinwandabbindung die Bindweise des Flockenschusses Fig 596 entwickelt Die Bindung des Grundschusses ist 4bindiger zweiseitiger Koper *a* Bei der Bindung 597 wechselt immer 1 Grundschuß mit 2 Flockenschussen ab. Tragt man bei dieser Bindung den Flockenschuß 1 1 ein, d h nimmt man zu den geraden Flockenschussen andere Farbe oder anderes Gespinst als zu den ungeraden, so werden im Gewebe die ungeraden Langsstreifen anderen Ausdruck liefern als die geraden

1 Rapport = 20 Ketten- und 12 Schußfaden

Floconnés werden meistens aus verstarkten Bindungen erzeugt Zur Verwendung kommen Schußdoubles, Doppelgewebe etc.

Fig 600 Floconnébindung

Die Bindung ist ein Schußdouble mit einer Fadenfolge von 2 Ober- oder Flockenschussen und 1 Unterschusse Die Bindung der Flockenschusse wird aus dem Flockenbilde Fig 598 gebildet Zu diesem Zwecke ubertragt man Rot in doppelter Breite auf die ungeraden, Weiß in doppelter Breite auf die geraden Schußfaden mit gelber Farbe und bindet das Getupfte in Leinwand ab Die Bindung des Unterschusses ist ein 20bindiger gemischter Atlas Das rot und blau Getupfte entspricht gehobener Kette

1 Rapport = 20 Ketten- und 60 Schußfaden

Die Fig 604 versinnbildlicht annahernd das Warenbild des nach Fig 600 gewebten Floconnés

Fig 603 Floconnébindung

Die Bindung ist ein Doppelgewebe 2 1 Die Bindung der Oberware 602 entsteht aus Fig 601 auf dieselbe Weise wie Fig 599 aus Fig 598 Die Unterware bindet in Leinwand *a* Die Verbindung der Ober- und Unterware erfolgt nach *b* durch Oberkette mit Unterschuß Rot und Blau = gehobene Kette

1 Rapport = 24 Ketten- und 24 Schußfaden

Fig 605· Flockenstoffbindung

Diese Bindung stellt ein Gewebe mit 2 Ketten- und 3 Schussen dar In der Kette wechselt ein Oberkettenfaden mit einem Unterkettenfaden, im Schusse 1 Oberschuß mit einem Flockenschusse und einem Unterschusse ab Die Bindung der Oberware ist 4bindiger, zweiseitiger Koper *a*, die des Unterschusses 4bindiger Kettenkoper *b* Die Verbindung beider Waren erfolgt durch Unterkette mit Oberschuß 4schaftig taftartig *d* Nachdem die Flockenschusse mit der Oberkette in Langsrips 4 4 *c* binden, wird die Ware nach dem Durchrauhen der Flockenschußflottungen und entsprechender Appretur einer

FLOCKENSTOFFBINDUNGEN.

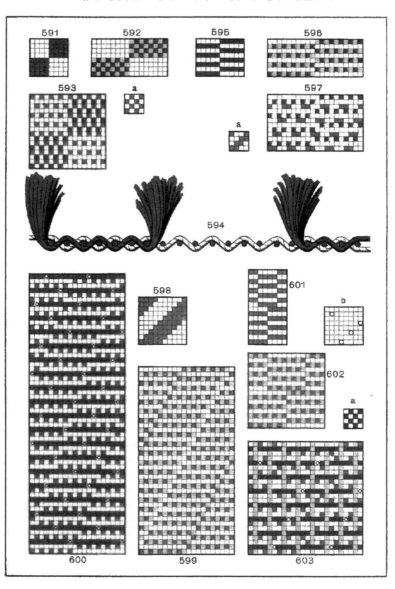

FLOCKENSTOFFBINDUNGEN.

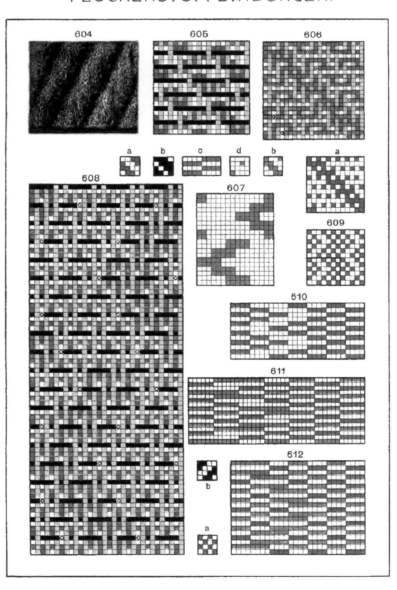

langsgestreiften Flockeneffekt liefern Rot, Schwarz, Grun und Blau entspricht
gehobener Kette

1 Rapport == 8 Ketten- und 12 Schußfaden

Fig 606 Flockenstoffbindung

Die Bindung ist ein Doppelgewebe 1 1. Die Bindung der Oberware *a*
besteht aus taftbindenden Grundschussen und koperbindenden Flockenschussen
Die Bindung der Unterware *b* ist 4bindiger zweiseitiger Koper Die Verbindung
erfolgt durch Oberkette mit Unterschuß 12schaftig (Ringtype) Das rot und
blau Getupfte gilt als gehobene Kette

1 Rapport — 24 Ketten- und 24 Schußfaden

Fig 608 Flockenbindung

Zur Verwendung kommt eine Oberkette, eine Unterkette, ein Ober-, ein
Full-, ein Flocken- und ein Unterschuß Die Bindung der Oberware ist Leinwand *a*, die der Unterware 4bindiger, zweiseitiger Koper *b* Der Flockenschuß
verbindet sich mit der Oberkette nach der Fig 607 Die Verbindung der
Oberware mit der Unterware erfolgt durch Oberkette mit Unterschuß 8schaftig
in Zickzackordnung

1 Rapport == 32 Ketten- und 80 Schußfaden

Um eine große Flor- oder Haardecke im Gewebe zu erzeugen, muß man
die Flocken eng aneinander stellen Gute Resultate erzielt man durch die
versetzte Anordnung der Flottungen zweier nacheinander folgender Flockenschusse, wie dies Fig 605 *c* zeigt Um auf diese Weise figurierte Flocken-
schußbindweisen zu bilden, tupft man nach Fig 609 ein geeignetes Motiv,
welches man nach einer der folgenden Methoden bearbeitet

1 Man vergroßert Rot von Fig 609 4mal der Breite nach mit Rot, so
daß Fig 610 entsteht

2 Man ubertragt Rot der Fig 609 6mal in der Breite vergroßert
nach Fig 611 auf den 2, 3, 6, 7, 10, 11, 14, 15 Schußfaden, nach Fig 612
auf den 1, 4, 7, 10, 13, 16 und 19 Schußfaden der zu bildenden Flocken-
schußbindung Nach diesem bindet man die leergelassenen Schusse auf 611
und 612 entgegengesetzt der abgebundenen roten Schußlinien mit Blau ab
Das Vergroßern der Breite nach kann auch anders erfolgen.

Außer den durchgenommenen Floconnés kommen auch solche vor, wo
die Flockeneffekte durch Pressen eines glatten Velourgewebes gebildet sind

Figurierte Schußdoubles

Tauscht man bei einem Schußdouble, wo der Unterschuß andere Farbe
als der Oberschuß hat, die Schusse streifen- oder figurenweise aus, d h laßt
man dieselben teilweise als Ober- und teilweise als Unterschusse wirken, so

erhalt man eine zweifarbig gestreifte. karierte oder figurierte Ware. Zu diesem Zwecke bildet man ein Warenbild und bindet dies nach den Fig 613, 616, 619 und 622 zuerst mit Schwarz, dann mit Blau ab Die blauen Tupfen bewirken die Abbindung der Oberschusse, die schwarzen die der Unterschusse Die Abbindung erfolgte bei Fig 613 und 616 in 4bindigem Koper, bei Fig 619 und 622 in 4bindigem versetzten Koper. Auf dem Warenbilde gilt eine Schußlinie fur einen Ober- und einen Unterschuß, weshalb bei der zu entwickelnden Bindung von einem Schuß des Warenbildes zwei Schusse getupft werden mussen Will man die Bindung Fig 614 entwickeln, so tupft man auf die ungeraden Schußlinien der zu bildenden Bindung die blauen und weißen Tupfen aller Schusse von Fig 613 mit Rot und nachher auf die geraden Schusse die blauen und roten Tupfen aller Schusse von Fig 616 mit Blau Soll das Schußverhaltnis anstatt 1 1, 2 2 sein, was bei einseitigem Schutzenwechsel notwendig ist, so nimmt man nach Fig 615 die Ubertragung vom Warenbilde nicht 1 1 wie bei Fig 614, sondern 2 2 vor

Man kann auch figurierte Schußdoubles bilden, wenn man die Bindung des zweiten Streifens entgegengesetzt des ersten tupft In diesem Falle wird aber der Bindungsgrat im zweiten Streifen entgegengesetzt zum ersten laufen.

Will man farbige Quadrate haben, so erzielt man bei der Bindung Fig 614 einen Farbenwechsel im Schusse, wenn man an den Wechselstellen zwei gleichfarbige Schusse hintereinander einlegt, bei der Fig 615, wenn vier gleichfarbige Schusse an den Wechselstellen aufeinander folgen

Will man aber Karos bei einer fortlaufenden Schußfolge von 1.1 oder 2.2 erzeugen, so muß man wie in der Kette auch im Schusse einen Bindungswechsel vornehmen Die Fig 617 und 618 ergeben diesbezugliche Muster, welche wieder aus dem Warenbilde Fig 616 entstehen, daß man zuerst Blau und Weiß, dann Rot und Weiß ubertragt Die Fig 620, 621, 623 geben Musterungen fur farbige Karos nach den Warenbildern 619 und 622 bei Schußfolge 1 1, beziehungsweise 2 2

Bei großen Mustern stanzt man direkt vom Warenbilde 613, 616, 619, 622 und verfahrt dabei folgend

1 Man numeriert die Karten der Oberschusse 1, 2, 3, 4 usw mit roter Tinte, die Karten der Unterschusse 1, 2, 3, 4 usw mit schwarzer Tinte

2 Man stanzt alle Oberschusse, indem man Blau und Weiß jeder Schußlinie locht

3 Man stanzt alle Unterschusse, indem man Blau und Rot locht

4 Man laßt bei Verhaltnis 1 1 immer eine Oberschußkarte mit einer Unterschußkarte, bei Verhaltnis 2 2 immer zwei Oberschußkarten mit zwei Unterschußkarten beim Kartenbinden abwechseln

FIGURIERTE SCHUSS- UND KETTEN-DOUBLES.

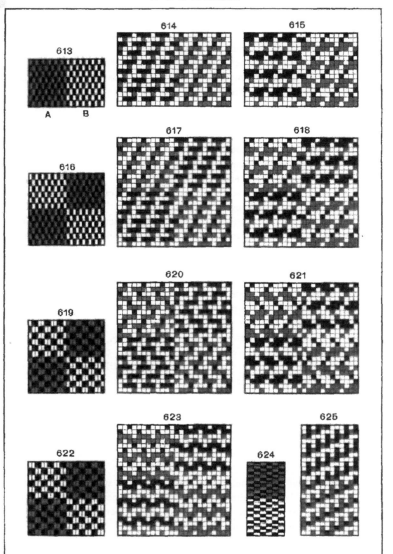

Figurierte Kettendoubles.

Tauscht man bei einem Kettendouble, wo z B die eine Kette hell, die andere dunkel ist, die Bindung der Kettenfaden streifenweise, quadratisch oder figurenweise aus, d h läßt man die Kettenfaden teilweise als Oberkette, teilweise als Unterkette wirken, so entsteht ein zweifarbig figuriertes Gewebe Zum Bilden derartiger Muster bildet man ein Warenbild und bindet nach der Fig 624 die weißen und roten Flachen zuerst mit Schwarz, dann mit Blau ab Bei der Fig 624 erfolgte die Abbindung in 4bindigem Koper Um die Bindung Fig 625 zu bilden, tupft man auf alle ungeraden Kettenfaden die weißen und blauen Tupfen von Fig 624 mit Rot und auf alle geraden Kettenfaden die blauen und roten Tupfen mit Blau Farbige Quadrate erzielt man bei der Bindung Fig 625, wenn man an den Wechselstellen zwei gleichfarbige Fäden nebeneinander anordnet So z B wurden bei einer Schweifweise von 1 Faden rot $\left.\begin{array}{l}\end{array}\right\}$ 6mal
 1 » schwarz
 1 » schwarz $\left.\begin{array}{l}\end{array}\right\}$ 6mal
 1 » rot
in der Ware rote Quadrate, beziehungsweise Rechtecke mit schwarzen regelmaßig abwechseln.

Figurierte Doppelgewebe.

Diese Warengattung besteht aus zwei übereinander liegenden verschiedenfarbigen Waren, welche sich quadratisch oder figurenweise austauschen Diese Gewebe liefern zwei entgegengesetzt gefarbte Rechtseiten Man benotigt zu einem figurierten Doppelgewebe zwei Ketten- und zwei Schußfadensysteme, d h eine Oberkette mit Oberschuß und eine Unterkette mit Unterschuß Die Bindung der beiden Waren ist meist gleich, seltener verschieden Die Fig 626 versinnbildlicht ein derartiges Gewebe Dasselbe besteht aus roten und blauen Ketten- und roten und blauen Schußfaden Die Bindung der roten Kette mit dem roten Schusse und die der blauen Kette mit dem blauen Schusse ist Leinwand In den Quadraten I und IV bildet das rote Gewebe Oberware, das blaue Unterware, in den Quadraten II und III das blaue Gewebe Oberware, das rote Unterware Beim Weben der ersteren Quadrate muß man auf den blauen Schussen die ganze rote Kette ausheben, damit die blaue Kette und der blaue Schuß unter der roten Kette und dem roten Schusse zu liegen kommen Beim Weben der Quadrate II und III muß man auf den roten Schussen die ganze blaue Kette ausheben, damit die rote Kette und der rote Schuß sich unter der blauen Kette und dem blauen Schuß anordnen Die Verbindung der beiden Gewebe erfolgt an den Warenwechselstellen

Aus dem Langsschnitte *A* und dem Querschnitte *B* ist deutlich der Austausch und die Verbindung beider Gewebe ersichtlich

Um ein figuriertes Doppelgewebe auf das Tupfpapier zu ubertragen, verfahrt man folgend

1 Man bildet nach Fig 627 ein Warenbild, welches den Austausch der
Gewebe darstellt

2 Man streicht nach dem Verhaltnisse der beiden Gewebe die Unterkette und den Unterschuß mit Gelb an

3 Man tupft nach Fig 628 auf die weißen Quadrate die Bindung der
Oberware *a* mit Rot

4 Man tupft auf die gelben Kreuzungsquadrate die Bindung der Unterware *b* mit Blau Auf diese Weise entsteht aus Fig 628 Fig 629

5 Man vergroßert das Warenbild durch starke Linien auf die Bindung
Die Vergroßerung muß bei einem Verhaltnisse 1 1 2mal erfolgen, da ein Faden
des Warenbildes einem Ober- und einem Unterfaden des Gewebes entspricht

6 Man tupft in den Flachen, welche Rot des Warenbildes entsprechen,
auf die gelben Schusse (2, 4, 6 etc) die weißen Kettenfaden (1, 3, 5 etc)
mit Schwarz Auf diese Weise entsteht aus Fig 629 Fig 630

7 Man tupft in den Flachen, welche Weiß des Warenbildes entsprechen,
auf die weißen Schusse (1, 3, 5 etc) die gelbe Kette (2, 4, 6 etc) mit Schwarz
Auf diese Weise entsteht aus Fig 630 die fertige Bindung Fig 631, auf welcher
das rot, blau und schwarz Getupfte als gehobene Kette gilt

Zum Weben derartiger Gewebe braucht man eine Kette, welche 1 Faden
hell, 1 Faden dunkel geschweift ist und einen hellen und einen dunkeln Schuß

Fig 633. Figurierte Doppelbindung

Das Verhaltnis der beiden Gewebe ist 1 1 und die Bindung 4bindiger
zweiseitiger Koper *a* und *b* Der Austausch der Gewebe erfolgte nach dem
Warenbilde Fig 632

Bei diesem Muster wurde die Aushebung der Oberkette auf den Unterschussen (Rot von Fig. 632) mit Rot, die Aushebung der Unterkette auf den
Oberschussen (Blau von Fig 632) mit Blau ausgefuhrt

1 Rapport = 24 Ketten- und 24 Schußfaden

Beim Weben braucht man 16 Schafte und 24 Karten, beziehungsweise
16 Tritte Sollen die beiden Gewebe an den roten Flachen des Warenbildes
nicht hohl liegen, so verbindet man beide Gewebe nach den Regeln der
Doppelstoffe.

Fig 636 Figurierte Doppelbindung 2 1

Die Bindung des einen Gewebes ist Mattenbindung *a*, die des anderen
Leinwand *b* Der Austausch der beiden Gewebe erfolgt nach den Fig 634 und

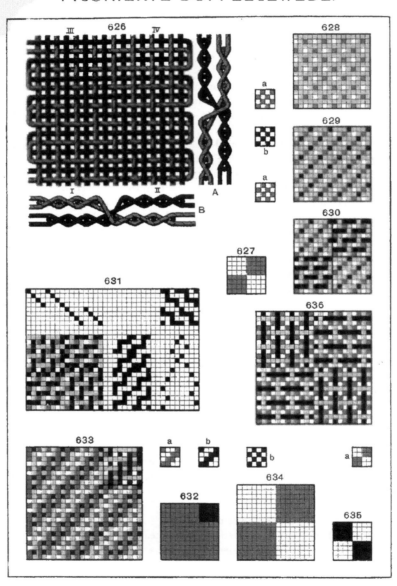

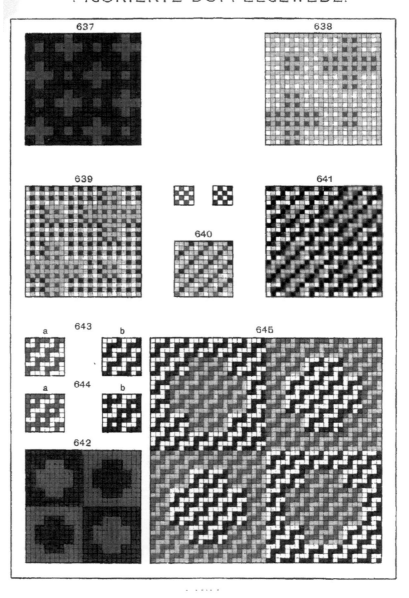

635 quadratisch In den Quadraten I und IV bildet das Mattengewebe Oberware, das Leinwandgewebe Unterware, in den Quadraten II und III erfolgt das Gegenteil

1 Rapport = 24 Ketten- und 24 Schußfaden

Zum Weben braucht man 4 + 4 Schafte und 24 Karten, beziehungsweise im Handstuhle 12 Tritte

Eine andere Entwicklung der figurierten Doppelbindung erfolgt nach Fig 641 wenn man zuerst die Aushebungen (6 und 7) tupft und dann den Geweben die Bindung gibt Man verfahrt dabei folgend

1 Man streicht bei einem Verhaltnisse 1 1 die geraden Ketten- und Schußfaden einer Bindungsfläche mit Gelb an

2 Man tupft auf die weißen Quadrate der vorgestrichenen Bindungsfläche Rot des Warenbildes Fig 637 mit Rot Fig 638

3 Man tupft auf die gelben Kreuzungsquadrate Blau des Warenbildes mit Blau Auf diese Weise entsteht aus Fig 638 die Fig 639.

4 Man gibt den beiden Geweben die Bindung Sollen beide Gewebe in Leinwand binden, so muß man, da nach Fig 640 2mal Leinwand ubereinander den 4bindigen Schußkoper ergibt, diesen Koper auf die Bindung bringen Dieser Koper muß so gesetzt werden, daß er auf die Kreuzungsstellen von gelber Kette mit weißem Schusse oder weißer Kette mit gelbem Schusse kommt Auf diese Weise entsteht aus Fig 639 das fertige Muster Fig 641, bei welchem das rot, blau und schwarz Getupfte als gehobene Kette gilt Zu bemerken ist bei dieser Bindungsentwicklung, daß die Bindung in der Kette mit einem Oberfaden, im Schusse mit einem Unterfaden beginnt

Man kann auch nach Fig 645 auf eine dritte Art eine figurierte Doppelbindung tupfen, wenn man folgend verfahrt

1 Man vergrößert Rot des Warenbildes Fig 642 2-, eventuell 4mal mit Gelb.

2 Man bindet die gelben und weißen Flachen ab Sollen beide Gewebe in Leinwand binden, so setzt man die Bindung Fig 643 a auf Gelb, die Bindung Fig 643 b auf Weiß Will man anstatt Leinwand 4bindigen zweiseitigen Koper haben, so bindet man die gelben Flachen mit der Bindung Fig 644 a, die weißen mit Fig 644 b ab

3 Die Bindungen Fig 643 a und 644 a beginnen mit einem Oberketten- und Oberschußfaden, die Bindungen Fig 644 a und 644 b mit einem Unterketten- und Unterschußfaden, weshalb durch die abwechselnde Anordnung von a und b ein Gewebeaustausch stattfinden muß

4 Das rot und blau Getupfte bedeutet gehobene Kette

Figurierte dreifache Gewebe.

Diese Warengattung besteht aus drei übereinander liegenden Geweben, welche sich flacherweise austauschen

Fig 646 Warenbild eines figurierten dreifachen Gewebes Um diesen Effekt zu erzeugen, muß eine blaue, rote, weiße Kette und ein blauer, roter und weißer Schuß zur Verwendung kommen Die Bindung der blauen Kette mit dem blauen Schusse, der roten Kette mit dem roten Schusse und der weißen Kette mit dem weißen Schusse ist Leinwand Um die Musterzeichnung Fig 647 zu bilden, vergrößert man das Warenbild Fig 646 3mal und setzt auf die farbigen Flächen die Bindung a, welche ein dreifaches Leinwandgewebe (Fig 567 darstellt Nachdem jede farbige Fläche der Musterzeichnung eine andere Stellung der drei übereinander liegenden Gewebe ergibt, muß die Bindung in drei Stellungen übertragen werden

Wenn die 1 Kette und der 1 Schuß blau,
» 2 » » » 2 » rot,
3 » » » 3 » weiß angenommen werden und
in den blauen Flächen die Gewebe in dieser Reihenfolge übereinander liegen, so muß in den genannten Flächen der Musterzeichnung die Bindung a, welche mit einem 1 Ketten- und 1 Schußfaden beginnt, getupft werden Wenn in den roten Flächen das rote Gewebe Oberware, das weiße Mittelware und das blaue Gewebe Unterware bilden soll, so mussen diese Flächen der Musterzeichnung nach Bindung b, welche mit einem 2 Ketten- und 2. Schußfaden beginnt, eingesetzt werden Soll in den weißen Flächen das weiße Gewebe Oberware, das blaue Mittelware, das rote Gewebe Unterware bilden, so muß die Bindung dieser Flächen nach c begonnen werden, da diese mit dem 3 Ketten- und 3 Schußfaden beginnt Beim Kartenstanzen gilt das schwarz Getupfte als gehobene Kette

Weitere Farbeneffekte bei 2- 3- und 4fachen Geweben siehe das Werk Donat, »Farbige Gewebemusterung«

Trikot

Unter Trikot versteht man einen verstärkten Hosenstoff mit schmalen linnenartigen Furchen Nach der Richtung dieser Furchen unterscheidet man Quer-, Längs- und Diagonaltrikots

Quertrikot.

Die Bindungen sind entweder Schußdoubles oder querstreifenweise angeordnete Tafthohlstoffbindungen Bei Schußdoubles ist das Verhältnis des Oberschusses zu dem Unterschusse 1 1, 2 2 oder 2 1 Dem Prinzipe nach wechseln immer zwei aneinander gelegte Oberschusse mit einer Querfurche ab

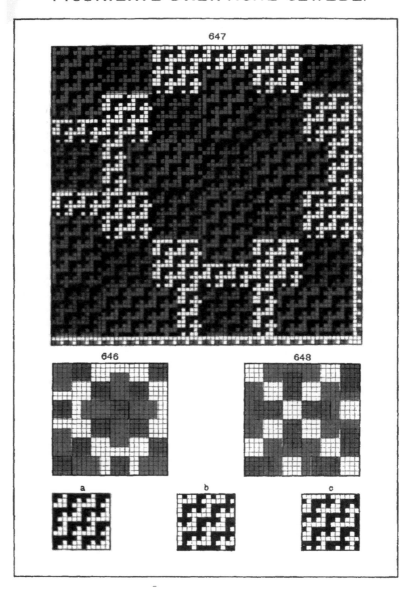

647

646

648

a

b

c

Das Aneinanderreihen der zwei Oberschüsse erzielt man bei Schußdoubles durch die ordnungsmäßige Abbindung des ersten Unterschusses, die Furche durch die entgegengesetzte Bindweise des zweiten Unterschusses gegenüber dem dritten Oberschusse Durch das erstere schiebt sich der erste Unterschuß unter den ersten Oberschuß, weshalb sich der zweite Oberschuß direkt an den ersten Oberschuß legen kann Da aber der zweite Unterschuß entgegengesetzt der Regel der Schußdoubles gesetzt ist, wird der dritte Oberschuß durch den zweiten Unterschuß gesperrt, was eine Lücke oder Furche zwischen dem zweiten und dritten Oberschusse zur Folge hat

Bei Tafthohlstoffbindungen ist das Verhältnis der Oberware zur Unterware 1 1 Die linienartigen Querfurchen entstehen, daß man Tafthohlstoffbindung von 4 4 oder 6 6 Schüssen entgegengesetzt tupft Durch die entgegengesetzte Tupfweise erfolgt ein Austausch der Oberkette mit der Unterkette, was die Furchenbildung bewirkt

Fig 649 Quertrikot (Schußdouble 1 1)
Oberschuß 4bindiger nach links laufender Schußkoper a
Unterschuß 4bindiger nach rechts laufender Kettenkoper b
1 Rapport = 4 Ketten- und 8 Schußfaden
Fig 650 Quertrikot (Schußdouble 1 1)
Oberschuß 3bindiger Schußkoper a
Unterschuß 3schaftiger Diagonal b
1 Rapport = 3 Ketten- und 12 Schußfaden
Fig 651 Quertrikot (Schußdouble 1 1)
Oberschuß 4bindiger versetzter Schußkoper a
Unterschuß 4bindiger versetzter Kettenkoper b
1 Rapport = 4 Ketten- und 8 Schußfaden
Fig 652 Quertrikot (Schußdouble 1 1)
Oberschuß 4schaftiger gemischter Schußatlas a
Unterschuß 4schaftiger gemischter Kettenatlas b
1 Rapport = 4 Ketten- und 16 Schußfaden
Fig 653 Quertrikot (Schußdouble 2 . 2)
Oberschuß 4bindiger versetzter Schußkoper a
Unterschuß 4bindiger versetzter Kettenkoper b

Dieses Verhältnis wird anstatt 1 1 angewendet, wenn man zum Unterschuß anderes Material oder Farbe als zum Oberschuß nehmen will und man nur einen einseitigen Schützenwechsel zur Verfügung hat

1 Rapport — 4 Ketten- und 8 Schußfaden
Fig 654 Quertrikot (Schußdouble 2 1)
Oberschuß 3bindiger Schußkoper a

Unterschuß 3bindiger Kettenkoper *b*

1 Rapport — 3 Ketten- und 9 Schußfaden

Fig 655 Quertrikot (Tafthohlbindung 1 1)

4 Schußfaden Tafthohlbindung *a* wechseln mit 4 Schußfaden entgegengesetzt getupfter Tafthohlbindung ab

1 Rapport = 4 Ketten- und 8 Schußfaden

Fig 656 Quertrikot (Tafthohlbindung 1 1)

Bei dieser Bindung wechseln 6 Schußfaden Tafthohlbindung mit 6 Schußfaden entgegengesetzter Tafthohlbindung ab Im Gewebe werden immer drei aneinander gelegte Oberschusse mit einer Querfurche abwechseln

1 Rapport = 4 Ketten- und 12 Schußfaden

Fig 657 Quertrikot (Tafthohlbindung mit Fullschuß)

In jedem Querstreifen der Fig 655 wurde ein Fullschuß gelegt Beim Eintragen der Fullschusse muß die Oberkette gehoben werden, wahrend die Unterkette gesenkt oder liegen bleiben muß Weil bei den zweiten Querstreifen ein Wechsel der Ketten erfolgt, stehen die blauen Tupfen des zweiten Fullschusses auch entgegengesetzt zu denen des ersten Fullschusses Durch den Fullschuß wird naturlich die Ware kraftiger werden

Langstrikot.

Bei dieser Warengattung wechseln immer zwei aneinander gelegte Kettenfaden mit einer schmalen Langsfurche ab Man kann dazu die Quertrikotbindungen verwenden, wenn man dieselben um $\frac{1}{4}$ dreht Auf diese Weise entstehen Kettendoubles und langsstreifenweise angeordnete Tafthohlstoffbindungen

Fig 658 Langstrikot (Tafthohlstoffbindung 1 1)

4 Kettenfaden Tafthohlstoffbindung *a* wechseln mit 4 Kettenfaden entgegengesetzt getupfter Tafthohlbindung ab

1 Rapport = 8 Ketten- und 4 Schußfaden

Fig 659 Langstrikot (Tafthohlbindung mit Fullkette)

In jedem Streifen der Fig 658 ist ein Fullkettenfaden untergebracht. Weil bei langsstreifenweise versetzt getupfter Tafthohlbindung ein Wechsel der Schusse stattfindet und die Fullkette immer auf den Unterschuß ausgehoben wird, stehen die blauen Tupfen des zweiten Fullkettenfadens entgegengesetzt zu den Tupfen des ersten Fullfadens

1 Rapport = 10 Ketten- und 4 Schußfaden

Um ein kraftiges, dickes Trikotgewebe zu erzeugen, fugt man den bis jetzt durchgenommenen Bindungen eine Unterkette und Unterschuß bei

Fig 660 Langstrikot (Doppelgewebe 2 1)

TRIKOT.

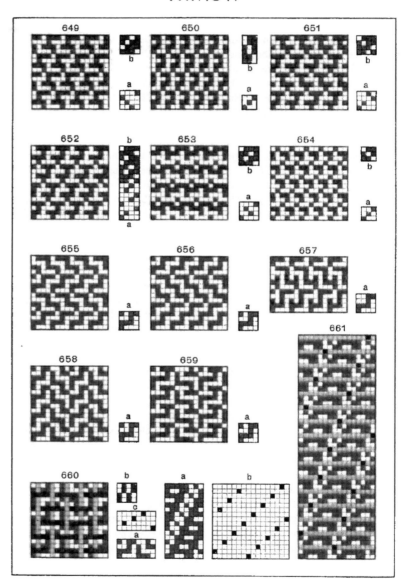

Oberware Langstrikot *a*

Unterware Querrips 2 · 2 *b* Die Verbindung der Oberware mit der Unterware erfolgt durch Oberkette mit Unterschuß 8schaftig nach *c* Das rot und blau Getupfte bedeutet gehobene Kette

1 Rapport = 12 Ketten- und 12 Schußfaden

Diagonaltrikot.

Um eine Ware mit diagonallaufenden linienartigen Furchen zu bilden, nimmt man eine Diagonalbindung, verstarkt diese mit Unterschuß und bindet den letzten entgegengesetzt der Regel der Schußdoubles ab

Fig 661 Diagonaltrikot (Schußdouble 2 1)

Die Bindung des Oberschusses ist 8bindiger Diagonal 2er Steigung *a* die des Unterschusses 16bindiger Atlas *b* Wie aus der Bindung Fig 661 ersichtlich ist, haben die schwarzen Tupfen auf den Unterschussen (Gelb) nach unten keine Deckung, weshalb sich der Unterschuß an diesen Stellen nicht unter die vorhergehenden Oberschusse schieben kann, was ein Tiefziehen des unter dem Unterschusse liegenden Oberkettenfadens zur Folge hat Durch dieses Tiefziehen des Oberkettenfadens entsteht eine Steppe in der Ware Da diese diagonalartig angeordnet sind, werden schmale, diagonallaufende Langsfurchen in der Ware entstehen Auf der Bindung bedeutet das rot und gelb Getupfte gehobene Kette

1 Rapport = 16 Ketten- und 48 Schußfaden

Matelassé.

Schnitte oder linienartige Furchen erzielt man bei Doppelgeweben durch Schaffung von entgegengesetzt bindenden Schnittfaden oder durch eine der Regel der Doppelstoffe zuwider handelnde Anordnung der Anheftstellen Nach der Anordnung der Furchen erhalt man langsgestreifte, quergestreifte, karierte und figurierte Musterungen

Fig 662 Bindung fur ein Gewebe mit Langs- und Querfurchen

Tafthohlstoffbindung wurde von 8 8 Ketten- und Schußfaden entgegengesetzt getupft Durch diese Bindweise bekommen der 1 und 16 sowie 8 und 9. Ketten- und Schußfaden entgegengesetzte Bindung, was zur Folge hat, daß zwischen dem 8 und 9 sowie 16 und 17 Ketten- und Schußfaden linienartige Vertiefungen zustande kommen

1 Rapport = 16 Ketten- und 16 Schußfaden, das sind bei reduzierendem Einzuge 8 Schafte und 16 Karten, beziehungsweise im Handwebstuhle bei reduzierender Trittweise 8 Tritte

Fig 663 Bindung fur ein Gewebe mit Langs- und Querfurchen

Tafthohlstoffbindung wurde von 8 8 · 16 16 Ketten- und Schußfaden. entgegengesetzt getupft

1 Rapport = 48 Ketten- und 48 Schußfaden = 8 Schafte und 48 Karten, beziehungsweise 8 Tritte. Die Fig 664 versinnbildlicht die durch die Langs- und Querfurchen gemusterte Ware aus der Bindung Fig 663. Außer Hohlstoff- bindungen kann man auch aus Schußdoublebindungen Langs- und Querfurchen erzeugen

Fig 665 Bindung fur ein Gewebe mit Langs- und Querfurchen

Die aus dem 4bindigen versetzten Schußkoper *a* und dem 4bindigen versetzten Kettenkoper *b* entwickelte Schußdoublebindung wurde von 12 12 Ketten- und Schußfaden entgegengesetzt getupft

1 Rapport = 24 Ketten- und 24 Schußfaden = 8 Schafte und 24 Karten oder 16 Tritte

Fig 666 Doppelstoffbindung fur Langsfurchen

Die Fadenfolge ist in Kette und Schuß 2.1 Die Bindung der Oberware ist Mattenbindung 2 2 *a*, die der Unterware 4bindiger Koper *b* Die Ring- type ergibt die Verbindung von Oberkette mit Unterschuß Die Anheftstellen sind nach der Regel der Doppelgewebe eingesetzt, da die Ringtype fur gelassen gilt und so steht, daß sie oben und unten Weiß, d i Oberschuß hat Werden diese Anheftstellen z B atlasartig angeordnet, so verteilt sich die durch die Uberlage des Unterschusses entstehende Spannung, der die Anheftung be- sorgende Oberkettenfaden und die Anheftstellen werden vermoge der Deckung durch die Flottungen des Oberschusses dem Auge unsichtbar gemacht Ordnet man dieselben aber wie bei Fig 666 direkt ubereinander liegend an, so muß durch diese Anordnung und die dadurch erhohte Spannung der Schnittfaden gegenuber den anderen Kettenfaden ein Tieferliegen der Schnittfaden erfolgen und dadurch eine Langsfurche entstehen

1 Rapport = 24 Ketten- und 6 Schußfaden

Fig 667 · Doppelstoffbindung fur Querfurchen

Die Bindung der Ober- und Unterware ist dieselbe wie bei Fig 666 Die Verheftung der beiden Gewebe erfolgt durch Unterkette mit Oberschuß Durch die linienartige Anordnung der Versteppungspunkte entsteht im Gewebe an diesen Stellen eine Vertiefung, eine Querfurche

1 Rapport = 6 Ketten- und 24 Schußfaden

Fig 668 Doppelstoffbindung fur Langs- und Querfurchen

Diese Bindung ergibt die Vereinigung von Langs- und Querfurchen nach den Fig 666 und 667

1 Rapport = 24 Ketten- und 24 Schußfaden

MATELASSÉ.

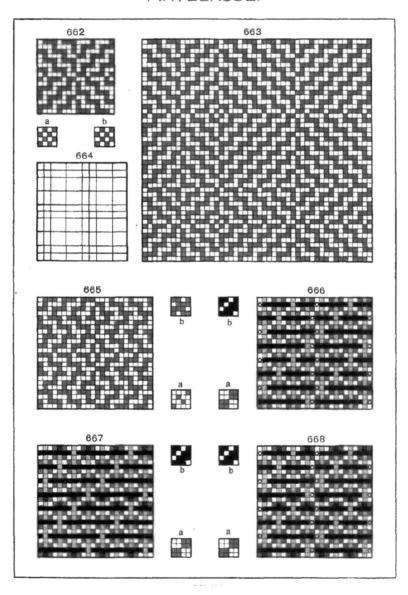

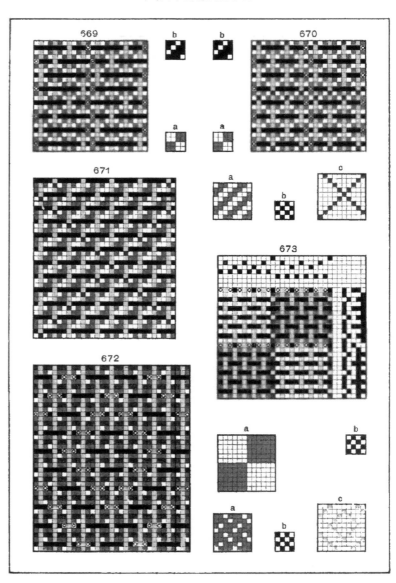

Will man die Furchen kräftiger haben, so setzt man die Versteppungspunkte entgegengesetzt der Regel der Doppelstoffe und geben darüber die
Fig 669 und 670 Aufschluß

Das rot, blau und schwarz Getupfte bedeutet gehobene Kette

Will man in einem Gewebe diagonale Einschnitte bilden, so muß man
die Versteppungstupfen, entgegengesetzt der Regel der Doppelstoffe, in diagonaler Richtung anordnen   Sollen auf der Spitze stehende Quadrate oder
Figuren durch Einschnitte oder Furchen erzeugt werden, so muß man die Versteppung in diesem Sinne ausführen

Fig 671 Matelassé

Das Verhältnis der Oberware zur Unterware ist 2 1   Die Bindung der
Oberware ist 4bindiger zweiseitiger Köper *a,* die der Unterware Leinwand *b*
Die Versteppung erfolgt nach dem 10bindigen Spitzköper *c* durch Unterkette
mit Oberschuß   Die Versteppungstupfen sind ganz außer der Regel gesetzt,
da dieselben rechts und links Oberschuß anstatt Oberkette haben   Durch diese
Anordnung wird die Steppe recht kräftig ausfallen, weil durch den Oberschuß
auch der rechts und links vom einbindenden Unterkettenfaden befindliche
Oberkettenfaden mit tiefgezogen wird

1 Rapport == 30 Ketten- und 30 Schußfaden

Fig. 672 Matelassé

Die Fadenfolge ist in der Kette 1 Ober-, 1 Unter-, 1 Oberkettenfaden
im Schusse, 1 Ober-, 1 Unter-, 1 Ober-, 1 Füllschuß   Die Bindung der Oberware ist 4bindiger versetzter Kettenköper *a,* die der Unterware Leinwand *b*
Die Versteppung der beiden Gewebe erfolgte nach dem 10bindigen Spitzmuster *c,* durch Oberkette mit Unterschuß   Die aus der Ringtype ersichtliche
Versteppung wird einen kräftigen Tiefzug der Oberware bewirken, da die Versteppungspunkte nach keiner Seite die bei den glatten Doppelgeweben notwendige Deckung haben

Um die Musterzeichnung Fig 672 zu bilden, verfahrt man folgend·

1 Man streicht die Unterkettenfaden (2, 5, 8 usw) und die Unterschußfaden (2, 6, 10 usw) mit Gelb an

2 Man tupft auf die Füllschusse (4, 8, 12 usw) die Oberkettenfaden
(1, 3, 4, 6, 7 usw) mit Blau

3 Man setzt mit Rot auf die weißen Quadrate der Bindungsfläche die
Bindung der Oberware *a*

4 Man tupft mit Schwarz auf die gelben Kreuzungsquadrate die Bindung
der Unterware *b*

5 Man tupft auf die Unterschusse die Oberkette mit Schwarz

6 Man ubertragt die grunen Tupfen des Versteppungsmusters *c* auf die Kreuzungsquadrate der Unterkette mit Unterschuß

7. Man bewirkt durch Setzen von gelassen geltenden Tupfen (Ringtype) links und rechts neben den grunen Tupfen die Versteppung von Oberkette mit Unterschuß

8 Das rot, blau, schwarz und grun Getupfte bedeutet gehobene Kette

1 Rapport - - 30 Ketten- und 40 Schußfaden

Fig 673 Matelassé

Die Fadenfolge ist in Kette und Schuß 1 Ober-, 1 Unterfaden die Bindung der Oberware Mattenbindung *a*, die der Unterware Leinwand Durch die blauen Tupfen erfolgt eine Versteppung beider Gewebe durch Unterkette mit Oberschuß, durch die Ringtypen eine Versteppung durch Oberkette mit Unterschuß Das rot, schwarz und blau Getupfte gilt als gehobene Kette

Piqué oder Pikee.

Unter Piqué versteht man ein leinwandbindendes Gewebe, welches durch furchenartige Einschnitte gemustert ist Zum Weben eines Piqués braucht man mindestens zwei Ketten und einen Schuß Die eine Kette verbindet sich mit dem Schusse in Leinwand, die andere bewirkt durch Einbinden in die Grundschusse die Musterung des Gewebes Man heißt die eine Kette Grundkette, die andere Steppkette, den Schuß Grundschuß Gewohnlich hat die Grundkette noch einmal soviel Faden als die Steppkette Die Grundkette ist schwach, die Steppkette straff gespannt Der ungleichen Kettenspannung und Bindweise zufolge muß jede Kette auf einen besonderen Kettenbaum kommen

Fig 674 Piqué

Die weißen Kettenfaden 1, 3, 4, 6 etc bedeuten Grund-, die gelben 2, 5, 8 etc Steppkette Die Bindung der Grundkette mit dem Grundschusse ist Langsrips *a* Die Bindung der Steppkette mit dem Grundschusse ist Querzickzack *b* und sind die Tupfen so gesetzt, daß sie rechts und links Schuß (Weiß) haben, was ein deutliches Hervortreten auf der rechten Warenseite bedingt Durch die straff gespannte Steppkette wird das schwach gespannte Grundgewebe an den Stellen, wo die Steppkette einbindet, tiefgezogen und dadurch furchenartig wirken, wahrend die anderen Gewebestellen erhoht ausfallen

1 Rapport == 12 Ketten- und 4 Schußfaden

Der Schafteinzug erfolgt zweiteilig Man braucht 3 Schafte fur die Steppkette und 2, beziehungsweise 4 Schafte fur die Grundkette

Um einerseits die Ware kraftiger zu machen, anderseits der Musterung ein plastischeres Geprage zu geben, verwendet man außer Grundkette, Steppkette und Grundschuß noch Füll-, beziehungsweise Futterschuß Füllschuß heißt er dann, wenn er ungebunden zwischen der Steppkette und dem Grundgewebe angeordnet ist, Futterschuß, wenn er auch teilweise unter der Steppkette zu liegen kommt Das Verhältnis des Grundschusses zum Füll-, beziehungsweise Futterschuß ist gewöhnlich 2 : 1, beziehungsweise 4 : 2 Damit das Einbinden der Steppkette in das Grundgewebe größere Tiefzüge, »Steppen«, verursacht, läßt man die Steppkette immer über zwei Grundschüsse einbinden Man unterscheidet Schnurlpique, wenn die Ware durch der Quere nach laufende Schnurl gestreift ist, und figurierten Piqué, wenn dieselbe einen figurierten Ausdruck hat.

Um eine Piquébindung zu entwickeln, verfahrt man folgend

1. Man bildet ein Muster, nach welchem die Versteppung, d h Verbindung der Steppkette mit dem Grundschusse erfolgen soll Dabei nimmt man die zwei Schüsse, über welche immer der Steppfaden bei der Einbindung zu liegen kommt, für einen an

2 Man bestimmt die Fadenfolge und streicht nach dieser die Steppkette und den Füll-, beziehungsweise Futterschuß mit Gelb an

Die Fadenfolge ist in der Kette immer 2 : 1, im Schusse bei figuriertem Piqué 2 : 1, 4 : 2, eventuell 2 : 2, bei Schnurlpiqué je nach der Breite der Schnurl und Furchen verschieden

3 Man tupft die Bindung des Grundgewebes mit Rot auf die weißen Quadrate der Bindungsfläche Die Bindung des Grundgewebes ist Leinwand, in seltenen Fällen Köper

4 Man tupft auf die Füll-, beziehungsweise Futterschüsse die Oberkette mit Schwarz

5 Man übertragt mit Blau, die blauen Tupfen des Versteppungsmusters auf die Kreuzungsstellen der Steppkette mit den Grundschüssen

Dabei ist zu beachten, daß eine Schußlinie des Versteppungsmusters zwei Grundschüssen entspricht, was eine Verdoppelung der Versteppungspunkte auf der Piquébindung zur Folge hat

6 Man läßt bei Piqué mit Futterschuß den auf den Grundschüssen liegenden Steppkettenfaden auch über den nächstfolgenden Futterschuß binden, was durch Ansetzen eines blauen Tupfens über die bereits gesetzten blauen Tupfen erfolgt

Piqué wird in der Handweberei so vorgerichtet, daß man den Füll-, beziehungsweise Futterschuß, ohne die Aushebung der Grundkette vorzunehmen, eintragen kann Zu diesem Zwecke richtet man die Steppkette für Aufzug, die Grundkette für Tiefzug vor Das Einziehen der Kettenfäden in die Helfen der Schäfte erfolgt zweiteilig. In den ersten Teil kommen die Steppkettenfäden, in den zweiten die Grundkettenfäden Die Zahl der Steppschäfte wird nach dem Versteppungsmotive bestimmt Für das Grundgewebe brauchte man eigentlich nur zwei Schafte Man nimmt aber stets wegen zu großer Kettenfadendichte vier in Anwendung Zum Bewegen der zwei Schaftabteilungen braucht man zwei Trittabteilungen Rechts ordnet man gewohnlich die Grundtritte, links daneben die Stepptritte an Die Zahl der Stepptritte wird nach dem Versteppungsmuster bestimmt Zum Bewegen der vier Grundschafte dienen bei Leinwandbindung zwei Tritte Die Bearbeitung der Grundtritte erfolgt mit dem rechten Fuße, die der Stepptritte mit dem linken Fuße An der Kreuzung der ersten Schaftabteilung mit der ersten Trittabteilung (Schnurung) bedeutet ein voller schwarzer Tupfen eine Schafthebung, an der Kreuzung der zweiten Schaft- und Trittabteilung die Ringtype einen Schafttiefzug Bei großen Versteppungsmustern ist es vorteilhaft, für die Steppkette eine Schaftmaschine für Aufzug Fig 34 zu verwenden

Bei Bindungen mit Fullschuß Fig 675, 676 wird der Fullschuß, ohne einen Grundtritt zu treten, eingetragen, da durch die Stuhlvorrichtung im Handwebstuhle schon eine zum Eintragen dieses Schusses notwendige Fachbildung vorhanden ist Beim Eintragen der zwei Grundschusse wird auf den Tritt der Steppkette getreten und so lange darauf stehen geblieben, bis diese durch Treten der zwei Grundtritte eingetragen sind Wird mit Futterschuß gearbeitet, so wird auf den Stepptritt getreten und so lange darauf stehen geblieben, bis erstens durch Treten der zwei Grundtritte zwei Grundschusse eingetragen sind, zweitens ein Futterschuß eingelegt ist, ohne einen Grundtritt zu treten

Aus dem Gesagten ist erklärlich, daß man durch diese Vorrichtung im Handwebstuhle große Muster mit wenig Tritten herstellen kann und außerdem eine Vereinfachung der Webweise (Aushebung der Grundkette auf die Full-, beziehungsweise Futterschusse) stattfindet

Webt man Piqués mit gewöhnlicher Aufzugsvorrichtung, so muß man soviel Tritte, respektive Karten nehmen, als der Schußrapport Schusse hat Der Schafteinzug bleibt dabei derselbe, nur kommt anstatt der Tritte das Kartenmuster K in Betracht

Fig 675 Schnurlpiqué mit Fullschuß

Vier Schusse des Grundgewebes (1, 2, 4, 5) bilden das Schnurl, zwei durch die Steppkette tief gezogene Grundschusse (7, 8) die Furche Das Schnurl erhält die plastische Form durch die zwei zwischen dem Grundgewebe und der Steppkette eingelegten zwei Fullschusse (3, 6)

1 Rapport = 3 Ketten- und 8 Schußfaden

Fig 676 Figurierter Piqué mit Fullschuß

Das Verhältnis der Ketten ist 2 1, das der Schusse 4 2 Die Bindung des Grundgewebes ist Leinwand a, die der Versteppung der Spitzköper b

PIQUÉ-, PIKEE- ODER STEPPGEWEBE.

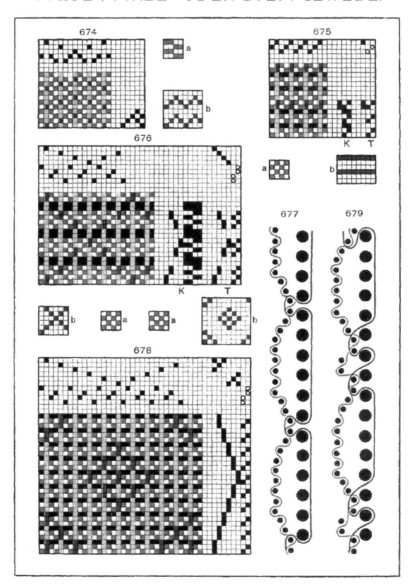

PIQUÉ

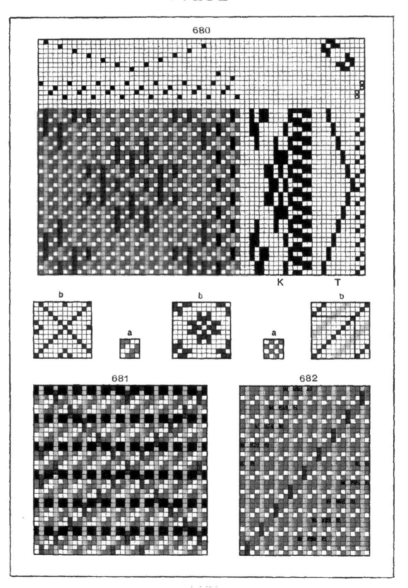

680

K   T

b   b   b

a   a

681   682

1 Rapport = 18 Ketten- und 18 Schußfaden

Aus dem Langsschnitte Fig. 677 ist ersichtlich, wie durch das Einbinden der Steppkette in die Grundschusse ein Tiefziehen des Grundgewebes erfolgt und wie durch die Fullschusse ein Ausfullen des Raumes zwischen der Stepp kette und dem Grundgewebe geschieht

Fig 678 Figurierter Piqué mit Futterschuß.

Das Verhaltnis der Ketten und Schußfaden ist 2 1 Die Bindung des Grundgewebes ist Leinwand *a* Die Versteppung erfolgte nach dem Spitzmuster *b* Der Langsschnitt 679 versinnbildlicht die Art und Weise der Versteppung des Grundgewebes durch die Steppkette und die Unterlage des Futterschusses unter der Steppkette bei der Versteppung

Bei Durchsicht der beiden Langsschnitte wird man finden, daß die erste Versteppungsmethode einen größeren Tiefzug des Grundgewebes bewirkt als die zweite Die erste Methode wird meist bei Sommerpiqué, die zweite bei Winter- oder Pelzpiqué angewendet Die erstere Warengattung ist auf beiden Seiten glatt, die letztere durch Aufrauhen des Futterschusses ruckwarts pelzartig appretiert

Fig 680 Figurierter Piqué mit Futterschuß und andersbindender Leiste

Das Verhaltnis der Grundkette zur Steppkette und des Grundschusses zum Futterschusse ist 2 1 Die Bindung des Grundgewebes ist Leinwand Haufig nimmt man die Steppkette farbig, die Grundkette, Grundschuß und Futterschuß weiß und bewirkt durch langeres als zweimaliges Obenliegen der Steppkette uber die Grundschusse eine Figurierung des weißen Grundgewebes Bei der Fig 680 diente das Spitzmuster *b* zur Versteppung, beziehungsweise Figurierung des glatten Grundgewebes Damit bei Piqués eine gute Randverbindung erfolgt, laßt man meistens, wie dies bei Fig 680 ersichtlich ist, beide Ketten und Schusse in Leinwand verarbeiten

1 Rapport = 36 Ketten- und 36 Schußfaden

Zur Verwendung kommen 7 Steppschafte fur Figur, 2 Steppschafte fur Leiste, 4 Grundschafte und 36 Karten, beziehungsweise bei Bearbeitung auf dem Handstuhle 7 Stepptritte und 2 Grundtritte

Fig 681 Figurierter Piqué mit Futterschuß

Das Verhaltnis der Ketten ist 2 . 1, das der Schusse 4 2 Das Verhaltnis kommt in Anwendung, wenn man nur einseitigen Schutzenwechsel zur Verfugung hat Die Bindung des Grundgewebes ist 4bindiger zweiseitiger Koper *a* Die Versteppung erfolgte nach dem Spitzmuster *b* An die Versteppungspunkte wurde zur Bildung des Futterschusses abwechselnd ein Tupfen nach oben, ein Tupfen nach unten angesetzt

1 Rapport = 36 Ketten- und 36 Schußfaden.

Bei der Vorrichtung im Handwebstuhle kommen 7 Steppschafte, 4 Grundschafte, 7 Stepptritte und 4 Grundtritte zur Verwendung

Fig 682 Figurierter Piqué

Das Verhältnis der Grundkette zur Steppkette ist 2 1 Im Schusse wechseln
zwei Grundschusse mit einem Futter- und einem Figurschusse ab Die Bindung
des Grundgewebes ist Leinwand *a* Die Versteppung und Figurierung durch
den Figurschuß wird vom Warenbilde *b* auf die Bindungsflache ubertragen
Dadurch, daß man auf den 4, 8, 12 etc Schuß nicht die ganze Grundkette
hebt, sondern einzelne Grundkettenfaden nach den gelben Tupfen des Warenbildes *b* liegen laßt, werden diese Schusse auf den gelassenen Grundkettenfaden liegen und dadurch das Grundgewebe figurieren Gewohnlich ist Grundkette, Steppkette und Grundschuß rot oder blau, Futter- und Figurschuß
weiß Bei der Bindung gilt das rot und blau Getupfte als obenliegende Kette

1 Rapport = 27 Ketten- und 36 Schußfaden

Bei den Piqués ist noch zu bemerken, daß der Kammeinzug 3fadig erfolgt, d h. daß pro Rohrlucke 1 Faden Grund-, 1 Faden Stepp- und 1 Faden
Grundkette kommt.

Faltenstoffe

Unter diesen versteht man Stoffe, welche ein faltiges Aussehen haben
Man unterscheidet glatte, gestreifte und figurierte Faltenstoffe Glatte Faltenstoffe erzeugt man bei Leinwandbindung, wenn man z B zur Kette und zum
Schusse uberdrehtes Garn, Hartdraht oder Krepon genannt, verwendet und
die Ware nach dem Weben entsprechend appretiert Stoffe mit Langsfalten
erzeugt man aus derselben Bindung, wenn man zur Kette normal gedrehtes
und zum Schusse uberdrehtes Garn verwendet Bei Querfalten muß die Kette
uberdreht und der Schuß normal gedreht sein Gemusterte Faltenstoffe bekommt
man durch Abwechslung von 2 oder mehreren uberdrehten mit 2 oder mehreren
normal gedrehten Faden in Kette und Schuß Man bezeichnet die auf diese
Weise entstandenen Waren als Krepp Sie dienen zu Kleiderstoffen, Trauer-
floren etc Bei den Seidenkreppen wird das gekrauste Aussehen außer der
großen Garndrehung dadurch erzielt, daß man die Ware durch geriffelte und
geheizte Walzen der sogenannten Kreppmaschine gehen laßt

Eine andere Art Langsfalten zu bilden besteht darin, daß man zwei
ungleich gespannte Ketten streifenweise abwechseln laßt Die Bindung kann
eine glatte oder langsgestreifte sein

Fig 683 Bindung fur ein Gewebe mit Langsfalten

8 Faden rotgetupfter Leinwand wechseln mit 8 Faden blaugetupfter Leinwand ab. Die rotgetupften Kettenfäden sollen einen glatten, die blaugetupften
einen faltigen Streifen im Gewebe liefern Zu diesem Zwecke nimmt man alle

Kettenfäden der Streifen *A* auf einen straff gespannten Kettenbaum, alle Kettenfäden der Streifen *B* auf einen locker gespannten Kettenbaum Beim Weben werden sich die locker gespannten Kettenfäden mehr einweben als die straff gespannten, was eine Faltenbindung aller Streifen *B* ergeben muß Damit bei der Fachbildung die Faden der Faltenkette gespannt sind, läßt man sie über einen beweglichen Schwingbaum laufen, welcher beim Offenfach diese Faden spannt Auch kann man wegen der unterschiedlichen Spannung die Faden der Falten- und Grundkette nicht in ein und dieselben Schafte ziehen Man ordnet deshalb zwei Schaftpartien an und nimmt diejenige, in welche die Faltenkette eingezogen ist, neben die Lade

Fig 684 Struckbindung.

Läßt man bei dieser Bindung zwei Schusse aus normal gedrehtem Garne mit zwei Schussen aus überdrehtem Garne wechseln, so wird der Streifen *A* durch das Zusammenziehen der Kreponschusse (überdrehtes Garn) falten- oder blasenartig wirken, wahrend der Streifen *B* furchenartig ausfallt Nimmt man gemusterte Struckbindungen wie Fig 685, so wird bei abwechselnder Eintragung von zwei Schussen aus normal gedrehtem Garne mit zwei Schussen aus überdrehtem Garne ein gemusterter Falten- oder Blaseneffekt erzeugt, da das Zusammenziehen des Gewebes den Flottungen gemäß erfolgt

Plissierte Stoffe.

Unter diesen versteht man Stoffe mit gelegten Querfalten, wie solche zu Hemdenbrusten, Blusen etc verwendet werden Im großen und ganzen sind dabei zwei Gewebe derart vereinigt, daß eines den Grundstoff, das andere die Falte bildet

Zum Weben braucht man zwei Ketten, eine Grundkette und eine Faltenkette und einen, beziehungsweise zwei Schusse. Da die Spannung und Einarbeitung dieser Ketten sehr verschieden ist, muß man jede Kette auf einen besonderen Kettenbaum bringen Die Grundkette wird straff, die Faltenkette locker gespannt Beim Weben des Grundstreifens verbinden sich beide Ketten mit dem Schusse, beim Weben des Faltenstreifens hingegen erfolgt bloß eine Verbindung der Faltenkette mit dem Schusse, wahrend die Grundkette ruckwarts flottliegt Beim Weben des Faltenstreifens darf der Regulator nicht weiter schalten, weshalb er bis zum ersten Schuß des nachsten Grundstreifens abgestellt werden muß Sind die zur Falte notwendigen Schusse eingetragen, so wird wieder der erste Grundschuß abgeschossen und dieser mittels eines kräftigen Ladenschlages an den letzten Grundschuß gedruckt Auf diese Weise wird der gewebte Faltenstreifen vermoge Nachlassens der Faltenkette gefaltet auf den Grundstreifen gelegt und durch den ersten Grundschuß mit dem Grundgewebe vernaht

Fig 686 Querfaltenbindung

Im Grundstreifen *A* verbindet sich die rot getupfte Grundkette und die blau getupfte Faltenkette mit dem weißen Schusse in Leinwand, während im Faltenstreifen *B* nur die Faltenkette mit dem Schusse in Leinwand kreuzt

1 Rapport = 4 Ketten- und 27 Schußfäden.

Aus dem Langsschnitte Fig 687 ist die Webweise des Grundstreifens *A* und des Faltenstreifens *B* erkennbar, während aus dem Langsschnitte Fig. 688 die Entstehung der durch den Ladenanschlag gebildeten Falte ersichtlich ist

Fig. 689. Querfaltenbindung

Das Verhältnis der Grundkette zur Faltenkette ist 1 2 Im Grundstreifen bilden beide Ketten mit dem Schusse Langsrips 1 2, während im Faltenstreifen nur die Faltenkette mit dem Schusse in Leinwand kreuzt

1 Rapport = 3 Ketten- und 32 Schußfäden

Will man bei Faltengeweben den Falten- und Grundstreifen von einer Farbe haben, wie dies meistens der Fall ist, so nimmt man für beide Streifen einen Schuß Soll aber die Falte eine andere Farbe haben, als der Grundstreifen, so nimmt man für den Grundstreifen eine andere Schußfarbe als für den Faltenstreifen Soll im Gewebe auf dem Grundstreifen nur die Grundkette und der Schuß ersichtlich sein, so läßt man auf diesem Streifen die Faltenkette ruckwarts flottliegen und bindet nach Fig 690 *A* die Grundkette mit dem Schusse in Leinwand ab Das Vernähen beider Ketten erfolgt in den Streifen *B* und *D* durch Langsrips 2 2 Im Faltenstreifen *C* verbindet man die Faltenkette mit dem Schuß in Leinwand und läßt die Grundkette ruckwarts flottliegen

1 Rapport = 4 Ketten- und 44 Schußfäden

Durch die Zusammensetzung großer und kleiner Grund- und Faltenstreifen kann man verschiedene Muster bilden

IV. Broschierte Stoffe.

Unter diesen versteht man glatte oder figurierte Stoffe, welche durch ein zweites Ketten- oder Schußfadensystem, beziehungsweise durch beide in auffälliger Weise gemustert sind Nach dem Fadensysteme, welches die Bemusterung des Grundgewebes ausführt, unterscheidet man Kettenbroché, Schußbroché und kariertes Broché.

Kettenbroché.

Nach dem Gewebemuster Fig 8 wird ein leinwandbindendes, durch Farben gemustertes Grundgewebe durch schwarze Tupfen einer zweiten Ketet

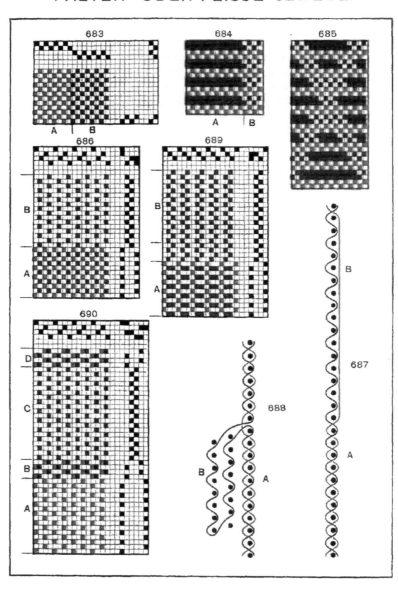

figuriert Die Fig 691 ergibt die diesbezugliche Musterzeichnung. Aus derselben ist ersichtlich, daß zwischen den 12 und 13, 13 und 14, 14 und 15, 15 und 16., 16 und 17 leinwandbindenden Grundkettenfäden Brochékettenfaden gelegt sind, welche durch Uberlegen des Grundschusses Tupfen bilden, wahrend sie an den anderen Gewebestellen ruckwarts flottliegen Der ungleichen Einarbeitung und Spannung halber mussen Grund- und Brochékette getrennt aufgebaumt werden. Damit die in der Musterzeichnung ersichtlichen Zwischenraume nicht im Gewebe vorhanden sind, muß man die Brochékettenfaden beim Kammeinzuge mit zu den durchaus gleichmaßig eingezogenen Grundkettenfaden nehmen Aus diesem Grunde wird der Kammeinzug nicht gleichmaßig, sondern nach folgender Angabe gemustert sein

6 Rohre à 2 Faden
2 » » 4 »
1 Rohr » 3 »
5 Rohre » 2 »

Fig 692. Kettenbroché

Die Brochékette ist bei dieser Musterzeichnung wieder streifenweise angeordnet und verziert das glatte Kopergewebe durch versetzte Tupfen Beim Kammeinzuge wechseln 4 Rohre à 2 Faden mit 2 Rohren à 4 Faden regelmaßig ab

Die auf der Ruckseite der Ware befindlichen Brochéfaden liegen entweder flott oder sie sind passend abgebunden Das Abbinden muß so erfolgen, daß die Anheftstellen auf der oberen Warenseite nicht ersichtlich sind Man erreicht dies durch Setzen der Anheftstellen zwischen gehobener Oberkette Bei der Fig 692 wurde dieses Verfahren, obwohl der kurzen Flottungen wegen nicht notig, angewendet, um dieses zur Kenntnis zu bringen Bleibt beim Weben die Brochékette ruckwarts flottliegen, so kann man diese Flottungen in der Ware belassen oder man entfernt dieselben durch Ausscheren Um im letzteren Falle dem Broché mehr Haltbarkeit zu geben, versieht man nach Fig 693 die Figur meist mit einer leinwandartigen Kontur

Fig 694 Kettenbroché.

Das Verhaltnis der Grundkette zur Brochékette ist 1 1 Die Bindung des Grundgewebes ist Leinwand Die Brochékette liefert versetzt stehende Spitzfiguren Der Kammeinzug erfolgt 4fadig

Schußbroché.

Bei diesen Stoffen wird ein Grundgewebe durch ein zweites Schußfadensystem auffallend figuriert

Fig 695· Schußbroché

Das Verhältnis des Grundschusses zum Brochéschusse ist 1·1. Der Brochéschuß figuriert das leinwandbindende Grundgewebe durch versetzte Figuren Beim Eintragen des Brochéschusses muß die Grundkette dort liegen bleiben, wo der Brochéschuß auf der Oberseite ersichtlich sein soll Das rot und schwarz Getupfte bedeutet gehobene Kette

1 Rapport = 16 Ketten- und 24 Schußfaden

Fig 696 Schußbroché

Das gemusterte Grundgewebe a wurde durch einen Brochéschuß ausdrucksvoller gestaltet Das rot und schwarz Getupfte bedeutet gehobene Kette

1 Rapport = 22 Ketten- und 16 Schußfaden

Eine andere in der Jacquardweberei häufig vorkommende Schußbroschiermethode besteht darin, daß man den Broschierschuß nicht durch die ganze Kette legt, sondern nur um die Broschierung führt Man braucht dazu besonders konstruierte Laden, welche man Broschierladen heißt Das dadurch erzielte Broché ist das festeste, da dessen Faden ähnlich der Endleiste eines Gewebes um die Figur gelegt sind

Kariertes Broché.

Bei dieser Manier kann man durch die Vereinigung von Brochékette und Brochéschuß abwechslungsreiche Musterungen erzeugen

Fig 697 Kariertes Broché

Das leinwandbindende Grundgewebe ist durch Brochékette und Brochéschuß nach dem Warenbilde a bearbeitet Um die Musterzeichnung 697 zu entwickeln, überträgt man, unter Berücksichtigung 4facher Vergrößerung der weißen Flächen, die Brochéfaden mit gelber Farbe auf das Tupfpapier Auf die weißen Flächen wird Leinwand getupft und dann die Brochékettenfaden nach den blauen, die Brochéschusse nach den grünen Tupfen des Warenbildes bearbeitet Auf der Musterzeichnung gilt das rot, blau und schwarz Getupfte als gehobene Kette.

1 Rapport = 28 Ketten- und 28 Schußfaden

Broché-Imitationen.

Um ein Gewebe mit einer Kette und einem Schusse brochéartig zu figurieren, kann man folgend verfahren

1 Man sucht nach Fig. 698, durch regelmäßige Wiederholung andersfarbiger Kettenfäden, eventuell Schußfaden, das Gewebe zu figurieren.

2 Man läßt bei Langsripsen nach Fig 699 einzelne andersfarbige Kettenfaden über 3, 5 etc Schusse binden Da bei Langsripsen auf beiden Gewebeseiten nur der Schuß ersichtlich ist, werden die andersfarbigen Kettenfaden

BROCHE.

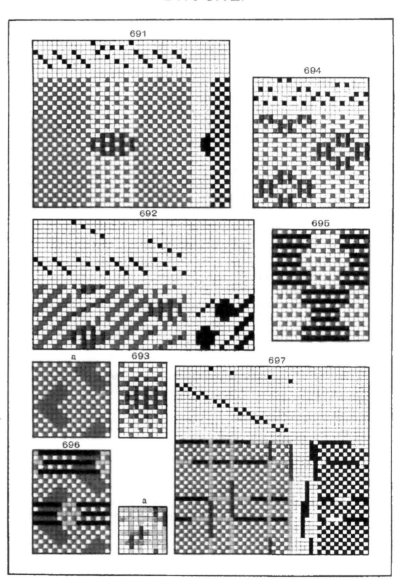

BROCHE-IMITATIONEN.

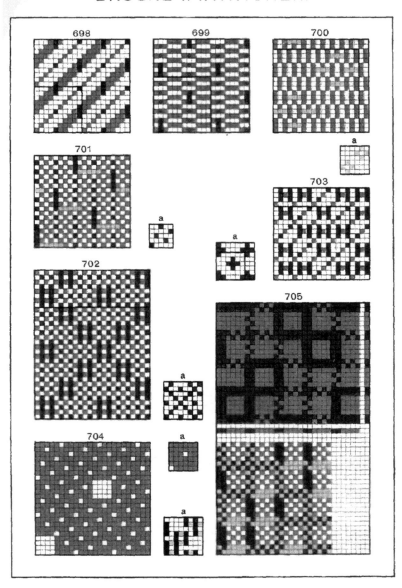

nur durch die Flottungen das Gewebe figurieren, da die roten und die mit der Ringtype versehenen Kettenstellen vom Schusse verdeckt werden

3. Man figuriert nach Fig 700 einen Querrips, daß man einzelne andersfarbige Schußfaden nach einer Vorlage (a) uber 3, 5 etc Kettenfaden binden laßt. Nachdem die weißen und die mit der Ringtype versehenen Schußstellen von der Kette verdeckt werden, figurieren die andersfarbigen Schußfaden das Gewebe nur durch die Schußflottungen Bei der Fig 700 bedeutet das rot Getupfte gehobene Kette

4 Man ordnet nach Fig 701 Ketten- und Schußflottungen nebeneinander an Das rot und blau Getupfte gilt fur gehobene Kette

5 Man tupft nach Fig 702 Leinwand, nach Fig 703 4bindigen Schußkoper auf die Bindungsflache und ubertragt auf die geraden Kettenfaden nach einer Vorlage (a) die entsprechend vergroßerte Figur Zettelt man bei diesen Bindungen die Kette 1 Faden dunkel, 1 Faden hell und nimmt zum Schusse dunkles Garn, so wird ein kettenbrochéartiger Effekt gebildet werden

6 Man sucht nach Fig 704 ein Gewebe mit Ketteneffekt durch Schußflottungen oder ein Gewebe mit Schußeffekt durch Kettenflottungen zu verzieren

7. Man sucht nach Fig 705 ein glattes Grundgewebe durch Ketten- und Schußflottungen zweier andersfarbiger, meist auch starkerer Fadensysteme brochéartig zu figurieren Man vergroßert zu diesem Zwecke die Figur des Vorlagsmusters 2-, 4-, 6- etc mal oder nach Fig 705 so, daß die ungeraden Faden von a 2mal, die geraden 4mal genommen werden Man tupft auf die weißen Flachen Leinwand mit Rot, setzt auf die Stellen, welche blauen Tupfen des Vorlagsmusters entsprechen, Kettenflottungen mit Blau und uberall mit Ausnahme der Stellen, welche gelben Tupfen des Vorlagsmusters entsprechen, Leinwand mit Blau Bearbeitet man diese Bindung mit einer Fadenfolge von 2 dunkel, 4 hell, so entsteht der uber der Bindung der Fig 705 dargestellte brochéartige Effekt

Auf ahnliche Weise lassen sich noch viele andere Broché-Imitationsmethoden schaffen

Der Unterschied zwischen einem broschierten und einem verzierten Gewebe ist außer der ausdrucksvolleren Musterung des ersten der, daß bei einem broschierten Gewebe nach Entfernung des Figurfadensystemes das Grundgewebe keine Lucken aufweist, welche bei verzierten durch das Fehlen dieser Faden vorhanden sind

V Samt und samtartige Gewebe.

Unter Samt versteht man einen Stoff mit aufrechtstehender Flor- oder Haardecke Die Flordecke besteht aus aufrechtstehenden Fadenstucken, welche in einem Grundgewebe befestigt sind Je nachdem die Florstucke einem Schuß- oder Kettenfadensysteme angehoren, unterscheidet man Schuß- und Kettensamte

Schußsamt. Manchester oder Velvet

Unter Manchester, Fig 9, versteht man ein baumwollenes Samtgewebe, wo der Flor durch Aufschneiden eines Schußfadensystemes gebildet ist Zum Weben eines Schußsamtes braucht man eine Kette und einen Schuß Nachdem der Schuß das Grundgewebe und den Flor bildet, muß eine Teilung der Arbeitsleistung stattfinden Es mussen Schusse vorhanden sein, welche zur Bildung des Grundgewebes dienen, und Schusse, welche zur Entwicklung der Haar- oder Florkette bestimmt sind Man heißt die ersteren Grundschusse, die letzteren Florschusse Die Bindung der Grundschusse ist meist Leinwand oder Koper, seltener Kettenatlas Zur Bildung des Flores muß die Bindung der Florschusse Flottungen aufweisen, welche atlasartig angeordnet sind Das Verhaltnis der Grundschusse zu den Florschussen ist je nach Qualitat 1 2, 1 3, 1 4 etc

Fig 706 Manchester

Das Verhaltnis der rotgetupften Grundschusse zu den blaugetupften Florschussen ist 1 2 Die Bindung der Grundschusse ist Leinwand, die der Florschusse uber 3 Kettenfaden bindende versetzte Flottungen Die Fig 707 gibt dieselbe Bindweise nach Art der Gewebevergroßerung. Bei dieser Bindung bilden die roten senkrechten Faden Kettenfaden, die schwarzen wagrechten Faden Grundschusse, die blauen Florschusse Nachdem die Bindung der Grundschusse ein engeres Gefuge hat als die der Florschusse, werden sich im Gewebe letztere uber erstere legen, so daß auf der Ruckseite nur die Grundschusse Fig 708, auf der Oberseite nur die Florschusse Fig 709 ersichtlich sind Fig 710 a zeigt einen Querschnitt des Gewebes bei Einlage des ersten Grundschusses, b einen solchen bei Einlage des ersten und zweiten Florschusses Aus letzterem und der Fig 709 ersieht man, daß im Gewebe durch die ubereinander angeordneten Flottungen der Florschusse Schlauche entstehen Zur deutlichen Darstellung dieser Schlauche wurde der Schuß bei Fig 709 zweifarbig angeordnet und ist daraus das Wechseln von blauen und gelben Schlauchen leicht erkennbar Durchschneidet man diese Schlauche in der Mitte, d i an der Stelle der Pfeile mittels eines langen, schlanken, nadelformigen Stoßmessers, Fig. 711, so werden, durch spateres Aufbursten, U formige Noppen oder Florstucke Fig 710 c entstehen Das Samtmesser Fig 711 besteht aus der zirka 50 cm langen, am Ende sehr dunnen und scharfen Klinge M, der Scheide Sch und dem Griffe G

Vor dem Aufschneiden der Florschlauche wird die Ruckseite der Ware auf der Pappmaschine mit Kleister bestrichen Durch das Trocknen des Kleisters wird die Ruckseite hart und leistet die Ware dadurch den beim Aufreißen der Florschlauche notwendigen Widerstand Um die Schlauche aufzuschneiden, legt man den gepappten und getrockneten Stoff in einfacher Lage auf einen Tisch, schiebt die Scheide oder den Fuhler des Samtmessers in den ersten Florschlauch und schneidet, beziehungsweise reißt durch fortgesetztes Stoßen in der Schlauchrichtung denselben auf Ist der erste Schlauch in der Tischlange aufgeschnitten, geht man zum 2, 3 usw uber, bis alle Schlauche aufgeschnitten sind Nachdem alle Schlauche aufgeschnitten sind, wird die Ware weiter gelegt und der erste Vorgang wiederholt Nach dem Aufschneiden muß die Ware von dem auf der Ruckseite befindlichen Papp befreit werden, was durch schichtweises Einweichen der Stucke, Waschen und Schleudern erfolgt Nach dem Trocknen folgt ein Bursten, Farben, Dampfen, nochmaliges Bursten der Lange und Quere nach und ein Gleichscheren des Flores Zur Bildung des seidenahnlichen Glanzes kommt die Ware auf die sogenannte Finishmaschine Zu diesem Zwecke lauft die, durch eine mit Filz uberzogene, rasch laufende schwere Metallwalze gebremste Ware mit der Florseite uber eine polierte Stahlplatte Betreffs des Aussehens der Florflache unterscheidet man glatten, gerippten, figurierten und doppelten Manchester

Fig 712 Glatter Manchester 1 2

Die Bindung der Grundschusse ist Leinwand, die der Florschusse 6schaftig versetzte Flottungen

1 Rapport = 6 Ketten- und 6 Schußfaden

Die Fig 713 versinnbildlicht nur die Florschusse, welche wieder zweifarbig angeordnet sind, daß man daraus die im Gewebe sich bildenden Schlauchreihen deutlich wahrnehmen kann Das Einsetzen des Messers beim Aufschneiden der Florschlauche erfolgt an den Stellen der gezeichneten Pfeile.

Fig 714 Glatter Manchester 1 3 nach dem Gewebe 9, Tafel I

Die Bindung der Grundschusse ist Leinwand, die der Florschusse ein 6schaftiger Atlasgrat

1 Rapport = 6 Ketten- und 8 Schußfaden

Die Fig 715 zeigt die Oberseite des rohen Manchesters Fig 714 und sind daraus die in einem Kettenrapporte sich bildenden 3 Florschlauche ersichtlich und deren Schnittstellen durch Pfeile bestimmt Fig 716 a zeigt den Querschnitt der 3 Florschusse, b die durch Aufschneiden des Florschlauches gebildete aufgeburstete Flornoppe

Fig 717. Glatter Manchester 1 3

Grundschuß 3bindiger Kettenkoper

Florschuß 6schaftiger Atlasgrat

1 Rapport = 6 Ketten- und 12 Schußfaden.

Fig 718 Glatter Manchester 1 4

Grundschuß 4bindiger Kettenkoper.

Florschuß 8schaftiger Atlasgrat.

1 Rapport = 8 Ketten- und 20 Schußfaden

Fig 719 Glatter Manchester 1.4.

Grundschuß Leinwand

Florschuß 8schaftig versetzte Atlasflottungen

1 Rapport = 8 Ketten- und 10 Schußfaden

Bei allen bis jetzt durchgenommenen Manchesterbindungen ist die Flornoppe immer unter einem Kettenfaden liegend angeordnet Will man dem Flore mehr Haltbarkeit geben, so legt man die Noppen leinwandartig nach Fig 720 und 721 um 3, nach Fig 728 um 5 Kettenfaden

Fig 720 Glatter Manchester 1 2

Grundschuß Leinwand

Florschuß 10schaftig versetzte Flottungen

1 Rapport = 10 Ketten- und 6 Schußfaden.

Fig 721 Glatter Manchester 1 · 5

Grundschuß Leinwand

Florschuß 10schaftiger Soleilgrat

1 Rapport = 10 Ketten- und 12 Schußfaden

Die Fig 722 versinnbildlicht das obere Gewebebild des rohen Manchestergewebes nach der Bindung Fig 721 und sind daraus die pro Kettenrapport sich bildenden 5 Florschlauche, deren Einbindung und die Schnittstellen ersichtlich.

Die Fig 723 zeigt die nach dem Aufschneiden der Florschlauche gebildete und aufgerichtete Noppe des ersten Florschusses der Fig. 720 und 721

Glatten Manchester kann man durch Farbendruck oder Pressen, »Gaufrieren«, ein gemustertes Aussehen geben Gestreifte Effekte entstehen, wenn man unaufgeschnittene Florschlauche mit aufgeschnittenen wechseln laßt

Fig 724 Gerippter Manchester oder Cord 1.2

Grundschuß 4bindiger zweiseitiger Koper

Florschuß taftartig angeheftete Schußflottungen.

1 Rapport = 16 Ketten- und 12 Schußfäden

Durch die Fig 725 ist das obere Bindungsbild des rohen Manchesters nach Fig 724 dargestellt

Bei gerippten Manchestern wird zwischen den Abbindungen der Florschusse nur ein Schnitt in der Mitte der Partie ausgefuhrt Auf diese Weise

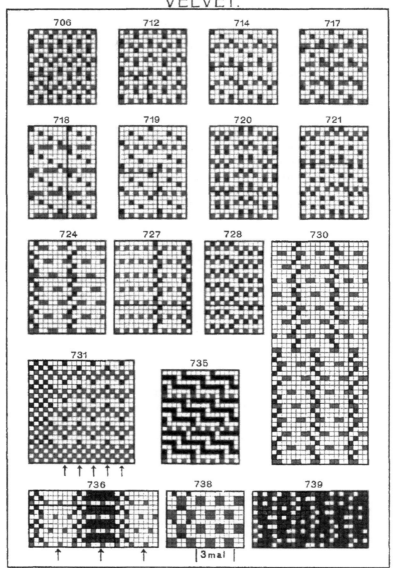

SCHUSSSAMT.

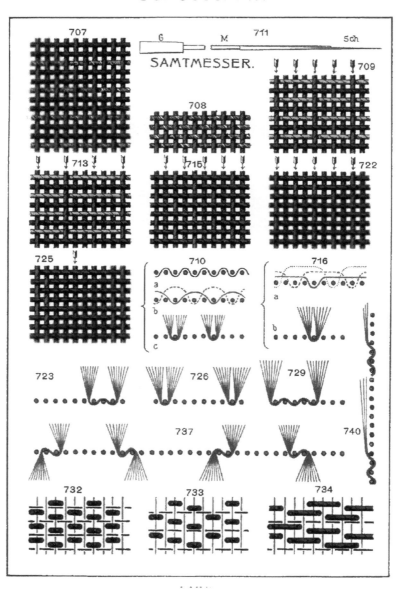

SAMTMESSER.

werden die Noppen der Lange der Ware nach rippenbildend wirken. Die Fig 726 zeigt den Noppenstand des ersten Florschusses des nach Fig. 724 gewebten und appretierten Manchesters.

Will man bei dieser Manchestergattung zweierlei Florhohe haben, so laßt man nach Fig 727 große Flottungen mit kleineren langsreihenweise abwechseln

Fig. 728 Cord 1 . 2

Grundschuß Leinwand

Florschuß 12schaftiger Soleil

1 Rapport = 12 Ketten- und 6 Schußfaden.

Der Querschnitt Fig 729 zeigt die Flornoppenbildung aus dem ersten Florschusse nach dessen Aufschneidung und Aufburstung.

Laßt man Florschlauchbindung mit glatter Bindweise abwechseln oder bringt man Florschlauchbindung nach Fig 730 versetzt in Anwendung, so erhalt man nach Aufschneiden der Florschlauche und Aufrichten der Flornoppen gemusterte Manchester

Fig. 730 Versetzter Cord 1 . 2

Der Cord Fig 724 wurde von 24 zu 24 Schussen versetzt angeordnet

1 Rapport = 8 Ketten- und 48 Schußfaden

Fig. 731 Karierter Manchester

Quadrate von Florschlauchbindung Fig 712 wechseln mit glatter Bindweise ab Nach dem Aufschneiden der Florschlauche und Aufrichten der Flornoppen werden die Quadrate Flor erhalten, wahrend die Zwischenraume ohne Flor bleiben

1 Rapport = 22 Ketten- und 22 Schußfaden

Durch die Fig 732—734 sind die aus den Bindungen 706, 714 und 721 gewebten und fertig appretierten Manchestergewebe in der Daraufsicht dargestellt

Unter doppelflorigem Manchester versteht man Baumwollsamte, welche auf beiden Seiten Flor haben Man verwendet diese seltenen Stoffe zu Vorhangen etc und zeigt Fig 735 die Bindweise eines glatten, Fig 736 die eines gerippten doppelseitigen Manchesters

Durch den Querschnitt Fig 737 ist der Floreffekt eines aus der Bindung Fig 736 gewebten Manchesters gekennzeichnet

Das Schußsamtverfahren findet auch ofters bei schafwollenen Tuchern und Shawls Anwendung

Fig 738 Cordbindung fur Tucher etc

Der Grundschuß verbindet sich mit der Kette in Mattenbindung 2 2, der Florschuß bildet langsstreifenweise abgebundene Schußflottungen. Durch

Aufschneiden der Florschußflottungen in der Mitte derselben entstehen längs-
streifenweise angeordnete Wollnoppen

Bei Bändern, Kleiderstoffen etc erzeugt man auch Samteffekte durch
figurenweißes Aufschneiden der Flottungen eines Kettenfadensystems Die
Bindungen bestehen laut Fig 739 z B aus Soleil mit leinwandbindenden
Grundfaden Die Stoffe selbst sind bedruckt oder chmiert [1] Nach dem Weben
schneidet man die Flottungen der durch Druck markierten Figuren auf Beim
Aufschneiden legt man die Messerklinge eines gewohnlichen Messers flach auf
den Stoff, fahrt unter die einzelnen Flottungen und schneidet diese auf. Nachdem die Flornoppen nach Fig 740 nur einschenkelig sind, heißt man diesen
Samt Velour du sable (Sabelsamt)

Kettensamt.

In ein aus Grundkette und Grundschuß gebildetes Grundgewebe wird
ein zweites Kettenfadensystem so eingebunden, daß dieses durch Einlage von
Nadeln aufrechtstehenden Flor oder Schlingen auf der Oberseite des Grundgewebes liefert Zum Weben eines Kettensamtes braucht man nach Fig 741
eine Grundkette (Rot), eine Florkette (Blau), einen Grundschuß (1—12) und
Nadeln oder Ruten (IV, V, VI) Wegen ungleicher Einarbeitung und Anspannung
der Ketten mussen Grund- und Florkette je auf einen Kettenbaum kommen
Um einen Samt zu erzeugen, verwebt man auf 2—5 Grundschussen die
Grund- und Florkette in glatter Bindung Nach diesen Schussen laßt man die
ganze Grundkette liegen und hebt nur die Florkette In das so entstandene
Fach legt man aber keinen gewohnlichen Schuß, sondern eine Nadel aus
Messing, Eisen oder Holz Nach dem Einlegen der Nadel verwebt man wieder
beide Ketten in glatter Bindung, bildet wieder ein Nadelfach und verfahrt so
abwechselnd weiter Die Nadeln mussen so breit sein, daß sie die Kette auf
beiden Seiten etwas uberragen Gewohnlich verwendet man zum Weben 12—16
Nadeln Sind diese Nadeln verwebt, so ubertragt man diese nadelweise, von
unten anfangend in die kommenden Nadelfacher Nimmt man die Nadeln
nach der Form der Fig 741, 744, so zerschneidet man beim Entfernen der
Nadel aus dem Gewebe die daruber liegenden Florfaden mittels eines Messers
Die Nadeln haben zu diesem Zwecke auf der oberen schmalen Seite eine Rinne
oder Furche, in welcher das Messer gefuhrt wird. Das Samtmesser M ist
behufs Auswechslung (Schleifen) und geschickter Handhabung zwischen der
Messingplatte MP und dem darauf befindlichen Stege St durch Schraube S
festgemacht Die Messingplatte MP ist mit dem Liniale L verbunden, welches

---

[1]) Chimiert = durch Kettendruck figuriert.

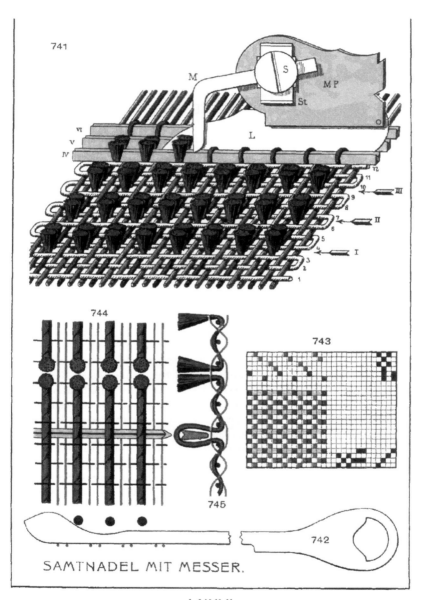

741

M

S

MP

St

L

vi
v
IV

12
11
10 — III
9
8
7 — II
6
5
4 — I
3
2
1

744

745

743

742

SAMTNADEL MIT MESSER.

LXXVI.

zur Fuhrung des ganzen Werkzeuges, Dreget genannt, dient Auch verwendet man nach Fig 742 Samtnadeln, welche an dem linken Ende ein Messer haben Zieht man diese mit einem passenden Griff versehenen Nadeln heraus, so ist damit ein Zerschneiden der darauf liegenden Florfaden verbunden Derartig erzeugte Samte zeigen eine faserige Florflache und nennt man dieselben geschnittene Samte oder Velour coupé Verwendet man aber zur Einlage runde Nadeln nach der Fig 746, so wird nach dem Herausziehen dieser Nadeln die Florkette Schlingen oder Schleifen liefern Einen derartigen Samt heißt man gezogenen Samt oder Velour frisé

Das Verhaltnis der Grundkette zur Florkette ist 1 1 und 2 1, das des Grundschusses zu den Nadeln 2 : 1, 3 1, 4 1, 5 1 Zur Darstellung der Samtbindung auf dem Tupfpapier streicht man die Nadelschußlinien mit Gelb an, tupft auf die Grundkettenfaden die Bindung mit Rot und auf die Florkettenfaden die Bindung mit Blau

Der Einzug der Kettenfaden in den Kamm richtet sich nach dem Verhaltnisse der Grundkette zur Florkette Ist das Verhaltnis 1 1, so erfolgt der Einzug zweifadig, ist dies 2 1, dreifadig Das Aufschneiden der uber der Nadel liegenden Florfaden erfolgt von links nach rechts Durch dieses Schneiden werden die Florfaden nach rechts verschoben Damit diesem Verschieben Einhalt geboten wird, nimmt man den Florfaden links vom Grundfaden und gibt dem letzteren die entgegengesetzte Bindweise des Florfadens Laßt man die Flornoppen zwischen zwei Grundschussen heraustreten, so erzielt man dadurch den aufrechtstehendsten Flor Damit diese zwei Grundschusse den heraustretenden Flor recht festhalten, gibt man denselben gleiche Bindweise, was ein gutes Zusammenschlagen verursacht Werden beim Einlegen der Rute alle Florkettenfaden gehoben, so heißt man diesen Samt einflorig, werden auf die ungeraden Nadeln die ungeraden, auf die geraden alle geraden Florfaden gehoben, zweiflorig Erfolgt das Heben der Florfaden auf die Nadeln 3-, 4- etc teilig, so heißt man den Samt 3-, 4- etc florig Wegen verschiedenzeitigen Einwebens muß man bei 2florigem Samt die Florkette auf zwei Kettenbaume, bei mehrflorigem auf mehrere Kettenbaume bringen 1-, 2-, 3- etc schussiger Plusch ist die Bezeichnung, um wieviel Grundschusse die Flornoppen binden Die Hohe des Flores hangt von der Hohe, beziehungsweise dem Umfange der Nadeln ab Samt mit hohem Flor heißt Plusch. Plusch, welchen man durch verschiedene Appreturmanipulationen, wie Zusammendrucken und nachheriges Dampfen, durch Eindrucke, Pressungen, gemustert macht, heißt Astrachan Felbel, Zylinderhutplusch und Pane sind gebugelte Plusche

Da ein dichtes, festes Aufwinden des Plusches wahrend des Webens dem Flore schadlich ist, laßt man ihn nur uber den Brustbaum gehen und locker auf dem Warenbaum winden oder in einen unter dem Brustbaum befindlichen Kasten fallen Zu diesem Zwecke versieht man den Brustbaum mit Nadeln, so daß dadurch die Ware gespannt und weitergeruckt werden kann Der Schafteinzug ist zweiteilig Die Schafte der Florkette nimmt man gegen die Lade

Fig 741 Geschnittener einfloriger Samt

Das Verhaltnis der Grundkette zur Florkette ist 2 1, das des Grundschusses zum Nadelschusse 3 1. Die Bindung der Grundschusse (1—12) ist gemischter Querrips 2 1 Der Samt ist einflorig, da auf eine Nadel alle Florkettenfaden gehoben sind Die Fig 743 zeigt die Samtbindung auf dem Tupfpapiere. Die gelb gestrichenen Schußlinien stellen Schneidnadeln vor Das rot und blau Getupfte bedeutet gehobene Kette

1 Rapport = 3 Kettenfaden und 3 Grund-, 1 Nadelschuß

Zum Weben sind 2 Grundschafte, 1 Florschaft und 4 Tritte erforderlich Wegen zu großer Kettenfadendichte nimmt man aber anstatt 2 Grundschaften 4 und anstatt 1 Florschaft 2 in Verwendung

Die Fig. 744 versinnbildlicht die Daraufsicht, die Fig 745 einen Langsschnitt des in Fig 741 dargestellten Samtgewebes

Fig 746. Gezogener einfloriger Samt

In der Kette wechselt immer 1 Schlingenfaden mit 2 Grundfaden, im Schusse 2 Grundschusse mit 1 Nadel ab Die Bindung der Grundschusse ist Leinwand

Fig 747· Langsschnitt von Fig 746 Die Fig 748 versinnbildlicht das Samtgewebe auf dem Tupfpapiere

1 Rapport = 3 Ketten- und 3 Schußfaden.

Fig 749 Zweifloriger Samt oder Plusch

Die Fadenfolge ist in der Kette 1 1 im Schusse 2 . 1. Die Bindung des Grundgewebes ist Querrips 2 2 a In der Fig 750 ist die Bindweise des ersten Flor- und ersten Grundkettenfadens sowie des zweiten Flor- und zweiten Grundkettenfadens dargestellt

Fig 751 Einfloriger Plusch 1 · 2 und 4 1

Die Bindung des Grundgewebes ist Leinwand Die Florschenkel zweier ubereinander stehender Flornoppen kommen hier nicht gemeinsam zwischen zwei Grundschussen heraus, da ein Grundschuß dazwischen liegt

Fig 752 Zweifloriger Plusch 1 . 2 und 3 · 1

Die Bindung des Grundgewebes ist Langsrips 2 2. Zwischen den Florschenkeln zweier ubereinander angeordneter Flornoppen liegen drei Grundschusse. Die Nadel wird in diesem Falle erst hinter dem letzten der drei Grundschusse eingelegt, da sie sich vermoge des Ladenanschlages in die Mitte

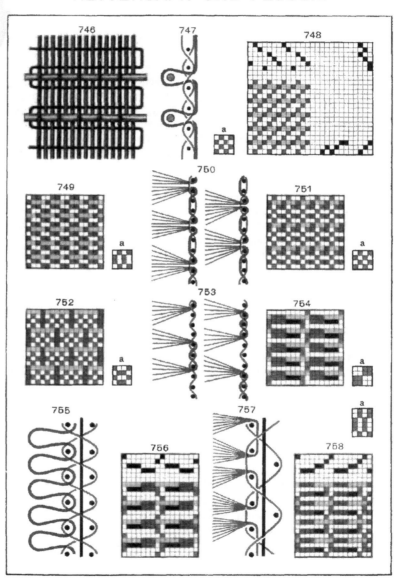

der drei Grundschusse schiebt Wurde man die Nadel nach dem ersten Grundschusse einlegen, so wurde dieselbe beim Einlegen des zweiten und dritten
Grundschusses nicht in Ruhe bleiben, da der zweite und dritte Grundschuß
dieselbe Florfadenaushebung wie der erste hat

Aus der Fig 753 ist die Bindweise des ersten und zweiten Flor- und
ersten und dritten Grundkettenfadens ersichtlich.

Fig 754 Einfloriger, gezogener Teppichplusch mit Futterkette

In der Kette wechseln 1 Grundfaden, 3 Schlingenfaden, 3 Futterfaden,
1 Grundfaden, im Schusse 2 Grundschusse, 1 Zugnadel regelmäßig ab Die
Bindung der Grundkette mit dem Grundschusse ist Mattenbindung 2 . 2 Der
Kammeinzug erfolgt 8fadig und richtet sich genau nach der angegebenen
Fadenfolge der Kette

1 Rapport = 16 Ketten- und 6 Schußfaden = 4 Schafte und 6 Tritte

Das rot, blau und schwarz Getupfte bedeutet gehobene Kette Die Fig 755
versinnbildlicht einen Langsschnitt des Gewebes und ist daraus die Schlingen-
bildung der Florkette, die Lage der Futterkette und die Bindweise der Grundkette erkennbar Erhalt der aus dieser Bindung erzeugte Teppich durch farbige
Schweifweise der Florkette ein Muster, so heißt er Brusseler Teppich Sind
die Florkettenfaden nach einer Zeichnung vor dem Weben bedruckt, so heißt
man ihn Tapestryteppich

Fig 756 Einfloriger, geschnittener Teppichplusch

Bei geschnittenem Plusch laßt man zum besseren Halten der Flornoppen
diese unter zwei Grundschusse binden. Auch kann man die Futterkettenfäden
vor den Florkettenfaden anordnen. Die Bindung der Grundkette mit dem Grundschusse ist Querrips 3 3

1 Rapport = 8 Ketten- und 8 Schußfaden

Die Fig 757 gibt den Langsschnitt des Teppichgewebes und ist daraus
alles Wissenswerte ersichtlich

Fig 758 Einfloriger, geschnittener Teppichplusch

Bei dieser Bindung ist die Fadenfolge 1 Grund-, 3 Flor-, 2 Futter-,
1 Grundkettenfaden, 3 Grund-, 1 Nadelschuß Anstatt 2 Futterfäden kann man
auch 3 oder 1 nehmen Die Noppenschenkel kommen hier zwischen zwei
Schussen heraus und sind die Noppen durch Einbinden uber den zweiten
Grundschuß besonders haltbar gemacht

1 Rapport = 7 Ketten- und 8 Schußfaden

Geschnittene Teppichplusche mit farbig geschweifter Florkette heißen
Tournay-Velourteppiche solche mit gedruckter Florkette Tapestry-Velour-
teppiche

Bei Brusseler Teppichen laßt man nach Fig 754 den Anfangs- und End-grundfaden eines Rohres gleichbinden, da dadurch die Flornoppe vermoge des beiderseitigen gleichen Druckes unverschiebbar wird Bei Velourteppichen wurden sich aber bei dieser Anordnung Langsgassen bilden, weshalb man nach Fig 756 und Fig 758 die Flornoppen abwechselnd von den Grundfaden, beziehungsweise deren Bindweise nach rechts und links verschieben laßt So z B werden alle Noppen von den ungeraden Nadeln von dem links im Rohre befindlichen Grundfaden nach rechts, alle Noppen der geraden Nadeln von dem am Ende des Rohres befindlichen Grundfaden durch dessen Bindweise nach links gedruckt

Fig 759 Vierfloriger, geschnittener Plusch.

Ein Florkettenfaden wechselt mit zwei Grundkettenfaden, drei Grundschusse mit einer Schneidnadel ab Die Bindung der Grundkette mit dem Grundschusse ist Langsrips 2 . 2, die der Florkette mit den Nadeln 4bindiger Koper

1 Rapport = 12 Ketten- und 16 Schußfaden

Fig 760 Langsschnitt des ersten Florkettenfadens mit den Grundschussen

Fig 761 Einfloriger, gestreifter Plusch

In der Kette wechseln ein Florfaden, ein Grundfaden, im Schusse drei Grundschusse, eine Zugnadel, eine Schneidnadel ab Die Bindung der Grund-kette mit den Grundschussen ist gemischter Querrips 2 . 1. Die ersten acht Florkettenfaden bilden gezogenen, die zweiten acht Florfaden geschnittenen Plusch, was aus den Langsschnitten des 1. und 9. Florkettenfadens mit den Grundschussen Fig 762 und 763 ersichtlich ist

Damit sich beim Weben die Schneidnadel auf die Zugnadel stellen laßt, muß man die Aushebung der Florkette auf die Schneidnadel auch auf die vorher eingelegte Zugnadel bringen

Die vorgestrichenen grunen Schusse versinnbildlichen die Zugnadeln, die gelben die Schneidnadeln Rot, Blau und Schwarz entspricht gehobener Kette.

1 Rapport = 32 Ketten- und 3 Grund-, 2 Nadelschusse

Fig 764 Zweifloriger geschnittener Samt mit Atlasrucken fur Bander

Die Fadenfolge ist in der Kette 1 Flor, 2 Atlas, 1 Grund, im Schusse 2 Grund, 1 Nadel Die Bindung der Grundkette mit dem Grundschusse ist Querrips 2 2, die des Ruckens 16bindiger Atlas

1 Rapport = 32 Ketten- und 16 Grundschusse, 8 Nadeln

Fig 765 Langsschnitt der ersten vier Kettenfaden mit den Grundschussen der Fig 764 Die Pfeile geben die Einlage der Nadeln an

Fig 766 Zweifloriger, karierter, geschnittener Samt

In der Kette wechseln zwei verschiedenfarbige Florfaden mit einem Grundfaden, im Schusse zwei Grundschusse mit einer Nadel ab Die Grund-

PLÜSCH.

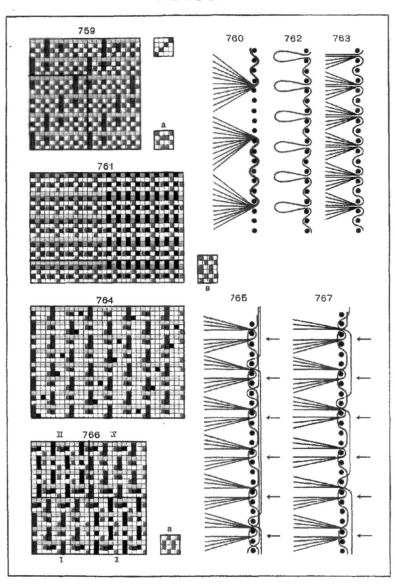

759

761

760 762 763

764

III 766 V

765 767

bindung ist Querrips 2 2 In den Quadraten I und IV bilden die ungeraden, in den Quadraten II und III die geraden Florfaden den Flor, wahrend die anderen ruckwarts flottliegen

1 Rapport = 24 Kettenfaden, 16 Grundschusse und 8 Nadeln

Beim Weben kommen 2, beziehungsweise 4 Grundschafte, 8 Florschafte und 24 Karten zur Verwendung

Fig 767 Langsschnitt des 1 und 2. Florketten- und 1 Grundkettenfadens mit den Grundschussen der Fig. 766 Die Pfeile bestimmen die Einlage der Nadeln

Krimmer.

Dies ist ein Flor- oder Schlingengewebe, welches zur Imitation der echten Lammfellkrimmer dient Wahrend bei Samt eine gleichmaßig verteilte Florflache Bedingung ist, soll bei Krimmer ein gezogener oder geschnittener lockenartiger Effekt gebildet werden Zu diesem Zwecke nimmt man zu der lockenbildenden Kette wenig, aber dicke Faden Die Hohe des Flores oder der Schlingen wird durch die Einlage hoher oder dicker Nadeln, die Lockenbildung durch die besondere Behandlung der Florgarne erzielt Die zur Flor-, beziehungsweise Schlingenkette verwendeten Garne heißt man Rovings Diese wenig gedrehten Mohair- oder Weftgarne mussen 16—20 cm lange Haare haben Um die zur Lockenbildung bestimmten glatten Garne gelockt zu machen, schweift man je nach der Starke 6—40 Faden in entsprechender Lange, nimmt diese unterbunden vom Schweifrahmen und uberdreht sie entgegengesetzt dem Spinndrahte auf einem Seilerrade Der eine Arbeiter halt den Strang in der Mitte, der andere bewirkt durch die Inbewegungssetzung des mit zwei Spindeln (Fig 768) ausgerusteten Seilerrades das Drehen des Stranges Die Große der Locken hangt von der Fadenzahl des Stranges ab Sind die zu der Kette notwendigen Strange fertig, so gibt man sie in einen Jutesack, verbindet diesen und kocht zirka 2½ Stunden in Wasser Nach dem Ablassen des Wassers laßt man abkuhlen, offnet den Sack, trocknet die Strange in heißen Raumen, dreht nach dem Trocknen die Strange auf und bringt die einzelnen Faden durch Aufbaumen auf einen Kettenbaum

Fig 769 Zweifloriger Krimmer

Die Bindung des Grundgewebes ist Langsrips 2 2 Die uber 7 Grundschusse liegenden Schlingen sind versetzt angeordnet Die Fig 770 zeigt den Langsschnitt des 1 und 2 Schlingenfadens Die Nadel wird direkt vor dem letzten Hochgange des Schlingenfadens eingelegt, da sie durch den Ladenschlag in die Mitte der Flottung gebracht wird Rot und Blau entspricht gehobener Kette.

Fig 771 Zweifloriger Krimmer

Nimmt man zu den grungetupften Lockenfaden gekrauselten Mohairzwirn, zu den blauen ungekrauselten Weftzwirn und zu den eisten hohe, zu den letzten niedere Nadeln, so wird nach den Langsschnitten 772 das Gewebe eine Fellimitation darstellen, da auf dichtem Weftgrunde die gekrauselten Mohairfaden den auf dem Korper des Schafes auftretenden strahnchenartigen Lockeneffekt nachahmen Rot, Blau und Grun = gehobene Kette

Fig 773 Zweifloriger, gestreifter Krimmei

Die Florfaden des eisten Streifens liegen uber den ungeraden, die des zweiten Streifens uber den geraden Nadeln Nimmt man die ungeraden Nadeln hoher als die geraden, oder verwendet man zu den Streifen *A* gekrauseltes, zu den Streifen *B* ungekrauseltes Mohairgarn, so werden im Gewebe Langsstreifen entstehen Rot, Blau und Schwarz gilt fur gehobene Kette

Fig 774 Zweifloriger gestreifter Plusch, beziehungsweise Krimmer

Die 4 Florfaden des Streifens *A* liegen uber den Zugnadeln, die 4 Florfaden des Streifens *B* uber den Schneid- und Zugnadeln Nach der Entfernung der Nadeln wird der Stieifen *A* gezogener Plusch, beziehungsweise Krimmer, der Streifen *B* geschnittenen ergeben.

Fig 775 Vierfloriger gezogener Kiimmer

Die Locken sind nach dem 4bindigen versetzten Koper angeordnei Die Fig 776 zeigt die Langsschnitte der Lockenfaden mit den Grundschussen und eingelegten Nadeln Die letzteren sind in der Lage gezeichnet, welche sie durch den Ladenanschlag einnehmen

Doppelplüsch.

Bei dieser Warengattung werden zwei Pluschgewebe ubereinander liegend gearbeitet Das Doppelgewebe besteht aus zwei Grundketten und mindestens einer Florkette Die zwei Grundketten sind auf einem oder auf zwei Kettenbaumen untergebracht Die Fig 777 zeigt die schematische Seitenansicht des mechanischen Doppelsamtstuhles Die auf dem Kettenbaume GKB gebaumte Grundkette geht uber den Schwingbaum SB, teilt sich in zwei Teile, wovon der eine in den 1 und 2 Schaft, der andere in den 3 und 4 Schaft gezogen ist Die auf dem Kettenbaum FKB gebaumte Florkette geht durch die mit Filz uberzogenen Walzen W', W'_1, uber die Walze W'_2 in die Helfen des 5 Schaftes Die Schafte 1 und 2 sind fur Aufzug, die Schafte 3—5 fur Tiefzug eingerichtet Die mit einem Regulator verbundenen Walzen W', W'_1 liefern das zur Einbindung notwendige Florkettenmaterial Beim Weben der Oberware gehen die Schafte 3 und 4 abwechselnd tief, wahrend die Schafte 1 und 2 in Ruhe bleiben Beim Weben der Unterware gehen die Schafte 1 und 2 abwechselnd hoch, wahrend die Schafte

KRIMMER.

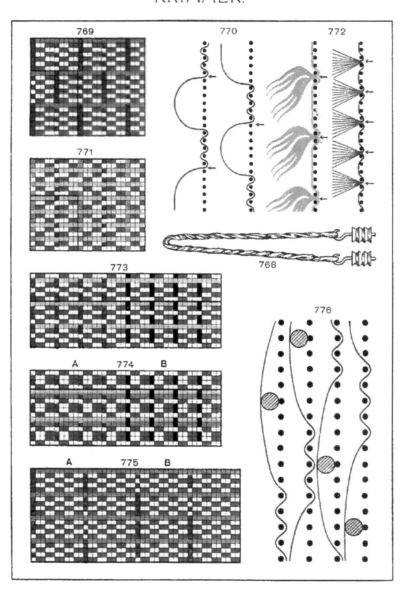

3 und 4 in Ruhe bleiben Soll die Florkette in das Untergewebe einbinden, so muß der Florschaft 5 gesenkt werden Beim Stillstande des Stuhles liegt die Unterkette auf der Ladebahn auf, während die Oberkette zirka 4 *cm* höher steht Durch diese Anordnung streben die beiden Waren auseinander, weshalb durch das Einbinden der lockeren Florkette der Flor zwischen beiden Geweben gebildet wird Der zwischen den beiden Grundgeweben gebildete Flor wird auf dem Webstuhle mittels eines Messers *M*, welches mechanisch von links nach rechts und wieder zurück bewegt wird, in der Mitte zerschnitten und dadurch zwei Pluschgewebe gebildet, welche von zwei Nadelwalzen abgezogen werden

Ein- oder zweischutziger Samt ist die Bezeichnung, ob die Ober- und Unterware mit einem Schutzen gearbeitet ist oder ob man für die Ober- und Unterware je einen Schutzen nimmt Bei zweischutziger Ware sind beide Grundgewebe getrennt, bei einschutziger durch den gemeinsamen Schuß verbunden Das Zerschneiden der beide Gewebe verbindenden Schußfaden erfolgt durch eine Vorrichtung am Breithalter Einflorig heißt eine Ware, wo alle Florfaden des Gewebes dieselbe Bindweise haben Zwei- oder mehrflorig ist eine Ware, wenn 2, 3 etc verschiedenbindige Florfaden vorkommen Flordurchbindung heißt man eine Bindweise, wo die Florfaden das Grundgewebe durchbinden, Floraufbindung, wenn die Flornoppe zur Ganze auf der linken Warenseite offen liegt Nach der Anzahl Grundschusse, welche auf einen Florrapport kommen, unterscheidet man Zwei-, Drei- und Vierschußsamt, d h bei Zweischußsamt werden immer zwei Schusse in das Ober- und zwei Schusse in das Unter-gewebe eingetragen, während dieses bei Dreischußsamt von 3 3, bei Vier-schußsamt von 4 4 erfolgt

Um die Bindweise eines Doppelplusches auszuführen, zeichnet man die Querschnitte der Gewebe und numeriert die Ketten- und Schußfaden nach den Fig 778—787

Fig 778 Einfloriger, dreischussiger Samt oder Plusch mit Flordurch-bindung

Die Bindung zeigt ein Ober- und ein Untergrundgewebe mit den Grund-kettenfaden I—IV und den Grundschussen 1—9 Die Grundbindung ist ge-mischter Rips 2 1 Der Florfaden V bindet in Leinwand und geht nach drei Schussen aus dem Obergewebe in das Untergewebe und ebenso wieder zurück Drei in das Obergewebe eingetragene Schusse (1, 2, 3), wechseln mit drei in das Untergewebe eingetragenen Schussen (4, 5, 6) ab Nachdem durch den Ladenanschlag die Unterschusse 4, 5, 6 unter die Oberschusse 1, 2, 3 zu liegen kommen, werden die Florschenkel nicht die gezeichnete senkrechte, sondern die in Fig 777 dargestellte schiefe Lage bekommen Die Fig. 779 zeigt das Bild der durch Teilen des Flores gebildeten zwei Pluschgewebe

10*

Fig 780 Einfloriger, zweischussiger Plusch mit Floraufbindung

Die Grundbindung ist Leinwand, die Flornoppe bindet um einen Schuß Die Fig 781 zeigt die Anordnung der Flornoppen nach dem Zerschneiden des Flores

Fig 782 Zweifloriger, zweischussiger Plusch mit Floraufbindung

Fig. 783 und 784 Zweifloriger Plusch mit Floraufbindung und Deckkette

Die Deckkettenfaden haben den Zweck, die ruckwarts eingebundenen Flornoppen zu verdecken, weshalb sie auf der Ruckseite der Ware Flottungen aufweisen mussen Meist nimmt man zum Zwecke besseren Deckens die Deckkette doppelfadig Die Fig 783 und 784 sind nebeneinander folgend zu verstehen Zur Verwendung kommt Grundkette, Florkette und Deckkette in folgender Ordnung

1 Untergrundkettenfaden (1 Fig 783, 8 Fig. 784),
1 Obergrundkettenfaden (2 « « 9 « «),
1 Florkettenfaden (3 « « 10 « «),
1 Unterdeckkettenfaden (4 « « 11 « «),
1 Oberdeckkettenfaden (5 » « 12 « «),
1 Untergrundkettenfaden (6 « « 13 « « ,
1 Obergrundkettenfaden (7 « « 14 « «)

Die Bindweise der Grundkettenfaden ist Mattenbindung 2 2, die der Deckkettenfaden gemischter Querrips 3 1

Der Kammeinzug erfolgt 7fadig, 7 Kettenfaden nach Fig. 783 per Rohrlucke, wechseln mit 7 Kettenfaden nach Fig 784 per Rohrlucke regelmaßig ab

Man verwendet diese aus England stammende Bindung zu Mohairpluschen und heißt sie Lusterbindung

Fig 785—787 Dreifloriger Plusch mit Flordurchbindung

Die Fig 785—787 sind nacheinander folgend zu verstehen Das Gewebe besteht aus Ober- und Untergrundkette, Florkette und Ober- und Unterschuß In der Kette wechselt ein Untergrundfaden mit einem Obergrundfaden und einem Florfaden regelmaßig ab. Wie beim Lusterplusch folgen auf zwei Schusse der Oberware zwei Schusse der Unterware Die Bindung der Grundkette mit dem Grundschusse ist 3bindiger Koper Die Flornoppen sind nach dem 3bindigen Koper angeordnet.

Um die Doppelpluschbindung aus dem Querschnitte (778—787) auf das Tupfpapier zu bringen, bestimmt man zuerst den Einzug, wonach das Ubertragen der Hebungen, beziehungsweise Senkungen der Kettenfaden erfolgt.

Mit folgendem soll das Bilden der Bindung Fig 788 aus dem Querschnitte 778 erklart werden. Aus dem Querschnitte ersieht man zwei Ober-, zwei Unter-

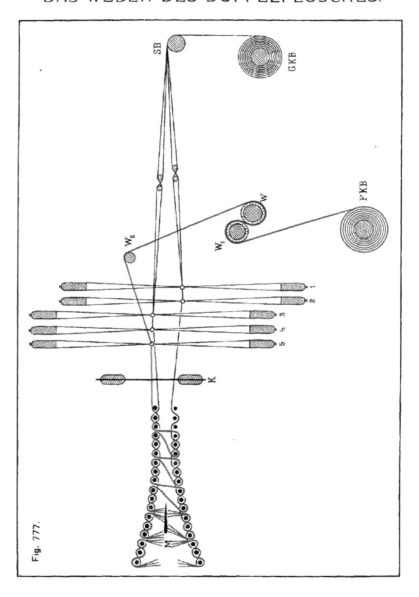

Fig. 777.

DOPPELPLÜSCH.

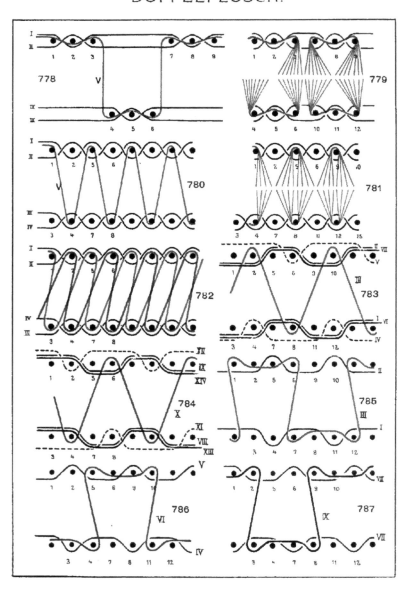

grundkettenfaden, einen Florfaden, Oberschusse (1, 2, 3, 7, 8, 9) und Unterschusse (4, 5, 6) Die Oberkette verbindet sich mit dem Oberschusse und die Unterkette mit dem Unterschusse in gemischtem Querrips 2 1, weshalb je zwei Schafte erforderlich sind Fur die Florkette ist ein Schaft notwendig. Der 1 Oberkettenfaden ist eingezogen in den 1, der 2 in den 2 Schaft, der 1 Unterkettenfaden in den 3, der 2 in den 4 Schaft, der Florfaden in den 5 Schaft Die grunen Tupfen des Einzuges machen das Einziehen der Oberkette. die schwarzen das der Unterkette und die roten das der Florkette ersichtlich Die Oberkette und die Florkette sind fur Tiefzug, die Unterkette fur Aufzug vorgerichtet

1 Schuß (Oberschuß) Der 2 Oberkettenfaden liegt unter dem 1 Schusse Der 2 Kettenfaden ist in den 2 Schaft eingezogen, weshalb der 2 Schaft gesenkt werden muß Auf die 1 Schußlinie der Bindung werden deshalb alle jene Kettenfaden mit Grun getupft werden, welche in den 2 Schaft gezogen sind

2 Schuß (Oberschuß). Der 1 Oberkettenfaden und der Florfaden liegen unter dem 2 Schusse Diese Kettenfaden sind eingezogen in den 1 und 5 Schaft, weshalb diese Schafte gesenkt werden mussen Auf der 2 Schußlinie der Bindung werden alle Kettenfaden, die in den 1 Schaft eingezogen sind mit Grun, die in den 5 Schaft befindlichen mit Rot getupft

3 Schuß (Oberschuß) Dieser Schuß ist wie der 1. Schuß, weshalb die Tupfen der 3 Schußlinie nach der 1 Schußlinie gesetzt werden.

4 Schuß (Unterschuß) Der 2 Unterkettenfaden (IV) liegt auf dem 4 Schusse, der Florfaden unter dem 4 Schusse Der 2 Unterkettenfaden ist eingezogen in den 4 Schaft, weshalb dieser gehoben werden muß Der Florfaden ist eingezogen in den 5 Schaft, weshalb dieser gesenkt werden muß Auf die 4. Schußlinie der Bindung werden alle Kettenfaden, welche in den 4 Schaft eingezogen sind, mit Schwarz, alle welche in den 5 Schaft eingezogen sind, mit Rot getupft

5 Schuß (Unterschuß)· Der 1. Unterkettenfaden (III) liegt auf dem 5 Schusse, was ein Hochgehen des 3 Schaftes bedingt Auf die 5 Schußlinie der Bindung werden alle Kettenfaden, die in den 3 Schaft eingezogen sind, mit Schwarz getupft

6 Schuß (Unterschuß) Dieser Schuß ist genau wie der 4, weshalb die Tupfen der 6 Schußlinie nach der 4 Schußlinie gesetzt werden konnen

Bei der Anschnurung gilt das grun und rot Getupfte fur Tiefzug, das Schwarze fur Aufzug

Die Fig 789 zeigt die Daraufsicht des einfachen Pluschgewebes Man muß vor dem Bilden der Querschnittbindweisen immer erst diese Verbindung aufsuchen, da diese Daten fur die Querschnitte Vorbedingung sind

Fig 790 Bindung zu Fig 780
Fig 791 « « « 782
Fig 792 « « « 783 und 784

Zur Bearbeitung dieser Bindung sind erforderlich

2 Schafte für die untere Deckkette,
2 « « « obere «
2 « « « untere Grundkette,
2 « « « obere
2 « « « Florkette

Auf der Bindung und dem Kartenmuster bedeutet Schwarz Schafthebung, Grün, Rot und Blau Schaftsenkung

Fig 793 Bindung zu Fig 785—787

Zur Verwendung kommen

3 Schafte für die untere Grundkette,
3 « « « obere «
3 « « « Florkette

Auf der Bindung und dem Kartenmuster bestimmt die schwarze Type Schafthebung, die Ringtype Schaftsenkung.

Die Fig 794 versinnbildlicht die Daraufsicht des einfachen Pluschgewebes nach Fig 793, beziehungsweise 785—787 und ist daraus die Bindweise des Grundgewebes und der Flornoppen deutlich erkennbar

Zweiseitiger Plusch.

Unter diesem versteht man ein Gewebe, welches auf beiden Seiten eine Flordecke zeigt Man verwendet diese Gewebe für Vorhange und erzeugt sie auf dem Ruten- oder auf dem Doppelpluschstuhle Bei ersterer Art legt man auf beiden Gewebseiten Ruten oder Nadeln ein, wahrend auf dem Doppelpluschstuhle dieses durch Einlage besonderer Schusse zustande gebracht wird

Das Doppelpluschgewebe wird nach Fig 795 erzeugt, in der Mitte der Florfaden zerschnitten und aus den vom Webstuhle abgezogenen zwei einfachen Pluschgeweben, die auf dem Grundgewebe liegenden Schußfaden 3, 9, beziehungsweise 6, 12 etc so aus der Ware gerissen, daß dadurch die Halfte des Flores auf die linke Seite befördert wird Naturlich muß man zu diesem Schußfadensystem festes Garn nehmen, damit es beim Herausziehen der Florschenkel nicht reißt. Wie aus der Zeichnung ersichtlich ist, wird durch die Einlage des starken Schusses das Gewebe auf der einen Seite hoheren Flor zeigen als auf der anderen Die Fig. 797 zeigt den Querschnitt des unteren Pluschgewebes mit einseitigem Flore Die Fig 798 zeigt den doppelseitigen Plusch aus Fig 797, wenn man

DOPPELPLÜSCH.

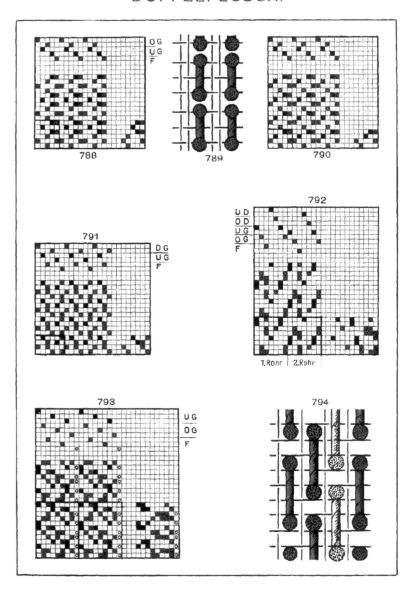

788

OG
––
UG
––
F

789

790

792

UD
––
OD
––
UG
––
OG
––
F

791

DG
––
UG
––
F

1.Rohr | 2.Rohr

793

UG
––
OG
––
F

794

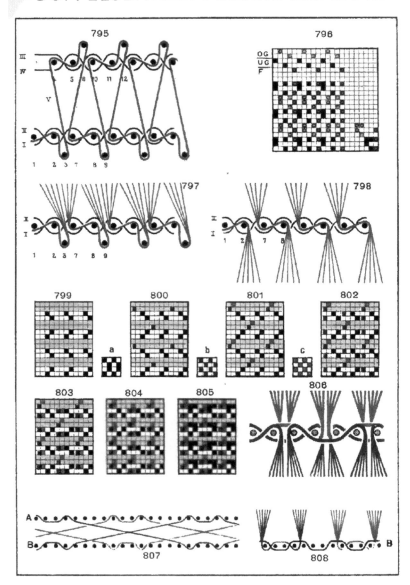

durch Herausreißen der Schusse 3, 9, 12 etc. die Halfte des Flores von der Oberseite auf die Unterseite bringt

Aus den Fig 799—805 ist der Werdegang einer Bindung fur einen doppelflorigen Plusch durch Einlage doppelter Nadeln ersichtlich In der Kette wechselt ein Unterflorfaden mit einem Oberflorfaden und 2 Grundkettenfaden ab, wahrend im Schusse nach zwei Grundschussen eine Nadel fur den unteren Flor und eine Nadel fur den oberen Flor eingelegt wird

Fig 799 Bindung des Grundgewebes (Querrips 2 2 a)

Fig 800. Grundbindung und Bindung der Unterflorfaden auf die unteren Nadeln (Leinwand b)

Fig. 801 Grundbindung und Bindung der Florketten auf die unteren und oberen Nadeln

Fig 802 Bindweise 801 und Einbindung der Unterflorfaden in die Grundschusse

Fig 803· Bindweise 802 und Einbindung der Oberflorfaden in die Grundschusse

Fig. 804 Bindweise 803 und Aushebung der Oberflorfaden beim Einlegen der unteren Nadel

Fig 805 Bindweise 804 und Aushebung der Grundkettenfaden auf die untere Nadel

Das schwarz, blau und rot Getupfte gilt als gehobene Kette Die Fig 806 ergibt den Querschnitt der Florfaden des Doppelplusches Fig. 805

Man kann den Doppelplusch auch nach der beim Doppelsamtstuhlplusch beschriebenen Weise erzeugen, wenn man nach der Fig 797 auf der oberen Seite Nadeln einlegt und unter die spater herauszuziehenden Schusse eintragt

Ein vom verstorbenen Professor Friedrich Eckstein, Wien, patentiertes Verfahren, Schußsamt als Doppelware zu weben, versinnbildlicht die Fig 807 Die Bindung der Grundketten A und B mit dem Grundschusse ist Langsrips 2 2 Die Florschusse (Blau, Rot) binden abwechselnd in die Ober- und Unterware Das Teilen beider Waren, d i das Zerschneiden der Florfadenflottungen in der Mitte soll nach dem Abnehmen des Gewebes vom Webstuhle erfolgen Nach dem Zerschneiden werden die Florfaden durch entsprechende Appreturmanipulationen aufgerichtet Die Fig 808 ergibt die Flornoppenstellung eines fertig appretierten Gewebes Das Verfahren ist nicht praktisch ausgefuhrt worden und nur anregungshalber angefuhrt

Knupf- oder Smyrnateppiche.

Dies ist eine aus dem Oriente stammende Teppichart mit hoher, dichter, floriger Oberseite Der Flor wird nicht durch Einlage von Nadeln wie bei

den Velourteppichen hervorgebracht, sondern durch Einknupfen von Fadenstucken in ein leinwandbindendes Grundgewebe erzeugt Die Morgenlander
bedienen sich zur Erzeugung dieser Teppichart eines primitiven aufrechtstehenden
Rahmens, welcher oben eine Walze zur Aufnahme der Kettenfaden und unten
eine Walze zum Aufwickeln der Ware hat Die Knupfteppiche werden bei
uns auf einem Webstuhle, von welchem die Fig 809 eine schematische Seitenansicht ergibt, hergestellt Die auf dem Kettenbaume KB befindliche, uber
die Holzwalze SB, Streichbaum) gehende Kette K wird in die Helfen der
Schafte H_1, H_2 eingezogen Die Schafte sind um zwei Walzen W_1', W_2' gelegt und so befestigt, daß durch Drehen der Kurbel K eine Fachbildung entsteht In dieses Fach wird der auf ein gekerbtes Brettchen, Fig 810, gewundene
Grundschuß eingelegt

Um den Teppich zu bilden knupft man immer nach 2—4 Grundschussen
eine Querreihe Florfadenstucke ein Das Verweben der Grundkette mit
dem Grundschusse erfolgt in Leinwandbindung Zur Bildung des Flores
werden die Florfadenstucke um 2, respektive 1 Grundkettenfaden nach den
Fig 811—814 geschlungen Die Lange der Einknupffadenstucke richtet sich
nach der Hohe des Flores, welchen der Teppich haben soll Zum Schneiden
der Florfadenstucke wickelt man das Florgarn in einer Lage auf eine Holz-
rolle, welche mit einer Langsfurche versehen ist Ein in der Langsfurche
gefuhrtes scharfes Messer zerschneidet den aufgewickelten Faden in einzelne
gleichlange Fadenstucke Die Knotenreihen sowie die Grundschusse werden
mittels einer kraftigen, eisernen Gabel, Fig 815, fest aufeinander geschlagen
Damit das Anschlagen uber die ganze Teppichbreite gleichmaßig stattfindet,
verwendet man bei den modernen Knupfstuhlen zum Nachschlagen noch eine
unter den Schaften angeordnete Lade mit einem groben Kamme In den
letzteren sind die Kettenfaden zweifadig eingezogen

Um dem Teppich einen guten Rand in der Breite zu geben, nimmt man
starkes Wollgarn und bewickelt damit die ersten und letzten 4 oder 6 Leisten-
kettenfaden. Das Einknupfen der Florfadenstucke erfolgt nach einer auf dem
Tupfpapier ausgefuhrten Musterzeichnung Die Zahl der Farben ist eine un-
beschrankte, da jedes Florfadenstuck fur sich arbeitet Jedes Quadrat der Musterzeichnung stellt einen Knoten dar, welcher in der angegebenen Farbe geknupft
werden muß

Die Herstellung der morgenlandischen Teppiche erfolgt zumeist durch Frauen und
Mädchen Wir finden im Orient den Knupfrahmen seit den altesten Zeiten in ahnlicher Weise
verbreitet, wie fruher bei uns das Spinnrad Die Dessins Muster) der zu verfertigenden Teppiche
werden aus Motiven alter Zeichnungen und Gewebe gebildet Beim Knupfen spielt die
Phantasie eine große Rolle, was zur Folge hat, daß fast kein morgenlandischer Teppich
dem anderen vollkommen gleicht Die staunenswerte Unregelmaßigkeit in Farbe und Zeichnung,

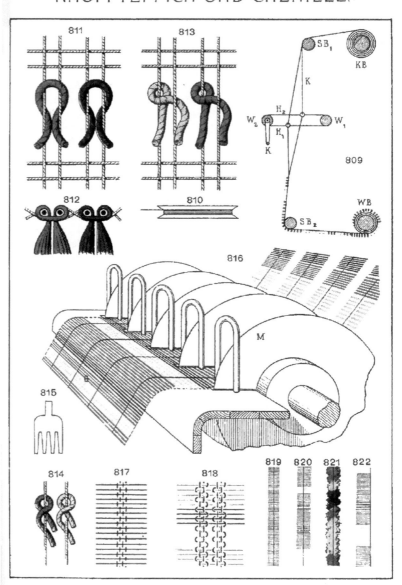

welche sich auch bei fortlaufenden Mustern bemerkbar macht, gilt als untrügliches Merkmal des echten Orientteppiches

Die von den Orientalen gewählten nur echten Farben der alten Teppiche sind weiß, rot, blau, grün, orange

Knüpfteppiche werden in Kleinasien, Kurdistan, Turkistan, Persien, Indien, China, Buchara, Kaukasien, Tunis, Marokko etc. erzeugt Als Hauptproduktionsorte der in Kleinasien erzeugten Teppiche, »Smyrna-Teppiche« genannt, gelten Uschack, Kula, Gyordes etc Betreffs der Teppichsorten befaßt sich fast ausschließlich Uschack mit der Herstellung großer Teppiche nach altturkischen Mustern, während Kula und Gyordes meist Vorleger, nach persischem Stil gehalten, erzeugt

Das Material der Grundkette ist Schafwollgarn, Baumwollgarn, Leinen oder Jutegarn, seltener Seide, das der Einknupfkette Schafwolle, Ziegenhaar, Kamelhaar oder Seide, und das Material des Schusses Schafwolle, Kamelhaar, Baumwoll- oder Jutegarn

Um auf die Verwendung der Teppiche zu kommen, sei erwähnt, daß bei den Orientalen der Besitz derselben für unentbehrlich gehalten wird, da er denselben als Matratze, Satteldecke, Zeltvorhang, Gebetunterlage etc benutzt, während er bei uns nur eine Bodenrolle spielt und oft nur als Luxusartikel betrachtet wird Letzteres erklärt sich dadurch, daß bei unseren gedielten Fußboden das Belegen mit Teppichen nicht ein solches Bedürfnis ist wie im Orient, wo der Boden unbelegt ist, also ein Bedecken mit Teppichen notwendig wird, zumal nach der dortigen Sitte sich der Eintretende seiner Fußbekleidung entledigt

Chenille.

Unter Chenille versteht man schmale, ausgefranste Bändchen, welche entweder flach oder gedreht in der Textilindustrie verwendet werden Viele solche Bändchen werden auf dem Webstuhle nebeneinander gewebt Nimmt man z B bei einer Kette den Kammeinzug abwechselnd 1 Rohr à 4 Faden, 6 Rohre leer, so werden nach dem Eintragen des Schusses schmale Kettenfadengruppen mit breiten Schußflottungen wechseln Dieses zusammenhängende Gewebe wird auf besonderen Schneidmaschinen in der Mitte der Schußflottungen zerschnitten und dadurch in einzelne Bändchen zerlegt Die Fig 816 zeigt ein derartig erzeugtes Gewebe, wie es den scheibenförmigen Messern M der Chenilleschneidmaschine vorgelegt wird, und wie nach dem Schneiden die getrennten Bändchen zum Vorschein kommen. Die Fig. 817 zeigt ein vergrößertes Bändchen mit Leinwandbindung, die Fig 818 ein solches für Axminsterteppiche mit Dreherbindung Die aus der Schneidmaschine kommenden, flachen Bändchen Fig 819 und 820 heißt man Flachchenille Werden diese Bändchen nach Fig 821 gedreht, so bekommen sie ein raupenartiges Aussehen und heißt man sie dann Rundchenille. Wird Chenille in eine z. B. leinwandbindende Kette eingeschossen, so entsteht ein Gewebe mit beiderseitiger Velour- oder Florbildung Nimmt man nach Fig 819 die Chenille einfarbig, so entsteht ein einfarbiges Gewebe, nimmt man sie nach Fig 820, 821 gemustert, ein farbig figuriertes Gewebe Bei gemusterten Chenillegeweben

mussen die Farben beim Weben der Bandchen nach einer Zeichnung aufeinander folgen Bei der Teppichchenille Fig 822 ist der Flor aufrechtstehend
angeordnet Man erzielt dies aus der Bindweise Fig 818, wenn man mit dem
Schneiden der Bandchen zugleich ein Dampfen, beziehungsweise Pressen vornimmt

Frottier- oder Schlingenstoff.

Unter diesem versteht man einen Stoff, welcher auf beiden Seiten
Schlingen hat Derselbe ist vermoge seiner Beschaffenheit besonders geeignet
zum Abreiben, Frottieren des Korpers Zum Weben braucht man eine straff
gespannte Grundkette, eine locker gespannte Schlingenkette und einen Schuß
Das Material der Ketten und des Schusses ist meist Baumwollgarn, doch wird
eine Schlingenkette aus Leinengarn dem Frottieren noch mehr Vorschub leisten
Das Verhaltnis der Grundkette zur Schlingenkette ist gewohnlich 1 1, und
zwar wechselt 1 Grundkettenfaden, 1 Oberschlingenfaden, 1 Grundkettenfaden
und 1 Unterschlingenfaden ab Die Schlingen werden nicht wie bei gezogenem
Samte durch Einlage von Nadeln erzielt, sondern durch ein besonderes in
den Fig 823 und 825 dargestelltes Webverfahren zustande gebracht Man
schlagt nach Fig 823 drei, nach Fig. 825 vier Schusse (Vorschlagschusse
genannt) nicht direkt an das Gewebe, sondern halt sie durch eine Vorrichtung (Ladenbremse), welche dem Kamme verweigert, an das Gewebe zu
schlagen, in einer gewissen, nach der Schlingenhohe sich richtenden Entfernung Denkt man sich bei der Fig 823,[1]) beziehungsweise 825 nach dem
Eintragen der 3, beziehungsweise 4 Vorschlagschusse das Hindernis zum
Anschlagen des Kammes beseitigt und die Schusse mittels eines kraftigen
Ladenschlages an die Ware gedruckt, so werden sich die Grundkettenfaden
gestreckt verarbeiten, wahrend sich die blauen Schlingenfaden nach oben,
die schwarzen nach unten wolben Es ergibt sich dies aus der straffen
Spannung der Grundkette, der lockeren Spannung der Schlingenkette und
der Bindeweise der letzteren Die Bindung der Grundkette ist bei 3 Vor-
schlagschussen gemischter Querrips $2:1$, bei 4 Vorschlagschussen gemischter
Querrips 3 1, Rips 2 2 oder Leinwand Laßt man bei 3 Vorschlagschussen
den Schlingenfaden uber den ersten und letzten und unter den mittleren
Vorschlagschuß binden, so entsteht Oberschlinge, bei umgekehrter Einbindung
Unterschlinge

---

[1]) Bei der Fig 823 ist in der Lithographie ein Fehler entstanden Die Bindweise
der Schlingenkette (Blau und Schwarz) auf den drei letzten Schussen (Vorschlagschusse) muß
genau dieselbe sein, wie auf den drei ersten Schussen

Bei 4 Vorschlagschussen entsteht Oberschlinge durch Heben des Schlingenfadens uber den 1, 2 und 4, beziehungsweise 1, 3 und 4 Vorschlagschuß, Unterschlinge durch die entgegengesetzte Bindeweise.

Fig 824· Frottierbindung nach Fig 823 fur 3 Vorschlagschusse

Das rot Getupfte bedeutet gehobene Grundkette, das blau und schwarz Getupfte Schlingenkette, das Weiße obenliegenden Schuß Die Bindung der blauen Kettenfaden bewirkt Oberschlinge, die der schwarzen Unterschlinge

1 Rapport = 4 Ketten- und 3 Schußfaden

Fig. 826. Frottierbindung nach Fig 825 fur 4 Vorschlagschusse

1 Rapport = 4 Ketten- und 4 Schußfaden

Fig 827· Frottierbindung fur 4 Vorschlagschusse, wo die Grundkette in Leinwand bindet.

Man kann auch Gewebe erzeugen, wo nur auf der Oberseite Schlingen vorhanden sind, wenn man nach Fig 828 den Schlingenkettenfaden die Bindweise der Oberschlinge gibt. Auch kann man nach Fig 829 die einzelnen Schlingenfaden zum abwechselnden Bilden von Ober- und Unterschlinge verwenden

Was die Ausmusterung der Bindungen 824, 826 und 827 anbelangt, kann man verschiedene Abwechslungen schaffen

1. Grundkette, Schlingenkette und Schuß weiß

2 Grundkette und Schuß weiß, Schlingenkette, anderes Material oder andere Farbe

3. Grund- und Schlingenkette weiß, Schuß rot oder blau, uberhaupt farbig

4 Grundkette, Schuß und die geraden Schlingenkettenfaden weiß, die ungeraden rot, blau, uberhaupt farbig

5 Grundkette, Schuß und die geraden Schlingenfaden weiß, die ungeraden durch einen Schweifzettel gemustert

6 Grundkette und Schuß weiß, die ungeraden und geraden Schlingenfaden nach einer Fadenfolge gleichartig gemustert

7. Grundkette und Schuß weiß, die geraden Schlingenfaden bekommen einen anderen Schweifzettel als die ungeraden usw

Abwechselnd weiße und blaue Querstreifen bekommt man aus der Bindung Fig. 830, wenn man die Schlingenkette 1 Faden weiß (schwarz), 1 Faden blau schweift, da durch den Wechsel der Schlingenbindweise die weißen Faden im ersten Querstreifen Oberschlingen, im zweiten Unterschlingen liefern, wahrend die blauen Faden im ersten Querstreifen (1 bis 12. Schuß) Unterschlingen, im zweiten (13. bis 24 Schuß) Oberschlinge bilden Will man aus derselben Bindung ein Gewebe von weißen und blauen Quadraten Fig 831 a bilden, so stellt man an den Quadratwechsel der Kette einmal zwei blaue und einmal zwei weiße (schwarze) Schlingenfaden zusammen Soll mit derselben Bindung ein dreifarbiger Effekt nach Fig 831 *b* gebildet werden, so muß man den Schweifzettel der Schlingenkette folgend anordnen

$$\left.\begin{matrix} 1 \text{ Faden weiß} \\ 1 \text{ » blau} \end{matrix}\right\} \text{4mal}$$

$$\left.\begin{matrix} 1 \text{ » rot} \\ 1 \text{ » weiß} \end{matrix}\right\} \text{4mal}$$

Eine andere Musterung entsteht, wenn man Ober- und Unterschlinge nicht faden-, sondern flachenweise abwechseln laßt

Fig. 832 Kariertes Schlingenmuster

Das Verhaltnis der Grundkette zur Schlingenkette ist 2 1 und kommen beim Weben 3 Vorschlagschusse zur Einlege Die Quadrate mit der blauen Schlingenfadenbindung liefern im Gewebe auf der Oberseite Schlingen, auf der Unterseite glatte Bindung, die Quadrate mit der schwarzen Schlingenfadenbindung das Entgegengesetzte

Zur Bildung figurierter Schlingenmuster tupft man nach Fig 833 ein Warenbild, bei welchem jedes Quadrat eine Schlinge darstellt Die blau getupfte Figur soll Oberschlinge, der weiße Grund Unterschlinge eigeben

Fig 834 Figuriertes Schlingenmuster

Das Verhaltnis der Grundkette zur Schlingenkette ist 1 1 und kommen beim Weben 4 Vorschlagschusse zur Eintragung Um diese Musterzeichnung zu bilden, setzt man auf die ungeraden Kettenfaden die Grundbindung (Quernps 3 1) mit Rot und ubertragt Blau vom Warenbilde, Fig 839, 4mal (Zahl der Vorschlagschusse) in der Hohe vergroßert mit Gelb auf die geraden Kettenfaden Nachdem auf Gelb Oberschlinge, auf Weiß Unterschlinge werden soll, setzt man auf Gelb die Bindweise fur die Oberschlinge mit Blau und auf Weiß der geraden Kettenfaden die Bindweise der Unterschlinge mit Schwarz Rot, Blau und Schwarz entspricht gehobener Kette

Dreher oder Gaze [1])

Unter Dreher versteht man einen Stoff, Fig 10, bei welchem sich die Kettenfaden gegenseitig umschlingen Jedes Drehergewebe hat zwei Systeme von Kettenfaden Das eine System, welches umdreht wird, heißt Giundkette, das andere, welches die Umdiehung vornimmt, Drehkette Das Verhaltnis der Grundfaden zu den Drehfaden ist 1 1, 2 1, 3 1, 2 2 usw

Die Fig 842 zeigt eine Dreherbindung, bei welcher die Grundkette und der Schuß schwarz, die Drehkette rot gezeichnet ist Zur Ausfuhrung

[1]) Gaze stammt von Gaza, der Name einer kleinasiatischen Stadt, wo diese Gewebe zuerst erzeugt worden sind

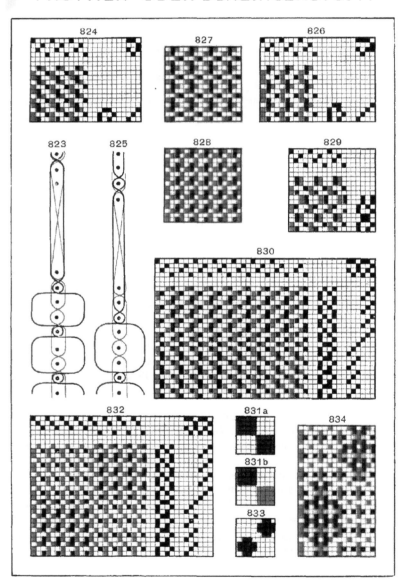

eines Drehers braucht man zuerst Grundschafte und Tritte Die Bestimmung der Anzahl Grundschafte und Tritte erfolgt nach dem Bindungsrapporte Die Bindung Fig 842 hat einen Rapport von 2 Ketten- und 2 Schußfaden, weshalb 2 Grundschafte und 2 Tritte erforderlich sind. In den ersten Schaft werden die Grundfaden, in den zweiten die Drehfaden eingezogen

Wie aus der Bindung ersichtlich ist, liegt der Drehfaden (rot) einmal links und einmal rechts vom Grundfaden (schwarz). Damit dies zustande kommt, muß man die Drehfaden außer dem Einzuge in den zweiten Grundschaft noch durch die Helfen eines besonderen Schaftes ziehen.

Nachdem, wie bereits erwahnt, die Grundkettenfaden in den ersten, die Drehkettenfaden in den zweiten Grundschaft eingezogen sind, hangt man den erwahnten besonderen Schaft vor und vollfuhrt durch den Einzug der Drehfaden in die Helfen dieses Schaftes eine Wechslung ihrer Stellung Wahrend durch den Einzug in die Grundschafte der Drehfaden immer rechts vom Grundfaden liegt, kommt er durch den doppelten Einzug auf die linke Seite Die besonderen Helfen mussen durch ihren Aufzug ein Heben der eingezogenen Drehfaden auf der linken Seite bewirken, sie mussen aber auch so beschaffen sein, daß sie den Drehfaden auch ein Ausheben durch die Helfen des zweiten Grundschaftes, in welchem sie eingezogen sind, auf der rechten Seite gewahren Man heißt diese Helfen, weil sie das Umdrehen der Faden bewirken, Dreherhelfen

Eine Dreherhelfe besteht laut Fig 835, 837, 838 aus einer gewohnlichen Helfe a und einer Stelze oder Schleife b Bei der Fig. 835 hat die Helfe a ein Metallauge und die Stelze ist durch dieses Auge gefuhrt, bei der Fig 837 hat a ein Zwirnauge und b ist durch die obere Schlinge und das Auge der Helfe a gezogen, bei der Fig 838 ist a eine Helfe ohne Auge und b ist in die obere Schlinge von a eingehangt Die durch die Vereinigung von a und b entstandene Helfe heißt Dreherhelfe Die Dreherhelfe Fig 835 hat gegen die zwei anderen Dreherhelfen den Nachteil, daß durch das Reißen eines Dreherfadens die Stelze aus dem Auge der Helfe a fallt, wahrend diese bei Fig 837 und 838 gehalten wird. Vereinigt man viele Helfen a auf zwei Staben und gibt man auch in den unteren Teil der Stelzen einen Stab, welchen man durch Schnuren mit einem zweiten Stab verbindet, so entsteht ein aus einem gewohnlichen Schaft und einem Stelzenschaft kombinierter Schaft, der Dreherschaft Binden alle Grund- und Dreherfaden uber die ganze Stoffbreite gleich, so braucht man einen Dreherschaft, kommen mehrere Bindweisen vor, mehrere Dreherschafte

Unter rechter und linker Drehung versteht man das Einbinden des Drehfadens rechts oder links vom Grundkettenfaden Bei der Fig 842 ergibt der erste Schuß linke Drehung, der zweite rechte Drehung Die durch die Umdrehung vereinigte Fadengruppe heißt bei Verhältnis 1 1 ein Dreherpaar, bei 2.1, 2 2 etc eine Dreherschnur

Aus der Fig 835 und 836 soll die Drehergewebetechnik erklärt werden

a) Einzug in die Helfen

1 Man zieht den 1. Grundkettenfaden (schwarz) in die erste Helfe des ersten Schaftes und läßt links eine Dreherhelfe leer stehen

2 Man zieht den 1 Drehkettenfaden in die erste Helfe des zweiten Schaftes und zieht diesen unter den 1. Grundfaden hinweg in die Schleife der links stehengelassenen Dreherhelfe

Man verfährt mit dem 2, 3, 4 usw Grund- und Drehkettenfaden wie mit den 1 Grund- und 1 Drehkettenfaden.

b) Einzug in den Kamm·

Man zieht die zu einer Drehung gehörenden Grund- und Drehfaden in eine Rohrlücke, da nur dadurch ein Umdrehen möglich ist

c) Anschnürung.

Auf den 7 Schuß der Fig 835 soll der 10te Drehkettenfaden rechts vom schwarzen Grundkettenfaden liegen, was durch Heben des Stelzenschaftes und des Grundschaftes, wo der Drehfaden eingezogen ist, erreicht wird Auf den 8 Schuß der Fig 836 soll der Drehkettenfaden links vom Grundkettenfaden liegen, was durch Ausheben des Dreherschaftes erzielt wird

Außer dem in Fig 835, 836 und 842 dargestellten Einzuge kann man auch das Einziehen entgegengesetzt, wie der 3 und 4, 7 und 8. Kettenfaden der Fig 844, vornehmen, so daß durch den Einzug in die Grundschäfte der Drehfaden links vom Grundfaden, durch den Einzug in die Dreherhelfe rechts vom Grundfaden befindlich ist

Anschnürregel

1 Drehung *rechts,* Dreherhelfe links oder aber beides entgegengesetzt ⚌ Stelzenschaft und Grundschaft, wo der Drehfaden eingezogen ist, heben.

2 Drehung links, Dreherhelfe links oder beides rechts ⚌ Dreherschaft, d. i *a + b,* heben

Das auf die erste Art erzeugte Fach heißt Offenfach, das auf die letzte Art gebildete Kreuzfach, weil bei ersterem keine Verkreuzung der Faden zwischen den Grundschäften und dem Dreherschafte stattfindet, was bei letzterem nach Fig 836 der Fall ist. Damit die Drehkettenfaden durch das Kreuzfach nicht allzu sehr gespannt werden, läßt man zwischen den Grundschäften und dem Dreherschafte ein 10—12 *cm* langen Zwischenraum Das Kreuzfach fällt vermöge der Kreuzung der Faden kleiner aus als das Offenfach. Um das Kreuz-

DREHER ODER GAZE.

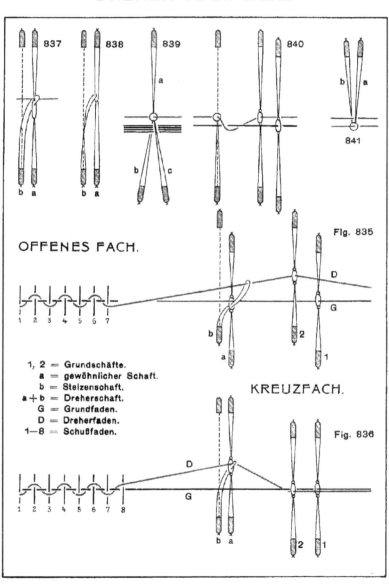

837 838 839 840

b a b a a b c b a

841

OFFENES FACH.

Fig. 835

1 2 3 4 5 6 7

D

G

b

2

a

1

1, 2 = Grundschäfte.
   a = gewöhnlicher Schaft.
   b = Stelzenschaft.
a + b = Dreherschaft.
   G = Grundfaden.
   D = Dreherfaden.
1—8 = Schußfaden.

KREUZFACH.

Fig. 836

D

G

1 2 3 4 5 6 7 8

b a

2 1

fach entsprechend großer zu bilden, laßt man die Drehkettenfaden uber einen Nachlaßstab oder eine Nachlaßwalze (Fig 882) gehen Der 6—8 *cm* uber der Grundkette angeordnete Stab spannt beim Offenfach die Drehkettenfaden, wahrend derselbe durch Tiefziehen beim Kreuzfach ein Lockern der Drehkettenfaden bewirkt, was einen großeren Hub des Dreherschaftes ermoglicht und dadurch ein großeres Fach bedingt Anstatt zum Senken kann der Nachlaßstab auch zum Heben eingerichtet sein Auch kann man fur den Nachlaßstab einen um eine Fachhohe hoher oder tiefer gehangten Schaft nehmen und in dessen Augen die Drehfaden ziehen Kommt im Gewebe nur eine Drehermusterung vor, d h binden alle Dreherpaare uber die ganze Breite gleich oder genau entgegengesetzt, so braucht man einen Nachlaßstab, kommen mehrere Musterungen zum Ausdruck, auch mehrere Nachlaßstabe, beziehungsweise Nachlaßschafte

In der Handweberei kommt es auch vor, daß man die Stelzen des Stelzenschaftes auf dem oberen Schaftstabe anordnet In diesem Falle wird der Dreherfaden uber den Grundkettenfaden gehend in die Schleife der entgegengesetzt stehenden Dreherhelfe gezogen und mit Tieffach gearbeitet, was ein Senken des bei der Anschnurregel angegebenen Hebens der Schafte bedingt

Fig 842: Dreher 1 1

Bei dieser Musterung binden alle Dreherpaare gleich

1 Rapport = 2 Ketten- und 2 Schußfaden = 2 Grundschafte, 1 Dreherschaft, 2 Tritte und 1 Nachlaßstab

Einzugsweise

Der schwarze Grundkettenfaden ist so in den ersten Schaft gezogen, daß links eine Dreherhelfe stehen bleibt Der rote Drehfaden wird rechts vom Grundfaden in den zweiten Schaft gezogen, unter den Grundfaden hinweggenommen und durch die Schleife der links stehengelassenen Dreherhelfe gefuhrt

Anschnurung.

Auf dem 1 Schusse befindet sich der Drehfaden links vom Grundfaden (linke Drehung), die Dreherhelfe ist ebenfalls links vom Grundfaden, was ein Heben des Dreherschaftes bedingt

Auf dem 2 Schuß ist der Drehfaden rechts vom Grundfaden (rechte Drehung), was ein Ausheben des Stelzenschaftes und des zweiten Grundschaftes, wo der Drehfaden eingezogen ist, erforderlich macht. Nachdem durch das Treten des ersten Trittes Kreuzfach (Drehung und Dreherhelfe sind auf einer Seite), durch das des zweiten Trittes Offenfach (Drehung und Dreherhelfe befinden sich nicht auf einer Seite) gebildet wird, muß auf den ersten Tritt der Nachlaßstab zum Nachlassen angeschnurt werden

Fig 843 Dreher 1 1

1 Rapport == 2 Ketten- und 4 Schußfaden

Fig. 844 Dreher 1 1, mit Leinwandrand

Bei dieser Musterung findet man, daß die geraden Dreherpaare entgegengesetzt den ungeraden binden Man erzielt dies durch die entgegengesetzte Einzugsweise, d h man stellt bei den geraden Dreherpaaren die Dreherhelfe nicht links, sondern rechts vom Grundfaden Das Gewebe Fig 10 reprasentiert diese Bindweise

Hat man einen andersbindenden Rand oder läßt man Drehermusterung mit Streifen von glatter Bindung wechseln, so stellt man die zur glatten Bindung notwendigen Schafte zwischen die Grund- und Dreherschafte, da sie so als Ausfullung des zwischen genannten Schaftparuen notwendigen Raumes dienen

Fig 845 Dreher 2 1 mit entgegengesetzter Drehung.

Fig 846 Dreher 2 2

Bei dieser Musterung findet man, daß die zwei Grund- und zwei Drehfaden in Leinwand binden Man benotigt dazu 4 Grundschafte und 1 Dreherschaft, wenn man die Einzelbindung der Drehfaden in das Offenfach nimmt, da beim Kreuzfach ein Teilen der in eine Schleife der Dreherhelfe gezogenen zwei Drehfaden unmoglich ist. Soll die Musterung mit Schaftmaschine gewebt werden, so bildet man das nebenstehende Kartenmuster Um letzteres zu tupfen, liest man die Hebungen der Tritte nacheinander folgend von oben nach unten ab und ubertragt dies von links nach rechts auf das Kartenmuster

Fig 847 Dreher 2 2.

Bei dieser Musterung erfolgt das Teilen der Drehfaden auf beiden Seiten, weshalb man gezwungen ist, zwei Dreherschafte zu nehmen

Fig 848 Karos mit Leinwandrand

Bei dieser Musterung wechselt Dreherbindung mit Leinwandbindung flachenweise ab

1 Rapport == 40 Ketten- und 32 Schußfaden == 8 Grund-, 2 Leistenschafte, 2 Dreherschafte, 2 Nachlaßstabe und 8 Tritte, beziehungsweise nach dem Kartenmuster Fig 849 32 Karten

Nimmt man bei der Musterzeichnung Fig 848 die Flachen a und b fortlaufend an, so entsteht eine langsgestreifte Ware, zu deren Ausfuhrung 8 Grund , 2 Leistenschafte, 2 Dreherschafte, 2 Nachlaßstabe und 4 Tritte erforderlich sind Nimmt man bei derselben Musterzeichnung die Flachen a und c fortlaufend an, so entsteht eine quergestreifte Ware, zu deren Erzeugung 4 Grund-, 2 Leistenschafte, 1 Dreherschaft, 1 Nachlaßstab und 8 Tritte, beziehungsweise 32 Karten notwendig sind

DREHER.

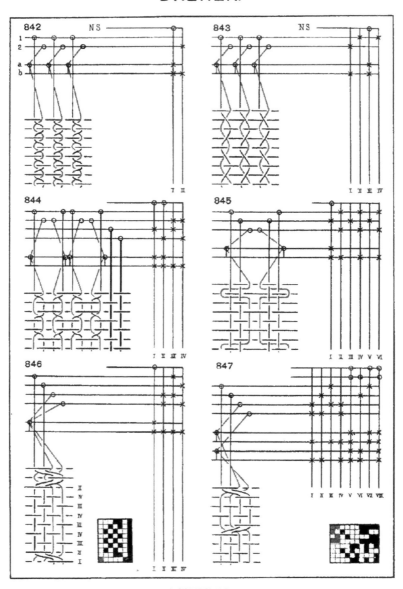

DREHERKAROS.

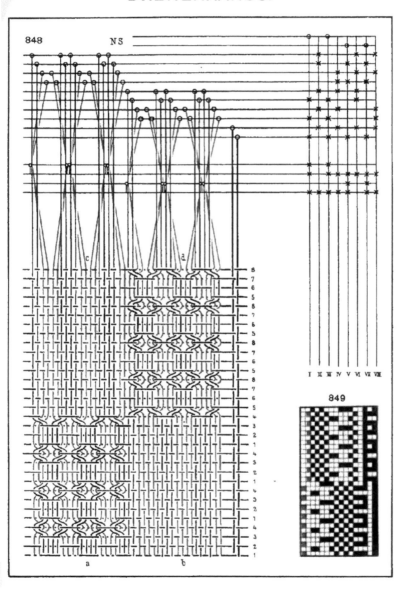

Figurendreher.

Die bis jetzt durchgenommenen Musterungen liefern eine durchbrochene Ware Außer diesen Musterungen bringt man auch Drehereffekte auf dichten Geweben zur Ausführung Die Drehfaden treten bei diesen Musterungen, einer Stickerei ähnlich, auf dem Grundgewebe auf Zum Unterschiede von den durchbrochenen Drehern ist bei diesen Musterungen ein Versinnbildlichen auf dem Tupfpapiere vorteilhaft Die Fig 850—854 ergeben derartige Musterungen

Fig 850 Zickzackdreher auf glattem Grunde

Will man bei diesen Mustern die rechte Seite beim Weben oben haben, so muß man die Stelzen des Stelzenschaftes auf den oberen Schaftstab geben Beim Einziehen muß man den rechts von den Grundfaden eingezogenen Drehfaden über diese Grundfaden hinweg in die Schleife der entgegengesetzt stehenden Dreherhelfe ziehen Die Fig 851 zeigt die Anordnung, wenn die rechte Seite beim Weben unten genommen wird

Wenn bei diesen Mustern der Kammeinzug des Grundgewebes zweifadig erfolgt, so mussen die vier Grundfaden, um welche sich der Dreher schlingt, zwei Rohrlucken einnehmen Da aber die zu einer Drehung gehörenden Kettenfaden in eine Rohrlucke kommen mussen, so bleibt nichts übrig, als an diesen Stellen immer 1 Rohr herauszunehmen, damit eine doppelte Rohrlucke entsteht Man heißt derartige Kamme, wo enge Rohrlucken mit weiten abwechseln, gemustert gesetzte Kamme

Man kann auch diese Musterungen vorteilhaft mit einer anderen Helfenkonstruktion des Dreherschaftes erzeugen Man nimmt dazu eine Perle und versieht diese nach Fig 839 mit drei Stelzen Die Enden dieser Stelzen werden auf je einen Stab geschoben und der dadurch erhaltene Schaft so aufgehangt, daß ein Schaftstab über, zwei unter der Kette befindlich sind In die Perlen dieses Schaftes werden alle Drehfaden eingezogen Zwischen die zwei unteren Schenkel der Dreherhelfe werden die Grundfaden (Fig 839) gezogen, um welche sich der Drehfaden schlingen soll Die Perlen des Dreherschaftes stehen im Ruhestande der Vorrichtung zirka 8 cm höher als die Helfen augen der Grundschafte, so daß der Schaft beim Obenliegen der Drehfaden in Ruhe bleiben kann Soll der Drehfaden links einbinden (linke Drehung), so wird dies nach Fig 852 durch Senken des Schaftstabes b und Nachlassen des Schaftstabes a und c bewirkt Bei rechter Drehung muß c gesenkt und a und b nachgelassen werden Der über der Kette befindliche Schaftstab a wird durch Spiralfedern hochgehalten, welche ihn auch nach dem Senken wieder in die Hohe bringen

Bei den Fig 852—854 bedeutet D, D_1 = Drehfadenkettenbaum, G = Grundfadenkettenbaum, 1—4 = Grundschafte, a = oberer Dreherschaftstab, b und c = untere Dreherschaftstabe, $\times$ = Hebung, $\bigcirc$ = Senkung

Bei der Fig 852 ist auf dem 1 Schusse der Drehfaden links eingebunden, weshalb auf den 1 Tritt außer den Grundschaften 1 und 3, der Dreherschaftstab b gesenkt und c gehoben werden muß Auf dem 2, 3, 4. und 5. Schusse liegt der Drehfaden auf dem Grundgewebe, was nur ein Anschnuren der Grundschafte bedingt, da der Dreherschaft in Ruhe bleibt Auf den 6 Schuß bindet der Drehfaden rechts ein, weshalb auf den 6. Tritt außer den Grundschaften 2 und 4 der Dreherschaftstab c gesenkt und b gehoben werden muß. Bei den Schussen 7, 8, 9, 10 erfolgt wegen Obenliegen des Drehfadens wieder nur die Anschnurung der Grundschafte.

Fig. 853 Figurierter Dreher auf Kopergrund

Man braucht zu dieser Musterung 4 Grund-, 2 Dreherschafte und 16 Karten Die entgegengesetzte Drehung des zweiten Drehfadens zum ersten und des vierten zum dritten wird durch Verstellen der unteren Stelzen des Dreherschaftes um die Grundkettenfadengruppe besorgt Bei der ersten und dritten Dreherpartie ist Stelze b links, c rechts, bei der zweiten und vierten c links, b rechts angeordnet

Fig 854 Zickzackdreher auf Kopergrund.

1 Rapport = 39 Grund-, 3 Drehkettenfaden und 12 Schusse = 3 Grundschafte, 1 Dreherschaft, 12 Tritte, beziehungsweise nach dem Kartenmuster Fig 855 12 Karten Der Kamm ist nach dem Muster gesetzt und erfolgt der Einzug

1 weite Rohrlucke	(Raum fur 3 enge) à 7 Faden,
1 enge «	a 1 Faden,
1 weite «	(Raum fur 3 enge) à 7 Faden,
5 enge Rohrlucken	à 2 Faden,
1 weite Rohrlucke	(Raum fur 3 enge) à 7 Faden,
5 enge Rohrlucken	à 2 Faden

Kunstdreher.

Unter diesen versteht man besonders effektvolle oder schwierig zu webende Drehermusterungen

Fig 856: Dreher mit Brochékette.

Durch das abwechselnde Flottliegen der blauen Brochéfaden wird außer der Drehermusterung ein leinwandartig versetzter strichartiger Effekt erzeugt

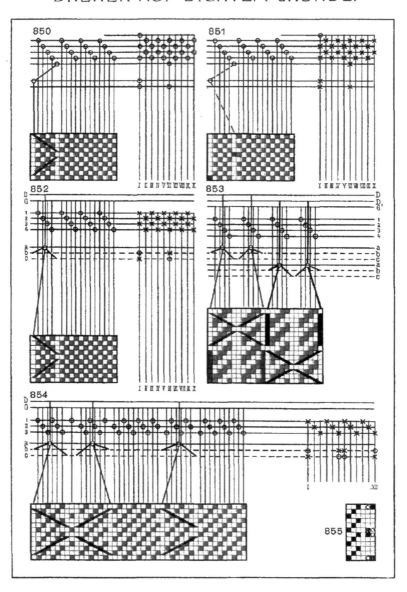

Die Fig 857 versinnbildlicht ein Drehergewebe, welches auf einem Leinwandgewebe angeheftet ist Nimmt man z B zum Leinwandgewebe schwarze Kette und schwarzen Schuß, zum Drehergewebe rote Kette und roten Schuß, so wird sich das rote Drehergewebe auf dem schwarzen Grundgewebe ausbreiten Die Verbindung beider Gewebe erfolgt durch Kreuzung von Grundkettenfaden des Drehergewebes mit Schussen des Leinwandgewebes

Fig 858 Ganzdreher

Bei den bis jetzt durchgenommenen Drehermusterungen erfolgt das Einbinden des Drehfadens immer von einer Seite zur anderen Man kann deshalb diese Dreher als Halbdreher bezeichnen Beim Ganzdreher dreht sich der Drehfaden, ohne auf der anderen Seite einzubinden, einmal um den Grundfaden, so daß nach dem Drehen der Drehfaden auf derselben Seite wie vor dem Drehen sich befindet Man erzeugt Ganzdreher, indem man nach Fig 840 anstatt des bis jetzt üblichen Dreherschaftes einen Perlenschaft nimmt Der Einzug der Kettenfaden ist aus den Fig 840, 858 ersichtlich Um den 1 Schuß der Fig 858 einzutragen, hebt man den Perlenschaft und den Grundschaft, wo der Drehfaden eingezogen ist Dadurch wird der Drehfaden den Umwindungen der Perlenstelze folgen und die Umdrehung bewerkstelligen. Um den 2 Schuß einzulegen, werden die 2 Grundschafte gehoben und der Perlenschaft gesenkt, was abermals eine ganze Umdrehung ergibt,

Fig 859 Eineinhalb Dreher.

Man kann diese Musterung ebenfalls mit dem Perlenschafte weben, wenn man die Umdrehung des Drehfadens um den Grundfaden zwischen dem Grundfaden und dem Perlenschafte nach Fig 859 ausfuhrt Man kann die Musterung aber auch mittels eines gewöhnlichen Dreherschaftes erzeugen, wenn man den Drehfaden zwischen den Grundschaften und dem Dreherschafte nach Fig 859 um den Grundfaden schlingt Wird der Dreherschaft gehoben (2 Tritt), so wird rechte Drehung gebildet Werden der Stelzenschaft und der Grundschaft, wo der Drehfaden eingezogen ist, gehoben, so wird der Drehfaden den Umwindungen der Stelze um beide Faden folgen, nach links gehen und dabei den Grundfaden in der dargestellten Weise umschlingen Die Drehermusterung Fig 858 kann auch mit einem gewöhnlichen Dreherschafte erzeugt werden, wenn man die Umlegung des Drehfadens um den Grundfaden nach Fig 858 vornimmt und nach der allgemeinen Regel anschnurt Beim Weben von Ganz- und Eineinhalbdrehern ist eine exakte Vorrichtung des Webstuhles Bedingung, da durch das Umschlingen der Stelze nur bei besonderer Sorgfalt eine gute Fachbildung erreicht wird

Fig. 860 Doppeldreher.

11*

Bei dieser Musterung wird ein Dreherpaar von einem zweiten Drehfaden umschlungen

Fig 861 Kreuzstichgaze

4 Grundkettenfaden werden von zwei Drehfaden kreuzweise umschlungen Man braucht dazu 2 Grundschafte und 2 Dreherschafte von der Konstruktion der Fig. 839.

Fig 863 Wellen- und figurenartige Dreher

Um gebogene, wellenartige Drehermuster zu erzielen, verwendet man Kamme mit strahlenformig gesetzten Rohren oder Kamme mit gebogenen Rohren Die Kamme sitzen nicht fest in der Lade, sondern sind durch eine mechanische Vorrichtung steigend und fallend eingerichtet, damit immer eine andere Stelle des Kammes den Anschlag des Schusses besorgt

Webt man den glatten Dreher Fig 843 mit einem nach Fig 862 gesetzten Kamme, welcher steigend und fallend arbeitet, so entsteht das gebogene Drehermuster Fig 863

Fig 864 Dreifacher Dreher

Bei dieser Musterung werden zwei Dreherpaare von einem dritten Drehkettenfaden umschlungen

Fig 865 Gaze mit linker, rechter und Mittel-Drehung

Um eine Musterung mit drei Einbindungen des Drehfadens zu erzielen, muß man zwei Dreherschafte verwenden

Bei der Musterung Fig 865 vollfuhrt der Drehfaden auf dem 1 und 6 Schusse linke Drehung, auf dem 2 und 5 Schusse Mittel-Drehung, auf dem 3 und 4 Schusse rechte Drehung

Stickgaze.

Soll eine Musterung nach der Fig 866, wo der blaue Drehfaden uber zwei getrennt arbeitende Dreherpaare bindet, erzeugt werden, so muß man den in Fig 839 skizzierten Dreherschaft vor dem Kamme, d. i vor der Lade unterbringen, da es nur dadurch moglich ist, mehrere in getrennten Rohren arbeitende Dreherpaare zu uberbinden

Stickereieffekte nach der Fig. 867, 866, eventuell 861 webt man vorteilhaft mit Hilfe des Nadelstabes oder Nadelrechens Dieser ist in Fig 878 dargestellt und wird derselbe in der gezeichneten Stellung uber der Kette (rechtsseitige Webung) oder gesturzt unter der Kette (verkehrtseitige Webweise) vor dem Kamme angebracht Der Nadelrechen muß sich auf- und abwarts sowie seitlich verschieben lassen und sind diesbezuglich verschiedene Vorrichtungsarten vorhanden

DREHER.

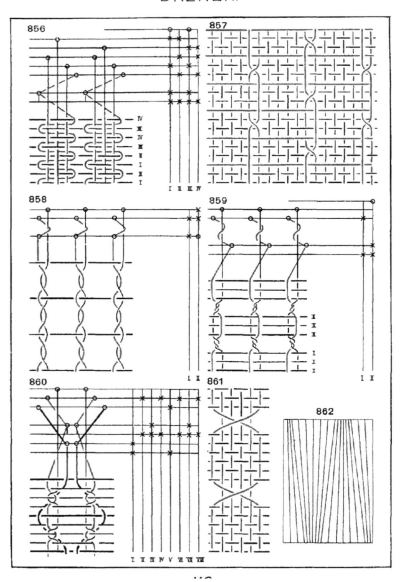

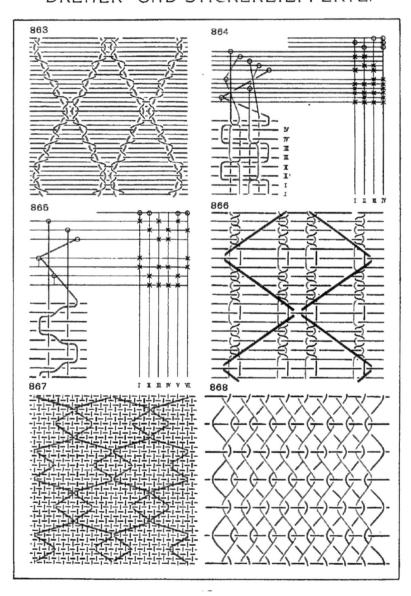

Zum Weben braucht man eine Grundkette, eine Stickkette und Grundschuß Die Grundkette wird in die Helfen der Schäfte, die Stickkette durch
die Locher der zirka 10 *cm* langen Nadeln des Nadelrechens gezogen Soll
die Stickkette einbinden, so wird der Nadelrechen je nach der Musterung
seitlich verschoben und je nach der Vorrichtung in das geöffnete Fach gesenkt,
respektive gehoben Die Fig 879 gibt Aufschluß über diese Vorrichtung
im Handwebstuhle Bei fortlaufenden Mustern braucht man einen, bei sym-
metrischen Mustern, wie Fig. 861, 866 und 867, zwei Nadelrechen.

Netz- oder Kreuzgaze.

Um eine Drehermusterung nach der Fig 868 zu erzeugen, wo der
Drehfaden sich nicht immer um den Grundfaden seiner Gruppe schlingt,
sondern abwechselnd in die benachbarte Gruppe bindet, benutzt man die in
Fig. 875 dargestellte Fachbildungsvorrichtung. Dieselbe besteht aus einem
offenen Kamme K mit zirka 8 *cm* hohen oben spitz verloteten Staben
(Zähnen) und zwei Nadelrechen Der obere Rechen hat eine Führung zwischen
zwei Leisten L und kann derselbe durch den Griff G nach rechts oder
links bewegt werden In die Nadeln des unteren Rechens sind die Grund-
kettenfaden eingezogen, welche auch noch durch die hohlen Stäbe des
Kammes geführt werden Durch die Nadeln des oberen Rechens gehen die
Drehfaden Der Kamm K befindet sich in der Weblade Der obere wie der untere
Nadelrechen sind zu beiden Seiten durch Schnuren mit je einer auf den oberen
Stuhlriegeln gelagerten Welle verbunden. Die Bewegung (Senkung) des oberen
Nadelrechens erfolgt durch Handedruck, die des unteren (Hebung) wird durch
Treten eines Trittes ausgeführt Das Zurückgehen der Nadelrechen in die Ruhe-
lage wird durch Spiralfedern besorgt, welche mit Schnuren in Verbindung sind,
die einige Male um die bereits erwähnten Wellen gelegt und befestigt sind
Aus der Fig 875 ist erklärlich, daß durch das Heben des unteren und Senken
des oberen Nadelrechens einschließlich der Verschiebung des oberen Rechens,
ein Verschlingen der Drehfaden mit den rechten, beziehungsweise linken
Nachbarfaden der Grundkette erfolgt Die Fig 876, 877 geben die Fachbildungen, wenn der Drehfaden nach links, beziehungsweise rechts bindet

Gruppen- oder Hakelgaze

Zum Verschlingen großer Fadenpartien wie bei Fig 869 und 870 verwendet man die Hakellade (Crochetierapparat) Dieselbe besteht laut Fig 880
aus einem zwischen den Ladearmen der gewöhnlichen Weblade auf- und
abwärts bewegbaren Schlittenholz A, zwei durch Schrauben S verbundenen

Leisten *B* und einem in einer Fuge der letzteren liegenden Stab mit Häkchen *H* Von dem Schlittenholz *A* gehen Holzzapfen durch Schlitze *Sch* der Leisten *B*, wodurch letztere durch Vorstecken gehalten werden Der Wirbel *W* ist mit dem Hakelstabe in Verbindung, so daß je nach dem Drehen eine Bewegung des Hakelstabes von links nach rechts oder umgekehrt erfolgt Die Zahl der Häkchen entspricht der Anzahl der Dreherschnuren

Um die Musterung Fig 869 zu erzeugen, werden die blauen Kettenfaden (Grundfaden) in die Helfen des 1 und 2 Schaftes, die roten (Drehfaden) in die Helfen des 3 und 4 Schaftes eingezogen Um die Ketten in Leinwand zu verweben, bildet man durch die Tritte I und II die entsprechenden Fächer Soll die Umdrehung stattfinden so hebt man durch Treten des Trittes III den 1 und 2 Schaft, senkt die Hakellade und bewegt durch Drehen des Wirbels den Hakelstab so weit nach rechts, bis das erste Häkchen hinter die zweite Fadengruppe (rot) zu stehen kommt Durch dieses Verschieben gelangt die erste Fadengruppe (blau) rechts von der zweiten Fadengruppe Jetzt senkt man die Häkchen unter das Unterfach, dreht den Wirbel etwas zurück, daß die Faden der zweiten Fadengruppe über das Häkchen kommen, läßt den dritten Tritt aus und läßt die Hakellade in die Höhe gehen Durch dieses Fach wird der Schuß *c* eingetragen Nach dem Einlegen dieses Schusses werden durch Senken der Hakellade die Faden aus dem Häkchen gebracht Soll die Umdrehung nach dem Schusse *d* der Fig 870 erfolgen, so muß die seitliche Verschiebung der Häkchen doppelt so groß sein wie bei der Fig 869.

Die Firma Schelling & Stäubli in Horgen hat eine mechanische Vorrichtung zur Erzeugung derartiger Effekte patentiert Dieselbe soll aus den schematischen Darstellungen Fig 882 und 883 erklärt werden Zur Verwendung kommen Grundschäfte, ein fester Kamm, ein Stelzenschaft, ein Nadelrechen und ein offener Kamm Die Drehfaden sind nach Fig 870 in die Schleifen der durch die Nadeln des Nadelrechens gezogenen Stelzen geführt Der feste Kamm dient zum guten Verteilen der Kettenfaden Der Nadelrechen hat den Zweck, die Umdrehung der Kettenfaden zu bewirken Soll Leinwand oder überhaupt glatte Bindung gewebt werden, so befindet sich der Nadelrechen in der Stellung der Fig 882 Wenn die Umdrehung erfolgen soll, geht der Rechen nach Fig 889 in die Höhe, während die Schäfte in Ruhe bleiben Durch den Hub des Nadelrechens verkürzen sich die Stelzen, was ein Anziehen der Drehfaden an die Nadeln und ein Mitnehmen in das Oberfach bedingt Soll die Musterung nach dem Schusse *c* sein, so braucht der Nadelrechen nur eine Auf- und Abwartsbewegung zu

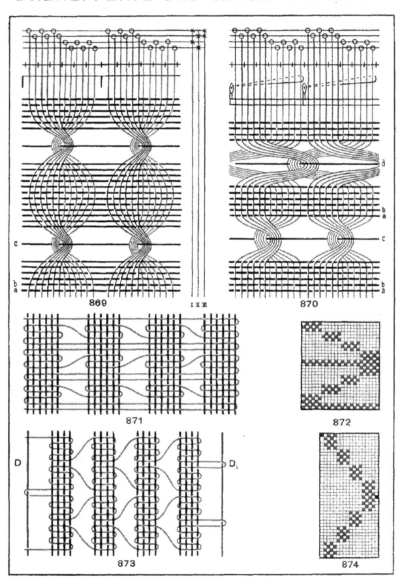

869

870

871

872

873

874

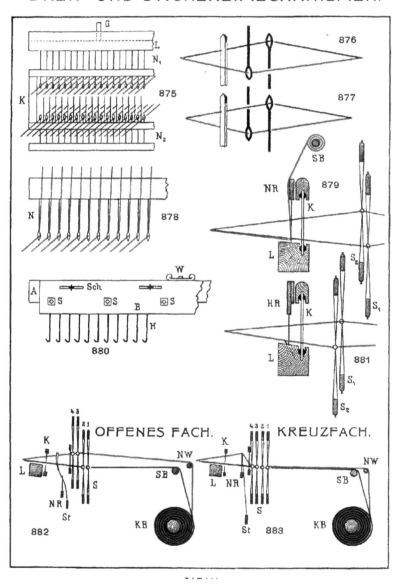

machen Will man aber Musterungen nach dem Schusse *d* erzeugen, so muß
der Nadelrechen außer der Hoch- und Tiefstellung eine seitliche Verschiebung
machen Der offene Kamm *K* dient zur Aushebung der in mehreren
Rohren verteilten Drehfäden zu einer Umschlingung und zum Anschlagen
des Schusses In den Fig 882 und 883 ist zu bemerken, daß *KB* den
Kettenbaum, *SB* den Streichbaum, *NW* die Nachlaßwalze darstellt Beim
Offenfach Fig 882 hält die Nachlaßwalze die über sie gehenden Drehfäden
gespannt, während beim Kreuzfach durch den Tiefzug ein Lockern der
Drehfäden stattfindet

Dreherbindung als Leiste.

Oft webt man zwei Gewebe nebeneinander und trennt diese durch Zerschneiden in der Mitte in Einzelgewebe Zu diesem Zwecke läßt man zwischen
den zwei Geweben einige Rohre leer, daß man den Schuß, ohne die Kettenfaden zu beschädigen, an dieser Stelle leicht zerschneiden kann Damit sich
nach dem Zerschneiden die Endkettenfaden nicht aus dem Gewebe ziehen
können, gibt man denselben Dreherbindung Man befestigt nach Fig 841 an
eine Glasperle zwei Zwirnstelzen und verbindet letztere mit zwei leinwandbindenden Grundschaften In die Perle kommt der Drehfaden, darüber
zwischen beiden Stelzen der Grundfaden Durch das abwechselnde Heben der
zwei Grundschafte kommt der Drehfaden einmal links, einmal rechts vom
Grundfaden zur Einbindung

Gewebte Spitzen.

Diese bestehen aus Kettenfadengruppen Der Schuß verbindet meist
nicht alle Gruppen auf einmal, sondern verarbeitet sich je nach der Musterung
von einer Gruppe zur anderen Die Fig 871 und 873 versinnbildlichen derartige Musterungen nach Art der Gewebevergroßerung, die Fig 872 und 874
auf dem Tupfpapiere Meist haben diese Spitzen an den Randern hervorstehende
Schlingen Man erzeugt diese mittels Drahten, welche hinter dem Kettenbaume
belastet und durch besondere Helfen, beziehungsweise Schafte bewegt werden
Beim Fortschalten der Ware rutscht der Draht aus dem umgelegten Schußfaden
und bildet so eine Schlinge oder Schleife Bei der Fig 874 ergeben der erste
und letzte Kettenfaden die Aushebung der beiden Drahte

Dreher-Imitationen.

Diese entstehen, daß durch die Bindweise gewisse Faden beim Weben
die in der Bindung gezeichnete gerade Stellung verlassen und schrag oder

wellenartig wirken Man erhalt derartige Musterungen, wenn man den Effekt-
faden zwischen eng und weit bindende Fadenpartien stellt Die eng bindenden
Partien werden den Effektfaden nach der Seite der offenen Bindung verschieben
Die ruckwarts flottliegenden blauen Kettenfaden der Bindung 884 werden
von den anschließenden Leinwandstellen gegen die aus Flottungen gebildeten
Flachen gedruckt, so daß die auf der Bindung ersichtlichen blauen Flottungen
die senkrechte Lage verlassen und die in der Fig 885 gezeichnete schrage
Richtung einnehmen. Die Fig. 887 ergibt den Wareneffekt der blauen Faden
aus der Bindung Fig 886 Anstatt Kette kann man auch den Schuß zur
Bildung schrager oder wellenartiger Effekte verwenden. Die Fig 889 versinnbildlicht den wellenartigen Effekt, welchen die gelb gezeichneten Schusse der
Fig 888 dem Gewebe geben Die gelben Schusse der Fig. 890 werden im
Gewebe ebenfalls die gestreckte Lage verlassen und wellenartig erscheinen
Durch die Bindweise der Fig 891 werden der 15 und 30 Schuß abwechselnd
nach unten und nach oben unter die blauen Kettenflottungen gedrangt Verwendet man zu diesen zwei Schussen starkes Material oder Effektgarne, so
wird dadurch das Koper bindende Grundgewebe durch eine kraftige, wellenartige Musterung verziert

DREHER-IMITATIONEN.

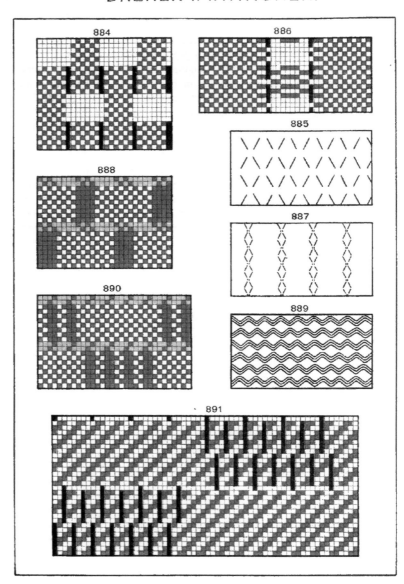

Zweiter Teil.

Die Dekomposition und Kalkulation.

— —

Unter Dekomponieren versteht man das Zerlegen einer Warenprobe in der Absicht, sich eine klare Kenntnis der Bearbeitung zu verschaffen, so daß man imstande ist, das Gewebe nachzumachen, zu imitieren

Um eine Musterzerlegung oder Dekomposition auszuführen, hat man folgende Punkte zu erledigen

1 Benennung des Gewebes
2. Bestimmung des Warenmaßes
3   »   der rechten und linken Warenseite
4   »   der Ketten- und Schußfadenrichtung
5   »   des Ketten- und Schußmaterials
6   »   der Ketten- und Schußfadenfolge.
7.   »   der Bindung
8   »   des Webschemas
9   ⸗   der Fadendichte in Kette und Schuß
10   »   der Gesamtkettenfaden
11   »   der Gang-, respektive Musterzahl
12 Berechnung der Kettenlange
13 Bestimmung der Webstuhlvorrichtung
14 Berechnung der Helfen
15 Bestimmung der Kammdichte
16 Berechnung der Kammbreite
17   ⸗   des Garnbedarfes für die Kette
18   »   des Garnbedarfes für den Schuß
19   »   des Gewichtes der Ware, beziehungsweise eines Quadratmeters Stoff.
20 Bestimmung der Appretur

I. Benennung der Gewebe.

Die Benennung der Webwaren erfolgt.   •

1 Nach dem verwendeten Faserstoffe in Baumwoll-, Leinen-, Jute-, Schafwoll-, Seide-, Halbwollgewebe etc

2 Nach der Farbe und Appretur in rohe, gebleichte, gefarbte, mercerisierte, bedruckte, gerauhte, gewalkte, gaufrierte Gewebe etc

3 Nach der Verkreuzungsart der Kettenfaden mit den Schußfaden in glatte, gemusterte, samt- und gazeartige Gewebe.

4 Nach dem Gebrauchszwecke in Kleiderstoffe, Mobelstoffe, Wasche, Teppiche etc

5 Nach der handelsublichen Bezeichnung als Leinwand, Cotton, Schirting, Oxford, Barchent, Flanell etc

6 Nach der Lange und Breite in Stuckware, Dutzendware, Bander

II. Bestimmung des Warenmaßes.

Hier ist die Länge und Breite der appretierten Ware zu bestimmen, die Angabe der Lange erfolgt nach Metern, der Breite nach Centimetern

Auf Handwebstuhlen webt man 40—50 m lange, auf mechanischen Stuhlen 100—600 m lange Waren Zum Verkauf kommen jedoch keine so großen Langen, da, je nach der Stoffgattung, 25, 40, 50 m etc per Stuck genommen werden

Die Breiten sind, je nachdem der Stoff zu diesem oder jenem Zwecke verwendet werden soll, verschieden Mit folgendem sollen einzelne Artikel in den gangbarsten Breiten, beziehungsweise Langen genannt werden

Leinen- und Baumwollstoffe für Leib- und Bettwasche 76, 78, 80, 82, 84, 92, 105, 120, 135, 168, 180, 200, 210, 240, 268, 300 cm breit

Drille oder Gradl für Matratzen etc 100, 115, 120, 125, 140 cm breit u a m

Damenkleiderstoffe 60, 65, 68, 80, 88, 90, 100, 105, 110, 115, 120, 130 cm breit u a m

Herrenanzugstoffe in Wolle 136 —142 cm breit,

in Baumwolle oder Leinen 60—68 cm breit

Herrenwestenstoffe 64—70 cm breit

Mobel- und Vorhangstoffe 70, 82, 90, 110, 115, 120, 126, 128, 130 cm breite u. a. m.

Laufer 60, 62, 64, 66, 68, 70, 80, 90 cm breit u a m

Teppiche 125/165, 140/200, 175/230, 200/300, 200/340, 270/340 cm u a m

Bettvorleger 57/120, 65/140, 60/90, 75/175 cm u a m

Tafelgedecke 170/170, 200/200 für 6 Personen, 170/250, 200/300 für 12 Personen, 170/420, 200/240 für 18 Personen, 170/540, 200/540 für 24 Personen u a m

Servietten 32/32, 40/40, 54/54, 65/65, 70/70, 72/72, 80/80, 65/85, 65/100, 70/85, 70/90, 70/100 *cm* u a m

Tischdecken 66,66, 84/84, 135/135, 140/140, 150/150, 160/160, 170/170, 175/175, 200/340, 160/225, 160 340 *cm* u. a. m.

Bettdecken 150/210, 160/200, 160,215, 175/230, 180/230. 210/250, 220/260 *cm* u a m.

Reisedecken 110,150, 125/160, 130/165 *cm* u a m.

Tablettdeckchen 14/14, 17/17, 20/20, 22/30, 26/34, 34/45, 32/46 *cm* u a m.

Handtücher 42/110, 42/115, 50/115, 50/125, 50/130, 54/115, 54/125, 57/130, 58/120, 65/120, 65/125 *cm* u a m

Staub-, Wisch-, Glaser-, Teller-, Tassen-, Messertücher etc 46/46, 51/51, 55/55, 60,60, 45/60, 60/100, 30,58 *cm* u a m

Taschentücher 35/35, 41/41, 48/48, 50/50, 52,52, 54/54, 60/60, 65/65 *cm* u a m

Barchent, Brillantin, Satin, Pikee etc 70, 76, 80, 84, 90, 92 *cm* breit u. a m

Flanell, Kalmuck, Velours, Moleskin, Bambus, Moltong etc 58, 60, 62, 68 *cm* breit u a m

Schürzenstoffe 82, 95, 100, 105, 110 *cm* breit

Roulauxstoffe 80, 105, 115, 130, 140, 150, 170 *cm* breit u a m.

Seidenstoffe 40, 44, 46, 48, 52, 56, 58, 60, 80 *cm* breit u. a. m.

Samte, Plüsche, Krimmer etc 45, 48, 52, 58, 60, 68, 80, 120, 130 *cm* breit u s w

III. Bestimmung der rechten und linken Warenseite.

Dieses ist gewöhnlich sehr leicht, da die rechte Seite durch Bindung, Material, Farbe und meist durch die Appretur, stets ein schöneres Aussehen hat als die verkehrte Sind beide Seiten gleich, so entfällt natürlich die Bestimmung, da man dann den Stoff zweiseitig verwenden kann

IV Bestimmung der Ketten- und Schuß- fädenrichtung.

Zur Bestimmung dieser beiden Fadensysteme gelten folgende Regeln

a) Befinden sich in einem Muster noch die äußeren Kettenfäden, Rand- oder Endleiste genannt, so ergeben diese leicht ohne weiteres die Kettenrichtung

b) Bemerkt man, was mitunter bei ungebleichten und ungewalkten Stoffen vorkommt, in der Warenprobe, wenn man dieselbe gegen das Licht halt, Rohr-streifen, das sind fortlaufende schmale Lucken, welche nach soviel Faden regelmäßig wiederkehren, als Faden zwischen zwei Rohre gezogen wurden, so entscheiden diese die Kettenrichtung

c) Ist das eine Fadensystem gestreckter, beziehungsweise geradliniger als das andere, so gilt das gestreckte, beziehungsweise geradlinigere als Kette, da die Kettenfaden wahrend des Webens mehr gespannt sind als die Schuß-faden

d) Besteht der eine Fadenteil aus gezwirntem, der andere aus einfachem Garne, so nimmt man den gezwirnten als Kette an

e) Setzt das eine Fadensystem dem Zerreißen mehr Widerstand entgegen als das andere, so nimmt man das festere Fadensystem als Kette an Aus-nahmen von dieser Regel machen nur halbleinene Gewebe, wo man das Baum-wollgarn, welches eigentlich weniger fest als das Leinengarn ist, gewohnlich als Kette nimmt

f) Ist das eine Fadensystem geleimt oder gestarkt, d h durch Im-pragnieren steif und fest gemacht, das andere nicht, so nimmt man stets das impragnierte Fadensystem als Kette

g) Hat man ein gerauhtes (haariges) Gewebe vor sich, so entscheidet die Richtung, nach welcher das Gewebe gerauht oder geburstet wurde, die Kette

h) Sind die Faden des einen Systemes mehr gedreht als die des anderen, so nimmt man die scharfer gedrehten als Kette an, da Kettengarn zum Zwecke besserer Haltbarkeit beim Spinnen mehr als Schußgarn gedreht wird

i) Ist das Muster durch verschiedene Bindungen oder Farben gestreift, so entscheidet die Streifenrichtung meist die Kette, da quergestreifte Stoffe wenig Verwendung finden

k) Ist das Muster kariert, so wird man finden, daß die Karos in der Schußrichtung meist etwas hoher sind, weil dadurch die Musterung vorteil-hafter für den Trager des Stoffes wirkt

l) Hat ein kariertes Muster nach der einen Richtung ungerade Faden-zahlen, nach der anderen gerade, so nimmt man meist die ungeraden Zahlen, wegen vorteilhafterer Webweise (Schußwechsel), in der Kette

m) Besteht der eine Fadenteil mehr aus hellen Farben, der andere mehr aus dunkeln, so nimmt man vorteilhaft das helle System als Kette

n) Hat man ein drehendes oder Gazegewebe, so liegt die Kettenrichtung klar vor Augen, indem das Drehen nur der Kette nach erfolgen kann

V. Bestimmung des Ketten- und Schuß-
materials.

Diese bezieht sich auf folgende Punkte·

1 Bestimmung des Rohmaterials auf Faser und Farbe
2 Bestimmung der Gespinstnummer, d i die Stärke des Garnes
3 Bestimmung der Drehung des Fadens

Die in der Textilindustrie verwendeten Rohmaterialien sind Baumwolle, Flachs, Jute, Chinagras, Schafwolle, Ziegen- und Kamelhaare, Seide etc

Die in der Spinnerei zu einem Faden vereinigten Textilfasern bezeichnet man als »Garn«

Bestimmung des Rohmaterials.

Diese erfolgt

a) mit freiem Auge,
b) durch Verbrennen,
c) mit Hilfe eines Mikroskops,[1]
d) durch chemische Reaktionen

Um nach der ersten Art die Ketten- und Schußfaden auf das Roh-material zu untersuchen, nimmt man einen zu untersuchenden Faden aus dem Gewebe, spannt diesen zwischen Daumen und Zeigefinger beider Hande und beurteilt ihn auf die außere Beschaffenheit, ob er gleichmaßig oder ungleich maßig dick ist, ob er glatt oder rauh ist und ob er dem Zerreißen viel oder wenig Widerstand entgegensetzt Dann nimmt man einen zweiten Faden, spannt denselben wieder wie den ersten, dreht ihn auf und untersucht aus den offen-liegenden, beziehungsweise auseinander gezogenen Fasern die Beschaffenheit der letzteren. Die Verbrennungsprobe beruht darauf, den Faden uber eine Flamme zu halten und aus dem Verbrennen selbst und der sich bildenden Asche das Rohmaterial zu bestimmen Diese Methode dient besonders zur Untersuchung von Pflanzenfasern gegen Wolle und Seide

Bei der mikroskopischen Untersuchung legt man einzelne Gespinstfasern des zu untersuchenden Garnes zwischen zwei Deckglaschen auf den Tisch des Mikroskops und beurteilt aus der Konstruktion der Faser das Rohmaterial Bei der dritten Art, welche man mikrochemische Untersuchung heißt, tropft man auf die Fasern zwischen den Deckglaschen spater zu erorternde Flussigkeiten

---

[1] Ein Mikroskop besteht dem Prinzipe nach aus einem sich in lotrechter Richtung bewegenden Rohre, das nach oben durch eine großere Glaslinse (Okulai oder Bildbetrachter), nach unten durch eine kleinere Glaslinse (Objekt oder Bildererzeuger) geschlossen wird Zur Klarheit des Bildes besteht das Okular aus zwei, das Objektiv gewohnlich aus mehreren Doppellinsen

und beurteilt aus der dadurch entstehenden Veränderung das Rohmaterial Auch werden chemische Untersuchungen ohne Mikroskopverwendung vorgenommen Man behandelt zu diesem Zwecke das Stoffmuster oder das Garn mit genügender Menge erwähnter Flüssigkeiten, in entsprechenden Gefäßen

In den meisten Fällen genügt die Untersuchung des Rohmateriales mit freiem Auge. Die mikroskopische und mikrochemische, beziehungsweise chemische Untersuchung kommt nur in zweifelhaften Fällen in Anwendung, so z B manchmal zwischen Baumwolle und Flachs, Flachs und Chinagras, Wolle und Ziegenhaar, oder in Fällen, wo es sich um die prozentuelle Bestimmung eines Fasergemenges, z B Wolle und Baumwolle etc handelt Mit folgendem sollen die wichtigsten Rohmaterialien und Garne und deren Erkennungszeichen nach den angeführten Methoden erörtert werden

1. Mit freiem Auge

Baumwollgarn

Baumwolle ist das Samenhaar der Baumwollpflanze »Gossypium« Der Baumwollgarnfaden ist gleichmäßig von Gespinst, d. h gleichmäßig dick, und setzt dem Zerreißen wenig Widerstand entgegen Die Abrißstellen zeigen etwas gekräuselte Faserenden Die Fasern sind, je nach der Güte, 9—45[1]) *mm* lang, mehr oder weniger gekräuselt, d h von welliger Form, und glänzend oder matt

Flachs- oder Leinengarn

Flachs ist der Faserstoff, welcher aus den Stengeln der Flachs- oder Leinpflanze gewonnen wird Der Leinengarnfaden ist ungleich von Gespinst Er setzt dem Zerreißen viel Widerstand entgegen und zeigen die Abrißstellen geradliegende Faserenden Die einzelnen Fasern sind lang, geradliegend und glänzend Werg- oder Towgarn wird aus den Abfällen bei der Zubereitung des Flachses (Schwingen, Hecheln) gesponnen und ist von ungleichmäßigerer, knotigerer Beschaffenheit als das Flachs- oder Linengarn

Hanfgarn

Hanf ist die Bastfaser der Hanfpflanze »Cannabis sativa« Das Hanfgarn ähnelt dem Flachsgarn. Hanfgarn ist jedoch fester und widerstandsfähiger gegen äußere Einflüsse, weshalb es für Segeltücher, Spritzenschläuche, Fuhrwagen-überzüge etc dem Flachsgarn vorgezogen wird

---

[1]) Ostindische 9—24 *mm*, amerikanische 16—45 *mm*, Mako 30—40 *mm*

Den größten Glanz haben Sea Island-, Mako und Haidy Baumwollen Glanzlos sind z B die Peru- und Tennesse-Wollen Besonderer Glanz wird der Baumwollfaser durch Mercerisieren verliehen Es eignet sich dazu vorzüglich Mako Baumwolle, da die Fasern derselben am wenigsten gedreht sind

Jutegarn

Jute ist die Bastfaser aus den Stengeln der aus Ostindien stammenden verwandten Pflanzen Corchorus capsularis und Corchorus olitorius. Der Jutegarnfaden ist sehr fest, die Fasern langer, grober und steifer als beim Flachsgarn

Chinagras oder Ramie

Chinagras ist der Faserstoff aus den Stengeln der Chinanessel Der Ramiegarnfaden ist fest, die Fasern lang und seidenartig glänzend

Kokosgarn.

Dieses wird aus den Fruchtfasern der Kokosnuß gesponnen Die Fasern sind lang, steif, grob und besonders widerstandsfähig, weshalb sich Kokosgarn besonders für Fußabstreifer und Lauferteppiche eignet

Schafwollgarn

Dieses wird aus der Wolle der Schafe gesponnen Nach der Beschaffenheit der Wollen unterscheidet man folgende Schafwollgarne

Streichgarn

Dieses Garn wird aus kurzen, stark gekrauselten Wollen gesponnen

Der Streichgarnfaden ist ungleichmäßig von Gespinst, hat vermöge vorstehender Faserenden rauhe Beschaffenheit und bricht leicht beim Zerreißen Die Fasern sind kurz, stark gekrauselt und verfilzt

Kammgarn

Dieses Garn wird aus langen, wenig oder gar nicht gekrauselten Wollen gesponnen

Der Kammgarnfaden ist gleichmäßig von Gespinst, dehnbar und elastisch Die Fasern werden beim Spinnen parallel nebeneinander gelegt (gekämmt), weshalb ein glatter Faden entsteht Je nachdem die Wollhaare lang, fein und wenig gekrauselt oder sehr lang (über 10 cm), grob, stark glänzend und nicht gekrauselt (schlicht) sind, entsteht durch Spinnen dieser Haare weiches oder hartes Kammgarn Das erstere bezeichnet man kurz als Kammgarn, das letztere als Weft, wenn der Faden glatt, als Cheviot, wenn er rauh gesponnen ist

Kunstwollgarn

Unter diesem versteht man ein Garn, welches aus den Fasern zerrissener Wollumpen gesponnen wird Je nachdem die Wollumpen aus Streich- oder Kammgarn bestehen, erhält man kurze oder lange Fasern Das aus den kurzen Fasern gesponnene Garn nennt man Mungo, das aus den langen Shoddygarn Das erstere findet viel Verwendung zu billigen Hosen- und Anzugstoffen, das letztere bei Möbelstoffen und Teppichen Unter Extrakt- oder Alpaka-Kunstwollgarn versteht man die aus halbwollenen Stoffen gewonnene und wieder versponnene Schafwolle. Die aus Pflanzenfasern bestehenden Garne werden aus einem halbwollenen Gewebe durch Behandlung mit verdunnter Schwefelsaure (Karbonisieren) entfernt

Ziegen-, Schafkamel- und Kamelhaargarne

Moharwolle wird von der Angoraziege, Kaschmir- oder Tibetwolle von der Kaschmirziege, Alpaka vom Alpaka (peruanisches Schaf), Vicunnawolle vom Vicunna, Lamawolle vom Lama, Kamelhaare vom Kamel gewonnen Ziegenhaare unterscheiden sich von Schafwolle durch größere Feinheit, Glanz, Gefuhl und Lange der Haare Kamelhaare sind von gelblichbrauner oder rotlichbrauner Farbung, werden naturfarbig versponnen und zeichnen sich durch besondere Weichheit und Schmiegsamkeit aus

Vigognegarn Imitatsgarn

Dies ist ein Garn, welches aus einer Mischung von Schafwolle und Baumwolle streichgarnartig gesponnen ist Vigogne besteht zumeist aus verschiedenfarbigen Fasern (Melangen) Garne aus reiner Baumwolle, nach dieser Methode gesponnen, heißt man Imitatsgarne

Seide

Seide ist das Produkt der Raupe des Maulbeerspinners Bombyx mori Der von der Raupe gesponnene Faden ist ein Doppelfaden mit einem Leimuberzuge [1]) 3—12 solche Doppelfaden vereinigt, geben die Rohseide oder Grège Werden 2 oder 3 gedrehte Rohseidefaden durch entgegengesetzte Zwirnung vereinigt, so entsteht Organsin oder Kettenseide. Werden 2, 3 oder 4 offene Grègefaden durch schwache Drehung vereinigt, so entsteht Trame oder Schußseide Organsin stellt einen glatten, festen, Trame einen offenen, lockeren Faden dar Trame verleiht dem Gewebe großeren Glanz als Organsin, da die einzelnen Kokonfaden lang offen liegen und dadurch mehr Glanz entfalten als die bei Organsin scharf gedrehten Kokonfaden Chappe- oder Florettseide ist eine Abfallseide Der Anfang und das Ende des Kokons, durchbissene Kokons und Doppelkokons lassen sich nicht abhaspeln Man unterzieht diese Materialien einem Prozesse zum Losen des Seidenleims, wascht, kämmt und spinnt ein Garn, welches man Chappe- oder Florettseide heißt Bourettseide ist ein Garn, welches aus den Abfallen der Chappespinnerei gesponnen wird Bourette liefert einen unansehnlichen, ungleich dicken Faden mit knotchen-artigen Ansatzen, welcher wenig Glanz hat und aus kurzen Fasern besteht

Tussah-Seide (Tusser oder Tasar)

Dies ist das Produkt der in Indien und Sudchina im Freien lebenden Tussahspinner, Antheraea mylitta und Antheraea pernyi. Diese Spinner liefern

---

[1]) Die Lange des Fadens, welchen die Raupe zum Bilden des Kokons spinnt, wird auf 3000—3600 m geschatzt Abhaspelbar sind jedoch nur 300—900 m

größere und seidenreichere Kokons als der Maulbeerspinner Die Tussahseide ist starker und unregelmaßiger als die Maulbeerseide und von Natur aus hellbraun gefarbt

Andere wilde Seiden liefern Antheraea Yamamay (chinesischer Eichenspinner), Antheraea Pernyi (japanischer Eichenspinner), Actias Selene, Attacus Ricini, Attacus Atlas u a m

Kunstliche Seide Glanzstoff.

Die Erzeugung dieser von Cordonnet erfundenen und von Dr F. Lehner verbesserten Seide ist

1 kg Nitrozellulose, 200 g Kopal, 50 g Leinol und 100—200 g essigsaures Natron werden gemischt, und ergibt diese Lösung den Grundstoff des glanzenden Fadens

Die Bildung des Fadens erfolgt in der Weise, daß man das Gemisch durch eine enge Offnung preßt und die Lösungsmittel zum Verdunsten bringt.

Ein anderes Verfahren von Urban, Fremery und Bronnert beruht darauf, daß man Baumwollabfalle aus den Spinnereien reinigt, wascht, bleicht und durch ein Losungsmittel aus Kupferoxydammoniak in flussigen Zustand bringt. Diese siruppartige Flussigkeit wird durch Glasrohren, welche am Ende eine außerst dunne Offnung haben, gepreßt Der aus der Offnung kommende Strahl wird durch Schwefelsaure geleitet, wo er zu einem Faden gerinnt, was an der Luft unmoglich ware. Die Schwefelsaure entzieht dem Flussigkeitsstrahle alles Kupfer und Ammoniak, so daß ein Faden aus reinem Zellstoffe (Zellulose) verbleibt Zirka 20 solcher eingetrockneter Faden zusammengenommen geben die kunstliche Seide

Die kunstliche Seide, »Glanzstoff« genannt, unterscheidet sich von der naturlichen durch den glasartigen Glanz, die geringere Elastizitat und geringere Widerstandsfahigkeit. Auch fehlt derselben das der naturlichen Seide eigene krachende Gerausch (Seidenrausch) beim Anfuhlen, beziehungsweise Reiben. Kunstliche Seide verbrennt mit lebhafter Flamme und hinterlaßt wenig, leicht verfliegbare Asche, naturliche Seide verbrennt, respektive schmilzt langsam, es bildet sich hinter der Flamme ein Kohlenklumpchen, wobei sich ein Geruch nach verbrannten Haaren oder Horn entwickelt

2 Verbrennungsprobe.

Die aus dem Pflanzenreiche stammenden Rohstoffe verbrennen wie Papier mit lebhafter Flamme und hinterlassen wenig, leicht verfliegbare Asche Woll- und Seidefaden verbrennen, respektive verkohlen langsam, es bildet sich hinter der Flamme klumpige Asche und entwickelt sich ein Geruch wie nach verbrannten menschlichen Haaren oder verbranntem Horn

3 Mikroskopische Eigenschaften der Gespinstfasern.

Die Baumwollfaser erscheint unter dem Mikroskop als ein fein gekorntes Band, das um seine Achse gedreht ist

Die Flachsfaser erscheint als Rohrchen mit linienartigem Hohlraume (Lumen) Die Faser zeigt Sprunglinien und knotchenartige Anschwellungen so daß selbe wie gegliedert aussieht Die Flachsfaser ist, wie die Baumwollfaser, im Wachstum ein mit Saft gefulltes Rohrchen Beim Reifen trocknet der Saft ein Beim Eintrocknen behalt jedoch die Flachsfaser die runde Form, da die starken Wandungen einem Zusammenklappen, wie bei Baumwolle, widerstehen

Die Jutefaser ist flach und zeigt ein eigenartiges, interessantes Lumen, welches stellenweise breit, stellenweise linienartig erscheint

Die Chinagrasfaser erscheint als ein flaches, nie gedrehtes, ungleich breites Band, mit breitem Lumen, Langsstreifen und Spalten

Das Wollhaar erscheint als ein Rohrchen, welches mit dachziegelformigen oder becherartigen Schuppen umgeben ist

Die Maulbeerseide erscheint unter dem Mikroskop als glasheller Zylinder, wahrend Tussahseide als ein flaches Band erscheint, welches aus vielen einzelnen Fasern besteht

4. Chemische Eigenschaften der Gespinstfasern.

Durch Salpeter- sowie Pikrinsaure wird Wolle und Seide gelb gefarbt, wahrend Baumwolle und Flachs ungefarbt bleiben Verdunnte Schwefelsaure zerstort Pflanzenfasern, wahrend Wolle und Seide unbeeinflußt bleiben Durch Kali-, sowie Natronlauge werden tierische Haare und Seide aufgelost, wahrend Pflanzenfasern unaufgelost bleiben Durch Kochen in Salzsaure quillt Wolle auf, wahrend Seide aufgelost wird Kuperoxydammoniak bewirkt ein Aufquellen der Gespinstfasern, wodurch die mikroskopischen Merkmale deutlich erkennbar sind

Um z B aus einem halbwollenen Gewebe die Prozente Baumwolle oder Schafwolle zu bestimmen, zerstort man im Muster, welches man vorher genau gewogen hat, je nach Vorteil, die Pflanzenfasern oder die Tierhaare durch Behandlung mit obenerwahnten Flussigkeiten, laßt trocknen und wagt das ubrig gebliebene Gewebe, beziehungsweise Fasermaterial.

Mit folgendem sollen einige Methoden zur Erkennung von Baumwolle neben Flachs in einem Gewebe gegeben werden

1 Das Gewebe wird mit einer Losung von einem Teil Atzkali in sechs Teilen Wasser behandelt, hiebei krauseln sich Leinenfaden etwas mehr als Baumwollfaden und erstere Faden werden gelblichorange, wahrend letztere eine grunlichweiße Farbe annehmen (Methode von Kuhlmann)

2. Man kocht eine Probe des Gewebes mit einer Losung von einem Teil Atzkali in einem Teil Wasser durch 2 Minuten, wascht hierauf und trocknet zwischen Filtrierpapier, die Flachsfaden werden tief gelb gefarbt, wahrend die Baumwollfaden hochstens strohfarbig werden (Methode von Bottger)

3 Die Gewebeprobe wird zuerst mit Wasser ausgekocht, dann gespult und getrocknet, endlich durch 2 Minuten in konzentrierte Schwefelsaure eingelegt, man wascht dann rasch in etwas verdunnter Kahlauge, spult mit Wasser ab, trocknet und vergleicht mit dem ursprunglichen Muster, bei diesem Verfahren wird die Baumwolle aufgelost, wahrend die Leinenfasern weiß und durchsichtig bleiben

4 Die wie unter 3 gut mit Wasser ausgekochte und sorgfaltigst getrocknete Gewebeprobe wird zum Teil in Glyzerin oder Ol getaucht, letztere Flussigkeiten steigen in den Kapillarrohrchen der Faden in die Hohe und bewirken, daß die Leinenfaden transparent, die Baumwollfaden jedoch undurchsichtig werden (Methode von E Simon)

5 Die gut in Wasser gereinigte und getrocknete Gewebeprobe wird in eine konzentrierte Losung von Zucker und Chlornatrium (Kochsalz) getaucht, getrocknet und in der Flamme verkohlt, die Flachsfasern erscheinen dann grau, die Baumwollfasern schwarz gefarbt (Methode von Chevalier.)

6. Die gereinigte Probe wird in eine 1%ige Fuchsinlosung und hierauf durch 2 bis 3 Minuten in Ammoniakflussigkeit getaucht, wahrend hiebei Baumwolle die Farbe verliert, wird Leinenfaser rot bleiben (Methode von Bottger)

Ein einfaches, untrugliches Mittel ohne mikroskopische und chemische Untersuchung ist folgendes

Man halt das Gewebe gegen das Licht und beurteilt aus der Gleichmaßigkeit der Faden das Gespinstmaterial Sind die Faden durchaus gleichmaßig von Gespinst, so wird man auf Baumwolle schließen, sind die Faden von ungleich starker Beschaffenheit, d h kommen dicke und dunne Fadenstellen vor, so ist das Produkt ein leinenes

Farbe des Rohmateriales.

Hat man das Rohmaterial auf das Gespinst untersucht, so muß man die Farbe des Fadens, beziehungsweise der Fasern bestimmen, d h angeben, ob das Garn roh verwebt wurde oder ob im Faden, in der Faser oder im Stuck gefarbt wurde Besteht das Garn aus verschiedenfarbigen Fasern, »Melangen«, so sind die Farben und der Prozentsatz der Mischung zu bestimmen.

Bobinen, Kopse, Bündelgarn.

Die von der Feinspinnerei abgenommenen Garnkorper bezeichnet man als Bobinen und Kopse Je nachdem man es mit Ketten- oder Schußgarnen zu tun hat, unterscheidet man Warp- und Pinkopse Diese Kopse dienen entweder direkt zum Anstecken an das Spulengestell der Scher- oder Zettelmaschine, beziehungsweise zum Einlegen in die Webschutzen, oder es wird das Garn abgewunden und in Strahnform gebracht Das letztere erfolgt durch Aufwinden einer bestimmten Länge Garn auf einen Haspel von bestimmtem Umfange Ein Spinnereihaspel ist ein aus Holzleisten gebildetes, drehbares Prisma Der Umfang ist verschieden und betragt z B bei Baumwollgarn $1^1/_2$ Yards, bei Leinengarn $2^1/_2$ Yards, bei englischem Kammgarn 1 Yard, bei metrischer Einteilung 1 25, 1 37 oder 1 43 *m*. Der Strahn ist nicht in seiner ganzen Lange fortlaufend angeordnet, sondern durch sogenannte Fitzschnuren in Abteilungen Gebinde, geteilt So hat z B 1 Strahn Baumwollgarn 7 Gebinde, 1 Strahn Leinengarn englischer Haspelung 12 Gebinde, 1 Strahn Leinengarn osterreichischer Haspelung 10 Gebinde

Feinheitsbestimmung oder Garnnumerierung.

Unter Garnnummer versteht man den Grad der Feinheit des Fadens betreffs seines Durchmessers

Zur Bestimmung der Feinheit eines Garnes wiegt man eine bestimmte Lange (1 Strahn, respektive 1 Gebind) mit einem bestimmten Gewicht (englisches Pfund oder Kilogramm). Man bezeichnet mit Nr 1 diejenige Fadenstarke, wo eine Langeneinheit genau das bestimmte Gewicht wiegt. Die Angabe der weiteren Nummern erfolgt nach zwei Methoden.

A Man bezieht auf das Gewicht die Langeneinheiten, d. h man sucht wie viele Langeneinheiten (Strahne oder Gebinde) auf ein bestimmtes Gewicht gehen (Langennummern)

B Man bezieht die Langeneinheit auf das Gewicht, d h man sucht, wieviele Gewichtsteile die Langeneinheit wiegt (Gewichtsnummern)

Bei der Methode *A* nimmt die Feinheit des Garnes mit der Hohe der Nummer zu, bei der Methode *B* ab Seide wird, mit Ausnahme der Abfallsorten, nach der Methode *B*, alle anderen Garne nach *A* numeriert.

Die Langeneinheiten (Numerierungs- oder Sollange) und die Numerierungsgewichte sind bei den verschiedenen Garnen verschieden. Seit 1873 (I internationaler Garnnumerierungs-Kongreß in Wien, 7.—11. Juli) ist man bemuht, eine einheitliche Numerierung zu schaffen, was leider trotz der internationalen Garnnumerierungs-Kongresse in Brussel (21.—23. September 1874), in Turin (12—16. Oktober 1875) und Paris (3—4 September 1900), wegen Verschulden vieler Faktoren bis heute nur teilweise erreicht ist

Es folgen die heute ublichen Numerierungen der Garne

I Numerierungsmethode

I Baumwollgarn.

a) Englische Numerierung

Numerierungsgewicht 1 englisches Pfund

Langeneinheit. 1 Strahn = 840 Yards oder 768 m

Die Nummer = die Anzahl Strahne auf 1 englisches Pfund

Haspelung: 1 Strahn = 7 Gebinde à 80 Faden = 560 Faden à 15 Yards = 840 Yards oder 768 m.

Demnach bezeichnet z. B Nr. 24 ein Garn, von dem 24 Strahne à 840 Yards ein englisches Pfund (453 6 g) wiegen

Um aus einer Strahnzahl die englischen Pfund zu berechnen, dividiert man dieselben durch die Garnnummer, z B. 400 Strahne Baumwollgarn Nr 40 sind 400 40 = 10 Pfund

b) Französische Numerierung

Numerierungsgewicht 500 g

Langeneinheit 1 Strahn = 1000 m.

Die Nummer = die Anzahl Strahne auf 500 g

Haspelung· 1 Strahn = 10 Gebinde à 70 Faden = 700 Faden à 1 429 m = 1000 m

c) Metrische Numerierung

Siehe Seite 182

II Leinengarn

Englische Numerierung

Numerierungsgewicht. 1 englisches Pfund

Langeneinheit 1 Gebind = 300 Yards oder 274 3 m

Die Nummer = die Anzahl Gebinde auf 1 englisches Pfund

Englische Haspelung

1 Gebind = 120 Faden à 2¹/₂ Yards = 300 Yards
12 Gebinde = 1 Strahn = 3 600 Yards
4 Strahne = 1 Stuck = 14 400 »
50 Stuck = 1 Schock = 720 000 » = 658 368 m

Osterreichische Haspelung·

1 Gebind = 120 Faden à 2¹/₂ Yards = 300 Yards
10 Gebinde = 1 Strahn = 3 000 Yards
4 Strahne = 1 Stuck = 12 000 »
60 Stuck = 1 Schock = 720 000 » = 658 368 m

Demnach ist z B Leinengarn Nr 35 ein Garn, von dem 35 Gebinde à 300 Yards ein englisches Pfund wiegen

III. Jutegarn

Englische Numerierung.

Numerierungsgewicht 1 englisches Pfund.

Längeneinheit 1 Gebind = 300 Yards.

Die Nummer = die Anzahl Gebinde auf 1 englisches Pfund

Der Haspelumfang = $2^1/_2$ Yards.

15—120 Faden	=	1 Gebind
5 Gebinde	=	1 Strahn.
20 Strahne	=	1 Weife
2—16 Weifen	=	1 Bundel = 60 000 Yards = 54 864 *m*

Nr $^1/_4$	1 Gebind	=	15 Faden a $2^1/_2$ Yards = 37·5 Yards
	5 Gebinde	=	1 Strahn = 187·5 Yards.
	20 Strahne	=	1 Weife = 3 750
	16 Weifen	=	1 Bundel = 60.000 »

Nr $^1/_2$—$^3/_4$	1 Gebind	=	30 Faden à $2^1/_2$ Yards = 75 Yards
	5 Gebinde	=	1 Strahn = 375 Yards
	20 Strahne	=	1 Weife = 7 500 »
	8 Weifen	=	1 Bundel = 60 000 »

Nr 1—$1^1/_4$	1 Gebind	=	60 Faden à $2^1/_2$ Yards = 150 Yards
	5 Gebinde	=	1 Strahn = 750 Yards
	20 Strahne	=	1 Weife = 15 000 »
	4 Weifen	=	1 Bundel = 60 000 »

Nr $1^1/_2$—12	1 Gebind	=	120 Faden à $2^1/_2$ Yards = 300 Yards
	5 Gebinde	=	1 Strahn = 1 500 Yards
	20 Strahne	=	1 Weife = 30 000 »
	2 Weifen	=	1 Bundel = 60 000 »

IV Weft, Cheviot, Mohar, Alpaka.

Englische Numerierung

Numerierungsgewicht. 1 englisches Pfund

Längeneinheit 1 Strahn = 560 Yards oder 512 *m*

Die Nummer = die Anzahl Strahne auf 1 englisches Pfund

Haspelung 1 Strahn = 7 Gebinde à 80 Faden = 560 Faden a 1 Yard = 560 Yards oder 512 *m*

V. Kammgarn, Streichgarn, Kunstwolle, Ramie, Chappeseide, Bourettseide, Effektgarne, Vigogne, Imitatsgarne und teilweise Weft, Cheviot, Mohar, Alpaka, Baumwollgarn

Metrische Numerierung

Numerierungsgewicht 1 *kg.*

Längeneinheit 1 Strahn = 1000 *m*

Die Nummer = die Anzahl Strähne auf 1 kg oder die Anzahl Meter auf 1 g

1 Strahn = 10 Gebinde à 73 Faden, d s bei Haspelumfang von 1·37 m = 1000 m.

1 » = 10 » » 80 » » » » » » 1 25 m = 1000 m.

1 » = 10 » » 70 » » » » » » 1 43 m = 1000 m

Nr 48 Kammgarn ist demnach ein Garn, von dem 48 Strähne à 1000 m 1 kg oder 48 m 1 g wiegen

II. Numerierungsmethode.

Seide

a) Alt-Lyoner Numerierung oder Titer ancien

Längeneinheit 1 Gebind (Probine) = 400 franz Ellen = 475 4 m.

Numerierungsgewicht· 1 Grain [1] = 0 053115 g 1 Gebind ist der 24 Teil eines Strähnes, 1 Grain der 24 Teil eines Denier

Die Nummer = die Anzahl Grains, welche 1 Gebind wiegt Demzufolge ergibt z B Organsin Nr 20 eine Seide, von der 1 Gebind (400 franz Ellen) 20 Grains wiegt, Trame Nr. 40 eine Seide, von der 1 Gebind 40 Grains wiegt. Seide Nr 40 muß deshalb stärker sein als Seide Nr 20

b) Neu-Lyoner Numerierung oder Titer nouveau

Längeneinheit 1 Gebind = 500 m

Numerierungsgewicht 1 Grain = 0 053115 g

Die Nummer = die Anzahl Grains, welche 1 Gebind wiegt

c) Mailander Numerierung oder Titolo vecchio di Milano

Längeneinheit. 1 Gebind = 400 franz Ellen = 475 4 m

Numerierungsgewicht 1 Denari = 0 051 g

d) Piemontesische oder alte Turiner Numerierung

Längeneinheit 1 Gebind = 400 franz Ellen = 475 4 m

Numerierungsgewicht 1 Grain = 0 053356 Grains

e) Turiner Numerierung oder Titer Legale

Längeneinheit 1 Gebind = 450 m

Numerierungsgewicht 0 05 g

Die Nummer = die Anzahl Gewichtsteile (0 05 g), welche das Gebind wiegt

---

[1] 1 Pariser Pfund (489 506 g) = 16 Unzen à 24 Deniers à 24 Grains

Langeneinheit. 1 Gebind = 500 *m*

Numerierungsgewicht. 1 Gebind = 0 05 *g*

Die Nummer bestimmt die Anzahl 0·05 *g* per Gebind, oder die Anzahl Gramme pro Strahn (1 Strahn = 20 Gebinde)

Garnnummer-Umrechnungen

Infolge der verschiedenen Langeneinheiten und Numerierungsgewichte werden die mit gleichen Nummern versehenen Gespinstfaden unterschiedliche Starken markieren

So z. B. ist ein Faden englisches Baumwollgarn Nr 1 so stark wie ein Faden englisches Kammgarn Nr 1 5 und wie ein Faden englisches Leinengarn Nr 2 8 usw

$$840 \cdot 560 = 1\ 5 \qquad\qquad 840 \cdot 300 = 2\ 8$$

Um die Garne alter Numerierung in die metrische und umgekehrt die metrische Numerierung in die alte zu verwandeln, verfahrt man folgendermaßen

Baumwollgarn englisch in metrisch und kontra

840 Yards = 768·1 *m* = 453 6 *g* englisch

1000 *m* = 1000 *g* metrisch

768 1 *m* = 453 6 *g*

1000 *m* = x

x 453 6 = 1000 . 768 1 = 590 5

1000 *m* englisch = 590 5 *g*

1000 *m* metrisch = 1000 *g*

Demnach ist der Umrechnungsfaktor

englisch in metrisch 1000 590 5 = 1 693

metrisch in englisch 590 5 . 1000 = 0 5905

Kammgarn englisch in metrisch und kontra

560 Yards = 512 1 *m* = 453 6 *g* englisch

1000 *m* = 1000 *g* metrisch

x 453 6 = 1000 512 1 = 885 76 *g*

1000 *m* englisch = 885 76 *g*

1000 *m* metrisch = 1000 *g*

Demnach ist der Umrechnungsfaktor

englisch in metrisch 1000 885 76 = 1·129

metrisch in englisch 885 8 1000 = 0 8858

Umrechnungs-Tabelle.

Metrisch in englisch.

Metrisch Nr.	Engl. Nr. Baumwollgarn	Engl. Nr. Flachs, Jute	Engl. Nr. Wolle	Metrisch Nr.	Engl. Nr. Baumwollgarn	Engl. Nr. Flachs, Jute	Engl. Nr. Wolle
1	0·59	1·654	0·886	51	30·09	84·35	45·14
2	1·18	3·31	1·77	52	30·68	86·01	46·02
3	1·77	4·96	2·66	53	31·27	87·66	46·91
4	2·36	6·62	3·54	54	31·86	89·32	47·79
5	2·95	8·27	4·43	55	32·45	90·97	48·68
6	3·54	9·92	5·31	56	33·04	92·62	49·56
7	4·13	11·58	6·20	57	33·63	94·28	50·45
8	4·72	13·23	7·08	58	34·22	95·93	51·33
9	5·31	14·87	7·97	59	34·81	97·59	52·22
10	5·90	16·54	8·85	60	35·40	99·24	53·10
11	6·49	18·19	9·74	61	35·99	100·89	53·99
12	7·08	19·85	10·62	62	36·58	102·55	54·87
13	7·67	21·50	11·51	63	37·17	104·20	55·76
14	8·26	23·16	12·39	64	37·76	105·86	56·64
15	8·85	24·81	13·28	65	38·35	107·51	57·53
16	8·44	26·46	14·16	66	38·94	109·16	58·41
17	10·03	28·12	15·05	67	39·53	110·82	59·30
18	10·62	29·77	15·93	68	40·12	112·47	60·18
19	11·21	31·42	16·82	69	40·71	114·13	61·07
20	11·80	33·08	17·70	70	41·30	115·78	61·95
21	12·39	34·73	18·59	71	41·89	117·43	62·84
22	12·98	36·39	19·47	72	42·48	119·09	63·72
23	13·57	38·04	20·36	73	43·07	120·74	64·61
24	14·16	39·70	21·24	74	43·66	122·40	65·49
25	14·75	41·35	22·13	75	44·25	124·05	66·76
26	15·34	43·00	23·01	76	44·84	125·70	67·26
27	15·93	44·66	23·90	77	45·43	127·39	68·15
28	16·52	46·31	24·78	78	46·02	129·01	69·03
29	17·11	47·96	25·67	79	46·61	130·67	69·92
30	17·70	49·62	26·55	80	47·20	132·32	70·80
31	18·29	51·27	27·44	81	47·79	133·97	71·69
32	18·88	52·93	28·32	82	48·38	135·63	72·57
33	19·47	54·58	29·21	83	48·97	137·28	73·46
34	20·06	56·24	30·09	84	49·56	138·94	74·34
35	20·65	57·89	30·98	85	50·15	140·59	75·23
36	21·24	59·54	31·86	86	50·74	142·24	76·11
37	21·83	61·20	32·75	87	51·33	143·90	77·00
38	22·42	62·85	33·63	88	51·92	145·55	77·88
39	23·01	64·51	34·52	89	52·51	147·21	78·77
40	23·60	66·16	35·40	90	53·10	148·86	79·65
41	24·19	67·81	36·29	91	53·69	150·51	80·54
42	24·78	69·47	37·17	92	54·28	152·19	81·42
43	25·37	71·12	38·06	93	54·87	153·82	82·31
44	25·96	72·78	38·94	94	55·46	155·48	83·19
45	26·55	74·43	39·83	95	56·05	157·13	84·08
46	27·14	76·08	40·71	96	56·64	158·78	84·96
47	27·73	77·74	41·60	97	57·23	160·44	85·85
48	28·32	79·39	42·48	98	57·82	162·09	86·73
49	28·91	81·05	43·37	99	58·41	163·75	87·62
50	29·50	82·70	44·25	100	59·00	165·40	88·50

Umrechnungstabelle

Englisch in international.

Englisches Baumwoll-garn 840 Yards = 1 englisches Pfund	International 1000 m = 1 kg	Englisches Wollgarn 560 Yards = 1 englisches Pfund	International 1000 m = 1 kg
1	1·693	1	1·129
2	3·386	2	2·258
3	5·079	3	3·387
4	6·772	4	4·516
5	8·465	5	5·645
6	10·158	6	6·774
7	12·251	7	7·903
8	13·544	8	9·032
9	15·237	9	10·161
10	16·93	10	11·29
12	20·316	12	13·548
14	23·702	14	15·806
16	27·088	16	18·064
18	30·474	18	20·322
20	33·86	20	22·58
22	37·246	22	24·338
24	40·632	24	27·096
26	44·018	26	29·354
28	47·404	28	31·612
30	50·79	30	33·87
35	59·255	35	39·515
40	67·72	40	45·16
50	84·65	50	56·45

Seide.

Die Anzahl Meter, welche von Nr. 1 auf 1 Kilogramm geht, wird gefunden, wenn man sucht, wievielmal die Gewichtseinheit in 1000 g enthalten ist, und das Resultat mit der Länge eines Gebindes in Metern ausgedrückt multipliziert.

Alt-Lyoner:

$$1000 : 0·531 \, g = 1883·239 \times 475·4 = 8,952.918 \, m \text{ pro } 1 \, kg.$$

Mailänder:

$$1000 : 0·051 \, g = 1960·784 \times 475·4 = 9,321.568 \, m \text{ pro } 1 \, kg.$$

Piemonteser:

$$1000 : 0·0534 \, g = 1872·659 \times 475·4 = 8,902.622 \, m \text{ pro } 1 \, kg.$$

Neu-Lyoner:

$$1000 : 0·0531 \, g = 1883·239 \times 500 = 9,416.195 \, m \text{ pro } 1 \, kg.$$

Turiner (Legale):

$$1000 : 0{\cdot}05\,g = 20000 \times 450 = 9{,}000{.}000\ m\ \text{pro}\ 1\ kg.$$

International:

$$1000 : 0{\cdot}05\,g = 20000 \times 500 = 10{,}000{.}000\ m\ \text{pro}\ 1\ kg.$$

Wenn z. B. bei Alt-Lyoner Nummer 8,955.918, bei Mailänder 9,321.568 m 1 kg wiegen, so werden 10,000.000 m von derselben Seide mehr wiegen, weshalb die internationale Nummer höher sein muß als alle anderen.

Um bei den verschiedenen Nummern die Meter pro Kilogramm zu bestimmen, dividiert man die Meter von Nr. 1 durch die Nummer, z. B.:

$\frac{1\,8}{2\,2}$ Organsin Alt-Lyoner Titer 8,952.918 : 20 = 447.646 m

$\frac{1\,8}{2\,2}$ Organsin Turiner Titer 9,000.000 : 20 = 450.000 m

$\frac{1\,8}{2\,2}$ Organsin intern. Titer 10,000.000 : 20 = 500.000 m.

Umrechnungstabelle der Seidentiters.

Alt-Lyoner oder Titre ancien (Paris, London, Krefeld) 400 P. E. = 475·4 m 1 Grain = 0·0531 g	Mailänder (Mailand, Wien) 400 P. E. = 475·4 m 1 Denari = 0·051 g	Piemonteser oder Alt-Turiner 400 P. E. = 475·4 m 1 Denari = 0·0534 g	Neu-Lyoner oder Titre nouveau (Lyon) 500 m 1 Grain = 0·0531 g	Turiner oder Titre Legale (Turin, Wien) 450 m 0·05 g	Internationaler (Zukunftstiter) 500 m 0·05 g
1	1·0411765	0·9943819	1·051745	1·005258	1·116955
0·960452	1	0·955056	1·010151	0·965503	1·072781
1·005649	1·047059	1	1·057688	1·01093	1·123265
0·950799	0·989950	0·945458	1	0·955801	1·062000
0·994769	1·035729	0·989180	1·046244	1	1·111111
0·8952918	0·9321568	0·890262	0·9416195	0·9000000	1

Titer ancien =

Mailänder Titer × 0·96; Piemont. Titer × 1·005; Titer nouveau × 0·95; Titer Legale × 0·99; internationaler Titer × 0·895.

Mailänder Titer =

Titer ancien × 1·041; Piemonteser Titer × 1·047; Titer nouveau × 0·99; Titer Legale × 1·036; internationaler Titer × 0·93.

Piemonteser Titer =

Titer ancien × 0·994; Mailänder Titer × 0·955; Titer nouveau × 0·945; Titer Legale × 0·99; internationaler Titer × 0·89.

Titer nouveau =

Titer ancien × 1·052; Mailänder Titer × 1·01; Piemont. Titer × 1·058; Titer Legale × 1·046; internationaler Titer × 0·942.

Titer Legale =
    Titer ancien $\times$ 1·005; Mailänder Titer $\times$ 0·965; Piemont. Titer $\times$ 1·01;
    Titer nouveau $\times$ 0·956; internationaler Titer $\times$ 0·9.
Internationaler Titer =
    Titer ancien $\times$ 1·117; Mailänder Titer $\times$ 1·073; Piemont. Titer $\times$ 1·123;
    Titer nouveau $\times$ 1·062; Titer Legale $\times$ 1·11.

Seidengarn-Umrechnungstabelle.

Titer Legale			Titer ancien	Titer Mailand	Titer Piemont	Titer nouveau	Titer international
		1	0·9948	1·0357	0·9892	1·0462	1·1111
$\frac{9}{11}$	Mitte	10	9·95	10·36	9·89	10·46	11·11
$\frac{10}{12}$	»	11	10·94	11·40	10·88	11·51	12·22
$\frac{10}{14}$	»	12	11·95	12·43	11·87	12·55	13·33
$\frac{12}{14}$	»	13	12·93	13·47	12·86	13·60	14·44
$\frac{12}{16}$	»	14	13·93	14·50	13·85	14·61	15·55
$\frac{14}{16}$	»	15	14·92	15·54	14·84	15·69	16·67
$\frac{14}{16}$	»	16	15·92	16·55	15·83	16·71	17·78
$\frac{14}{18}$	»	17	16·91	17·61	16·81	17·78	18·89
$\frac{16}{20}$	»	18	17·91	18·65	17·80	18·83	20·—
$\frac{18}{20}$	»	19	18·90	19·65	18·79	19·88	21·10
$\frac{15}{20}$	»	20	19·99	20·71	19·78	20·92	22·22
$\frac{22}{24}$		22	21·98	22·78	21·76	23·01	24·44
$\frac{22}{26}$	»	24	23·97	24·85	23·74	25·10	26·67
$\frac{24}{28}$	»	26	25·96	26·90	25·72	27·20	28·89
$\frac{26}{30}$	»	28	27·95	29·—	27·69	29·29	31·11
$\frac{28}{32}$	»	30	29·84	31·07	29·68	31·39	33·33
$\frac{30}{34}$	»	32	31·83	33·14	31·66	33·48	35·56
$\frac{32}{36}$	»	34	33·82	35·21	33·64	35·57	37·78
$\frac{34}{40}$	»	36	35·81	38·26	35·62	37·67	40·—
$\frac{38}{40}$	»	38	37·80	39·36	37·59	39·76	42·22
$\frac{38}{42}$	»	40	39·79	41·43	39·57	41·85	44·44
$\frac{40}{50}$	»	45	44·76	46·61	44·52	47·08	42·22
$\frac{48}{52}$	»	50	49·74	51·78	49·46	52·31	55·56
$\frac{50}{55}$	»	55	54·71	56·96	54·41	57·54	61·11
$\frac{58}{62}$	»	60	59·69	61·94	59·35	62·77	66·67
$\frac{60}{65}$	»	65	64·66	67·12	64·30	68·—	72·23
$\frac{68}{72}$	»	70	69·64	72·50	69·24	73·23	77·78
$\frac{70}{80}$	»	75	74·61	77·68	74·19	78·46	83·34
$\frac{78}{82}$	»	80	79·58	82·96	79·14	83·70	88·89
$\frac{80}{90}$	»	85	84·55	88·11	84·09	88·93	94·45
$\frac{88}{92}$	»	90	89·53	93·21	89·03	94·16	100·—
100	»	100	99·48	103·57	98·92	104·62	111·11

Maß- und Gewichts-Umrechnungstabelle.

1 böhmische, badische und Schweizer Elle hat 20 Zoll = 60 cm
1 dänische Elle hat 24 Zoll = 62 77 cm
1 englische Elle (Yard) hat 36 Zoll = 91·44 cm
1 französische Elle (Aune) hat 526 5/8 Linien = 118 85 cm
1 preußische oder Berliner Elle hat 25 1/2 Zoll = 66·7 cm
1 russische Elle (Arschin) hat 28 Zoll = 72 cm
1 sachsische oder Leipziger Elle hat 24 Zoll = 56·6 cm
1 schwedische Elle (Alen) hat 24 Zoll = 59 38 cm
1 Wiener oder österreichische Elle hat 29 58 Zoll = 77 9 cm
1 Meter = 33·3 böhmische oder badische Zoll
1   »   = 38 2 dänische Zoll
1   »   = 39 4 englische Zoll
1   »   = 37 0 französische Zoll
1   »   = 38·3 preußische Zoll
1   »   = 39 3 russische Zoll
1   »   = 42·5 sachsische Zoll
1   »   = 40 5 schwedische Zoll
1   »   = 38 0 Wiener Zoll
1 Leipziger Zoll = 2 336 cm
1 englischer Zoll = 2 54 cm
1 Wiener Zoll = 2 635 cm
1 französischer Zoll = 2 707 cm
1 Centimeter = 0 428 Leipziger Zoll
1   »   = 0 3937 englische Zoll
1   »   = 0 3796 Wiener Zoll
1   »   = 0 3694 französische Zoll
1 russisches Pfund = 0 4095 kg
1 englisches Pfund = 0 4536 kg
1 preußisches Pfund = 0 4677 kg
1 Leipziger Pfund = 0 467 kg
1 französisches Pfund = 0 4895 kg
1 Zollpfund = 0 5 kg
1 Wiener Pfund = 0·56 kg

Garnwage.

Um das von der Spinnerei gelieferte Garn auf die Nummer zu kontrollieren, benutzt man die in Fig 893 dargestellte Garnwage Dieselbe besteht aus dem eisernen Gestelle *a* mit Stellschraube *b*, dem Gradbogen *c*, dem Zeiger *d* und dem damit verbundenen Garnhaken *e* Der Zeiger dreht sich um die Achse *f* Das zu prüfende Garn wird an den Garnhaken gehängt, worauf der Zeiger *d* die Feinheitsnummer an dem Gradbogen *c* angibt Das Quantum des anzuhängenden Garnes ist bei Baumwollgarn, Weft, Kammgarn, Streichgarn etc ein Strähn, bei Leinen- und Jutegarn ein Gebind. Den verschiedenen Numerierungen gemäß wechselt natürlich auch die Einteilung des Gradbogens Es gibt Sortierwagen für Baumwollgarn, Leinen-, Wolle-, Seidengarn etc Auch gibt es Wagen, bei denen auf dem Gradbogen mehrere Einteilungen eingraviert sind, so daß man sie für mehrere Gespinstsorten verwenden kann Selbstverständlich kann man eine Garnsortierwage, z. B für die metrische Numerierung, auch für die anderen Numerierungsarten verwenden, wenn man eine Umrechnungstabelle verwendet, diesbezügliche Tabellen befinden sich auf Seite 185 und 186 Eine Garnwage, mit der man aus 4, 20, 40 etc Yards, beziehungsweise Metern die Nummer bestimmen kann, ist in Fig 894 dargestellt

Garnhaspel.

Um einerseits das in Strähnen aus der Spinnerei gelieferte Garn auf die Länge zu kontrollieren oder von Kopsen, die zur Nummerbestimmung auf der Garnwage nötige Längeneinheit (Strähn, respektive Gebind) zu bilden, bedient man sich des Probier- oder Sortierhaspels, Fig 892 Der Umfang des Haspels und die Tourenzahl, welche er zur Bildung der Längeneinheit machen muß, richtet sich nach der Garnsorte

Baumwollgarnhaspel:

$1\frac{1}{2}$ Yards Umfang $\times$ 80 Haspeltouren $\times$ 7 Kops $=$ 840 Yards.

Leinen- und Jutehaspel

$2\frac{1}{2}$ Yards Umfang $\times$ 120 Haspeltouren $\times$ 1 Kops $=$ 300 Yards

Weft-, Cheviot-, Moharhaspel

1 Yard Umfang $\times$ 80 Haspeltouren $\times$ 7 Kops $=$ 560 Yards

Metrischer Haspel.

1 *m* Umfang $\times$ 100 Haspeltouren $\times$ 10 Kops $=$ 1000 *m*

Turiner Seidenhaspel

$112\frac{1}{2}$ *cm* Umfang $\times$ 400 Haspeltouren $\times$ 1 Spule $=$ 450 *m*

Metrischer Seidenhaspel

125 *cm* Umfang $\times$ 400 Haspeltouren $\times$ 1 Spule $=$ 500 *m*

An jedem Sortierhaspel befindet sich zur Kontrolle der genauen Tourenzahl ein Läutewerk, welches mit dem Tourenzähler in Verbindung ist

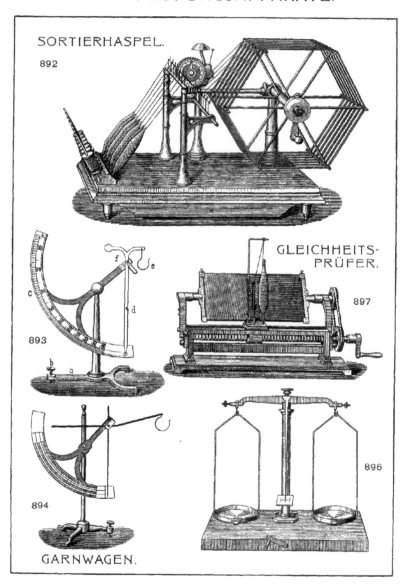

SORTIERHASPEL.

892

GLEICHHEITS-
PRÜFER.

897

893

894

896

GARNWAGEN.

Bestimmung der Garnnummer aus Gewebemustern.

Die Nummer eines aus dem Gewebe genommenen Fadens durch Anschauung zu bestimmen, ist für den Fachmann nicht schwer. Man legt zu diesem Zwecke den Faden auf eine abstechende Unterlage, d. h. helle Faden auf Schwarz (Rockärmel), dunkle auf Weiß (Manschette) und taxiert die Nummer. Zur Probe nimmt man aus der Garnmustersammlung die taxierte Nummer und vergleicht, indem man den zu untersuchenden Faden und den taxierten Garnkollektionsfaden nebeneinander spannt, mit einer Lupe (Vergrößerungsglas), ob die Stärken gleich sind. Eine weitere Probe besteht darin, daß man die zwei zu vergleichenden Faden ineinander schlingt und zusammendreht. Aus dem Gefühl beim Passieren der gespannten Fadenteile wird man genau beurteilen können, ob beide Faden gleich oder ungleich stark sind. Auch ist es gut, wenn man 10 oder 20 etc Faden aus dem Gewebe und ebenso viele von der taxierten Nummer der Garnkollektion nimmt, beide Partien gleichmäßig mit Daumen und Zeigefinger beider Hände dreht und die künstlichen Zwirnfaden vergleicht, entsprechen die Stärken, so ist die Nummer richtig bestimmt, entsprechen sie nicht, so muß eine andere Nummer gesucht werden.

Eine sichere Bestimmung der Garnnummer aus 1—10 m Garn erfolgt durch die Staubsche Garnwage.

Diese in Fig 895 dargestellte Wage ist eine Balkenwage mit ungleicharmigem Wagebalken. Am kürzeren Arme b ist der Garnhaken h angebracht, an welchen das zu untersuchende Garn gehängt wird, am längeren Arme b' befindet sich ein kleines, auf demselben längs der Skalatafel R verschiebbares Laufgewicht L. Die Skalatafel R, auf welcher nachfolgend verzeichnete Skalen eingraviert sind, ist in Schlitz v, an der Rückwand s des Gestelles vertikal verstellbar und die in Gebrauch zu nehmende Skala in solcher Höhe einzustellen, daß deren Teilstriche so weit unter die der Horizontallinie des Wagebalkens zu stehen kommen, daß sie durch das Laufgewicht sichtbar markiert werden. Das Gleichgewicht der Wage ist ersichtlich durch die Parallellage des Wagebalkens mit dem balancierten Hebelarm c, c' oder auch mit den Horizontallinien der Skala, wenn Pendel p mit der Stativsäule lotrecht in einer Linie steht.

Die verstellbare Skalatafel R enthält folgende Einteilungen

LE für die englische Leinen- und Jutegarnnumerierung

WE für die englische Kammgarnnumerierung

M für die metrische Numerierung

BE für die englische Baumwollgarnnumerierung

Allgemeines Verfahren zur Garnnummerermittlung bei der Staubschen Reduktionsgarnwage.

Vorerst ist diejenige Skala richtig einzustellen, welche der bezüglichen Numerierung entspricht

Sodann ist die Fadenlange, welche auf die Nummer untersucht werden soll, gleichviel, ob diese nun aus einem einzigen langeren Stuck oder aus einer Anzahl kurzerer Stucke besteht, nach Millimetern festzustellen

Hierauf ist das Garn an den Garnhaken h zu hangen und das Laufgewicht L auf dem Wagebalken Seite b' so weit zu verschieben, bis Seite b mit dem balancierten Hebelarm e, e' in paralleler Richtung steht

Die Gesamtlange des an den Haken gehangten Garnes wird durch die Skalazahl, auf welche die Spitze des Laufgewichtes beim Gleichgewicht zeigt, dividiert, wonach der Quotient die Garnnummer bezeichnet.

Beispiel Wurden aus einer Warenprobe 20 Faden gleicher Lange gezogen, welche ausgestreckt und gerade gelegt je 66 mm messen, so ist die Gesamtlange $66 \times 20 = 1320$ mm Stellt sich bei solcher Fadenlange das einfache Laufgewicht zur Erlangung des Gleichgewichtes auf Zahl 44, so ist die Garnnummer $\dfrac{1320}{44} =$ Nr 30

Indem bei größeren Fadenlangen das einfache Laufgewicht oft nicht ausreicht, benutzt man ein Hilfsgewicht des 5-, 10- bis 20fachen Betrages. Dieses Hilfsgewicht ist bei Bedarf von der außeren Seite auf den Wagebalken b' dicht an das Laufgewicht L anzuschließen Die Skalazahl, deren Wert sich selbstverstandlich ebenfalls um den 5-, 10- oder 20fachen Betrag erhoht, wird sodann durch das Hilfsgewicht markiert

Beispiel Stellt sich bei einer Fadenlange von 40 m oder 40 000 mm das 10fache Hilfsgewicht auf Skalazahl 80, so erhoht sich der Wert der letzteren auf $80 \times 10 = 800$ und die Garnnummer wird gleich $\dfrac{40\,000}{800} =$ Nr 50 sein

Eine andere vorzugliche Garnwage zum Bestimmen der Garnnummer aus 1—6 m ist die vom Webschuldirektor Stubchen-Kirchner in Reichenberg. Bei dieser Wage kann man die Nummer des Garnes direkt von der Skala ablesen

Man kann auch auf Prazisionswagen, wie Fig 896,[1] die Garnnummer bestimmen, wenn man sich eine Tabelle der Garne zusammenstellt, auf welcher die Meterzahlen pro Nummer angegeben sind, die auf 1 g gehen.

---

[1] Garnprufungsapparate

M Schoch & Co, Wien, Louis Schopper und Adolf Hagen in Leipzig, Hermann Findeisen, Chemnitz

Aus der Meterzahl Garn, welche auf 1 g gehen, bestimmt man nach genannter Tabelle die Nummer

Baumwollgarn Nr. 1 = 768 : 453 6 = 1·6931 m pro Gramm

    »   » 2 = 1536   453 6 = 3 38   »   »   »

    »   » 10 = 7680   453 6 = 16 93   »   »   »   usw

Wurden z B. 17 m Baumwollgarn 1 g wiegen, so ergibt dies nach vorstehender Tabelle Nr 10

Gewichtsermittlung von Gewebmustern und ganzen Stucken

Diese erfolgt bei der Staubschen Wage nach der metrischen Skala

Beispiel Ein Muster von 5 cm Lange und 8 cm Breite zeigt mit dem funffachen Hilfsgewicht Zahl 120, so ist das Gewicht 5 × 120 = 600 mg oder 0 6 g

Um zu ermitteln, was ein Stuck von 50 m = 5000 cm Lange und 80 cm Breite wiegt, ist einfach die Frage zu stellen: was wiegen 5000 × 80 = 400 000 cm^2, wenn 5 × 8 = 40 cm^2 0 6 g wiegen?

$$\frac{400\,000 \times 0\,6}{40} = 6000\,g \text{ oder } 6\,kg.$$

Auf dieselbe Weise kann man das Gewicht eines Quadratmeters einer Ware ermitteln.

Garngleichheitsprufung.

Um das aus der Spinnerei gelieferte Garn auf die Gleichheit des Fadens zu prufen, wickelt man dasselbe in parallelen Lagen auf eine kleine schwarze Tafel. Damit dies rasch und ganz egal erfolgt, hat man nach Fig. 897 Gleichheitsprufer konstruiert, welche das Aufwickeln in praziser Weise besorgen

Bestimmung der Festigkeit und Dehnung des Garnes.

Diese auf die Qualitat des Garnes bezughabenden Eigenschaften werden auf Garnfestigkeitsprufern und Dehnungsmessern untersucht

Bestimmung der Garndrehung.

Die Anzahl der Drehungen hangt ab von der Feinheit des Garnes, von der Lange der Faser und von der Verwendung des Garnes Die Zahl der Drehungen steigt mit der Garnnummer Nach Hyde berechnet man bei Baumwollgarn die Drehungen pro englischen Zoll, wenn man die Quadratwurzel aus der Garnnummer bei Kette (Water) mit 4, bei Halbkette (Medio) mit 3 75, bei Schuß (Mule) mit 3 25, bei Strickgarnen mit 2 75 und bei Strumpfgarnen mit 2 5 multipliziert So z B hat Watergarn Nr 20.

$$\sqrt{20} = 4\,472 \times 4 = 17\,88$$

Mulegarn Nr 12·

$$\sqrt{12} = 3{\cdot}464 \times 3\,25 = 11\,25 \text{ Drehungen pro englischen Zoll.}$$

Zwirne.

Werden zwei oder mehrere einfache Faden zusammengedreht, gezwirnt, so entstehen gezwirnte Garne oder Zwirne Das Zwirnen erfolgt entgegengesetzt der Garndrehung Man unterscheidet 2-, 3-, 4fache etc Zwirne, je nachdem der Zwirn aus 2, 3, 4 etc einfachen Faden besteht

Zweifache Zwirne heißt man auch dublierte, dreifache, drillierte Garne.

Beim Dekomponieren hat man bei Zwirnen, namentlich bei zwei- oder, mehrfarbigen, genau die Drehungen zu bestimmen, da nur dadurch eine genaue Imitation möglich ist

Nummerangabe der Zwirne.

Die Nummerangabe kann erfolgen

I Man setzt die Feinheitsnummer der zusammenzuzwirnenden Faden in Bruchform. Z B einen Zwirn aus zwei einfachen Faden Nr 20 bezeichnet man als 20/20

II Man setzt bei Zwirnen, bei denen gleiche Faden zusammengedreht werden, als Zähler die Feinheitsnummer eines Fadens und als Nenner die Drahtnummer Z B ein Zwirn, aus zwei einfachen Faden Nr 32 zusammengedreht, heißt 32/2, ein Zwirn aus drei einfachen Faden Nr 16 zusammengezwirnt heißt 16/3

III Man gibt die einfache Nummer an, welche die Zwirnfaden vereinigt geben Z B einen Zwirn aus zwei Faden Nr 40 benennt man als Nr 20er usw

Hat man zwei Faden von verschiedener Stärke zusammengezwirnt, so findet man die einfache Nummer, wenn man die Nummern beider Faden miteinander multipliziert und das Produkt durch die Summe der Nummern dividiert. Ein 20er und ein 30er Faden sollen zusammengezwirnt werden Wie hoch ist die Garnnummer beider Faden?

$$20 \times 30 = 600$$
$$20 + 30 = 50$$
$$600 \quad 50 = 12^{er} \text{ Zwirn}$$

Sollen 3 verschieden starke Faden zusammengedreht werden, so findet man die einfache Zwirnnummer auf folgende Weise.

A Man multipliziert die 3 Nummern miteinander.

B Man dividiert das Produkt von A durch die einzelnen Garnnummern.

C Man dividiert das Produkt von A durch die Summe von B.

Was für eine Nummer entsteht, wenn ein 20er, ein 30er und ein 40er Faden zusammengezwirnt werden?

$$20 \times 30 = 600 \times 40 = 24\,000$$
$$24\,000\,.\,20 = 1200$$
$$24\,000\quad 30 = 800$$
$$\underline{24\,000\quad 40 = 600}$$
$$2600$$
$$24.000 \cdot 2600 = 9\cdot 2^{er}\ \text{Zwirn.}$$

Ermittlung der Zwirndrehungen.

Zur Bestimmung der Drehungen verwendet man Zwirnzähler.

VI Bestimmung der Ketten- und Schuß-fadenfolge.

Es ist anzugeben, ob die Ketten- und Schußfaden einfarbig sind, oder ob farbige Faden nebeneinander angeordnet vorkommen. Hat ein Gewebe nur einfarbige Faden, so heißt diese Ordnung »glatt geschweift« oder »glatt gezettelt«, bei verschiedenfarbiger Anordnung »gemustert gezettelt«.

Schweif- und Schußzettel.

Die Angabe der Fadenfolge bei gemusterten Stoffen heißt in der Kette Schweifzettel, im Schusse Schußzettel Um den Schweifzettel zu bestimmen, schreibt man die Kettenfaden von oben nach unten so auf, wie sie im Gewebe von links nach rechts aufeinander folgen Beim Schußzettel erfolgt das Ablesen der Faden im Gewebe von unten nach oben, das Aufschreiben aber wie beim Schweifzettel von oben nach unten.

VII. Bestimmung der Bindung.

Die Bestimmung der Bindung beruht auf der Untersuchung und Feststellung, wie sich die Kettenfaden mit den Schußfaden verbinden. Die Aufsuchung der Bindung aus dem Gewebe bezeichnet man als Musterauszahlen.

Dasselbe erfolgt

a) Bei einfachen Geweben.

Zu diesem Zwecke nimmt man links einige Kettenfaden, oben einige Schußfaden aus dem Muster und legt dasselbe laut Fig 898 so in die linke Hand, daß die Kettenfaden auf den Auszahler senkrecht zustehen Nun nimmt man eine mit einem Griff versehene Nadel (Auszahlnadel) in die rechte Hand, schiebt den obersten Schußfaden etwas vor, bestimmt den äußersten linken Kettenfaden als Anfang und tupft, von links nach rechts fortschreitend, jene Stellen als volle Quadrate auf das Tupfpapier, wo Kettenfaden auf dem Schusse liegen Das Auszahlen in der Breite hat so lange zu geschehen, bis man sieht, daß sich die Bindung wiederholt Hat man die Bindweise des ersten Schusses abgesetzt, so zieht man denselben vorsichtig aus dem Gewebe, streicht die Kettenfaden wieder glatt, schiebt mit der Nadel den zweiten Schuß vor und verfahrt damit wie mit dem ersten

Nachdem das Auszahlen der Bindung aus dem Gewebe von oben nach unten stattfindet, muß auch das Absetzen der einzelnen Schusse auf dem Tupfpapier untereinander erfolgen. Man hat dasselbe so lange fortzusetzen, bis man eine genaue Wiederholung der Bindung findet

Bei Seidenstoffen legt man das Muster auf eine die Farbe der Warenprobe gut abhebende Unterlage und nimmt mit Hilfe einer Lupe die Bindung aus dem Muster, indem. man wieder Schußfaden für Schußfaden vorschiebt und abliest In diesem Falle ist es vorteilhaft, zwei Auszahlnadeln zu nehmen, wovon die eine von der linken Hand, die andere von der rechten Hand dirigiert wird, beim Zahlen der Bindpunkte arbeiten nun beide Nadeln, während beim Absetzen auf das Tupfpapier die linke Nadel das Ausgezahlte festhalt und die rechte Hand tupft

Beim Ablesen eines Schusses aus dem Gewebe bezeichnet man obenliegende Kettenfaden als genommen oder oben, untenliegende als gelassen oder unten

Beim Auszahlen ist es gut, gelassene Stellen mit genommenen abwechselnd abzulesen, auf das Tupfpapier bringen und so fortzufahren, bis der Rapport ersichtlich ist

Bei in der Kette sehr dicht stehenden Stoffen mit Ketteneffekt zahlt man vorteilhaft aus, wenn man links einige Kettenfaden und unten einige Schußfaden aus dem Gewebe zieht und kettenfadenweise von unten nach oben zahlt Dabei ist zu beachten, daß wieder gehobene Kette getupft wird Diese Methode bietet besondere Vorteile bei Kettenatlassen und Diagonalen, da man dabei eigentlich nur zwei Kettenfaden auszuzahlen braucht, indem daraus schon die Steigungszahl ersichtlich ist, aus welcher man die Bindung nach den Regeln der Bindungslehre zusammenstellen kann

STAUBsche REDUKTIONS-GARNWAGE.

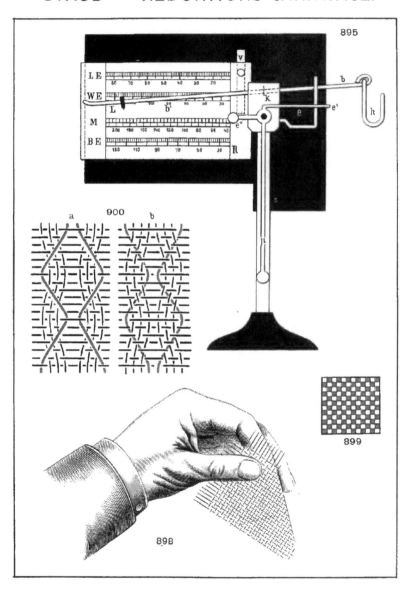

Wird die Ware verkehrtseitig gewebt, so erfolgt das Auszahlen der Bindung, zur Bestimmung der Anschnurung, respektive des Kartenmusters naturlich auch von der verkehrten Seite aus

Auch kann man nach entsprechender Übung bei vielen Stoffen mit freiem Auge oder mit Hilfe einer Lupe die Bindung aus einem Gewebe absetzen, ohne die Faden herauszunehmen.

b) Bei Doppelgeweben.

Ist das Muster mit einer gerauhten Ober- oder Unterseite versehen, so entfernt man die Haardecke dadurch, daß man die Warenprobe vorsichtig uber eine Kerzenflamme halt und die versengten Fasern mittels eines Messers abrasiert.

Nun verfahrt man folgendermaßen

1. Man entfernt an einer Stelle die Unterschusse

2 Man untersucht, ob die Unterkettenfaden noch hängen, d h ob dieselben Verbindung nach oben haben

Ist letzteres der Fall, so sucht man erstens, wievielschaftig die Verbindung ist (man nimmt einen obenliegenden Schuß, zieht denselben an und sucht, bei welchem, respektive bei dem wievielten Unterkettenfaden sich derselbe wiederholt), zweitens in welcher Form dieselbe erfolgt und ob alle oder nur ein Teil Unterkettenfaden gebunden sind

3 Man entfernt die Unterkettenfaden, worauf das Obergewebe als einfache Ware erscheint

4 Man bestimmt die Ketten- und Schußdichte pro Centimeter der Oberware

5 Man zahlt und tupft die Bindung der Oberware

6 Man entfernt an einer Stelle die Oberschusse

7 Man sucht, ob die Oberkettenfaden frei, oder ob selbe eine Verbindung nach unten haben Ist letzteres der Fall, so sucht man, wievielschaftig und von welcher Form dieselbe ist

8 Man entfernt die Oberkettenfaden, worauf das einfache Untergewebe erscheint

9 Man bestimmt die Dichte in Kette und Schuß bei dem Untergewebe

10 Man zahlt und tupft die Bindung der Unterware.

11 Man bestimmt laut beider Gewebdichten das Verhaltnis der Oberkette zur Unterkette und des Oberschusses zum Unterschuß

12 Man streicht die unteren Fadensysteme vor und verfahrt mit der Bindung, wie die Bindungslehre bestimmt

Die Punkte bis einschließlich 3 wurden auf der Rückseite der Warenprobe, die folgenden auf der rechten Seite ausgeführt

Überhaupt sei erwähnt, daß bei glatten Geweben oft nur die Untersuchung der Verbindung schwierig und maßgebend ist, indem bei genügender Übung die Bindung der Ober- und Unterware leicht abgetupft und deren Verhältnis bestimmt werden kann, ohne das Muster zu zerlegen

Zeigt die Rückseite eines Gewebes Ketteneffekt, d h setzt das Herausnehmen der Unterschüsse Schwierigkeiten, so entfernt man zuerst die Oberkettenfäden, sucht, ob die Oberschüsse noch hangen usw Findet man jedoch auf diese Weise keine Verbindung, so nimmt man auf einer anderen Gewebstelle die Oberschüsse weg und sucht, ob die Oberkettenfäden hangen usw

Ist bei dem Entfernen des Unterschusses kein Unterkettenfadensystem vorhanden, so ist das Gewebe ein *Schußdouble*, entgegengesetzt, fehlt das untere Schußsystem bei Entfernung der Unterkette, so ist es *Kettendouble*

c) Bei Samt und Plüsch.

1. Schußsamt oder Manchester.

Das Auszählen eines Manchesters erfolgt am leichtesten aus der ungeschnittenen Ware oder aus der Endleiste des fertigen Gewebes Hat man jedoch ein aufgeschnittenes Manchestermuster ohne Randbindung, so muß man die Bindung aus den Grundschüssen und den Flornoppen zusammenstellen

2 Kettensamt und Plüsch

1 Man zupft an einer Gewebestelle den Flor heraus und tupft die Bindung des Grundgewebes

2. Man sucht aus den Fadenlücken, nach wieviel Grundkettenfäden ein Florkettenfaden kommt

3 Man sucht die Bindung der Florkette mit der Nadel Zu diesem Zwecke untersucht man den Stand der Flornoppen, ob sich dieselben in einer geraden, versetzten oder gemusterten Ordnung befinden und bestimmt danach die Aufeinanderfolge von Grundschuß und Nadel

4 Man untersucht, ob und wie die Flornoppen in die Grundschüsse einbinden Man ersieht dies einerseits aus der **U**- oder **W** förmigen Form der herausgezupften Florstücke, anderseits aus der Rückseite des Plüschgewebes

5 Man tupft nach diesen Feststellungen die Bindung nach den Regeln der Bindungslehre.

3 Doppelplusch

Um aus einem einfachen Pluschgewebe die Doppelpluschbindung zu bilden, verfahrt man folgend

1 Man bestimmt die Aufeinanderfolge von Grund- und Florkette.

2 Man sucht die Bindung des Grundgewebes

3 Man bestimmt die Einbindung einer Flornoppe und den Stand der Florroppen zueinander

4 Man zeichnet nach Fig. 789 und 794 aus den Bestimmungen 1—3 die Daraufsicht des einfachen Pluschgewebes

5 Man zeichnet nach der Daraufsicht den Querschnitt des Doppelpluschgewebes (Fig 778—787)

6 Man numeriert die Grund- und Florkettenfaden

7 Man numeriert die Schusse unter Berucksichtigung der Aufeinanderfolge von Ober- und Unterschuß

8 Man sucht wieviel Schaftabteilungen man braucht und wieviel Schafte jede Abteilung verlangt.

9 Man markiert sich die Schaftabteilungen nach den Fig. 788—793 uber eine Bindungsflache

10 Man zieht die Kettenfaden in genauer Ordnung in die bestimmten Schafte

11 Man verfolgt bei den Kettenfaden im Querschnitte die Senkungen (Obergrundkette und Florkette) und die Hebungen (Untergrundkette) und tupft dies auf die betreffenden Kettenfaden dei Bindungsflache.

12 Man bildet das Kartenmuster aus dem Einzuge, wobei die Schaftsenkungen und Schafthebungen besonders anzugeben sind

d) Bei Gaze oder Dreherstoffen.

Hier hat man zu berucksichtigen, ob die Bindung von der rechten oder linken Warenseite abgesetzt werden muß. Fig 900 a Dreher oder Gazebindung

Will man die Ware mit Hochfachvorrichtung arbeiten, so kann man die Bindung nicht in dieser Darstellung nehmen, sondern muß sie nach Fig. 900 b bearbeiten

VIII. Bestimmung des Webschemas.

Die Bindung ist mit dem Fadeneinzuge, der Tretweise, Anschnurung, eventuell Kartenmuster zu versehen, so daß der Weber uber alle zur Vorrichtung und zum Weben notwendigen Daten informiert ist.

IX Bestimmung der Fadendichte in Kette und Schuß

Die Angabe der Fadendichte erfolgt auf 10, respektive 1 *cm* Zu diesem Zwecke zählt man die Faden, welche sich in einem Raume von 10 befinden Zählt man die Faden nur auf 2, 2½ oder 5 *cm*, so sucht man durch Multiplikation mit 5, 4, respektive 2 die Fadenzahl per 1 *dm* Ein Auszählen auf 1 *cm* ist nicht zu empfehlen, weil nicht immer die Faden genau auf 1 *cm* ausgehen und Fadenbruchstucke nicht genau taxiert werden konnen Das Zahlen geschieht mit Zuhilfenahme einer, respektive zweier Auszahlnadeln entweder mit freiem Auge oder mit einer Lupe und erfolgt faden- oder rapportweise Einfarbige Stoffe zahlt man nach den einzelnen Faden oder nach den Bindungsrapporten, farbig gemusterte nach den Farbmusterrapporten So z B berechnet man die Fadendichte des Gewebes, Fig 1, indem man die Faden pro 10 *cm* zählt. Man zieht sich zu diesem Zwecke links und oben einige Faden aus dem Gewebe heraus, bestimmt den Raum von 10, 5 oder 2½ *cm* und zahlt die aus dem Gewebe hervorragenden Faden der Reihe nach ab Auch kann man das Abzahlen auf dem Gewebe selbst vornehmen, wenn man sich ein Quadrat von 10, 5 oder 2½ *cm* genau nach der Fadenrichtung einzeichnet und die im Quadrate befindlichen Faden zahlt Die Fadendichte des Gewebes Fig. 2 und 3 wird vorteilhaft nach den Bindungsrapporten, die des Gewebes Fig 4 nach den Farbmusterrapporten berechnet. Bei dem Gewebe Fig 2 kommen in der Kette auf 10 *cm* 70 Bindungsrapporte a 5 Faden (5bindiger Schußkoper), was eine Dichte von $70 \times 5 = 350$ Kettenfaden pro 10 *cm* oder 35 Faden auf 1 *cm* ergibt Dem Schusse nach kommen pro 10 *cm* 52 Bindungsrapporte, was eine Dichte von $52 \times 5 = 260$ Schußfaden pro 10 *cm* oder 26 pro 1 *cm* ausmacht Bei dem Gewebe Fig 4 messen 2 Farbmusterrapporte in der Kette 44 *mm*, 2 Farbmusterrapporte à 56 Faden = 112 Faden. Dividiert man diese Fadenzahl durch die gemessene Millimeterzahl, so erhält man die Faden auf 1 *mm*, welche man durch Entwicklung einer, respektive zweier weiteren Stellen auf Faden pro 1 oder 10 *cm* umwandelt, 112 44 = 2 55 pro 1 *mm*, 25 5 pro 1 *cm* oder 255 Faden pro 10 *cm*.

X Bestimmung der Gesamtkettenfaden.

Um die Gesamtkettenfaden einer Ware zu finden, multipliziert man die Kettendichte eines Centimeters mit der Warenbreite Z B Muster Fig 2 hat eine Kettendichte von 35 Faden pro Centimeter, wie groß ist die Gesamtkettenfadenzahl bei einer Warenbreite von 140 *cm*? $35 \times 140 = 4900$

Indem die Randfaden einer Ware durch das Einziehen des Schusses und den damit verbundenen Reibungen im Kamm etc. mehr dem Zerreißen ausgesetzt sind als die übrigen Kettenfaden, zieht man gewöhnlich am Anfange und Ende 10—12 Helfen doppelfadig ein.[1]) Aus diesem Grunde muß man die soeben berechnete Gesamtkettenfadenzahl um so viele Faden vermehren als Helfen doppelfadig bezogen werden sollen. Will man z. B bei dem Gewebe Fig 1 am Anfange und Ende der Kette 10 Helfen doppelfadig einziehen, so muß man $4900 + 20 = 4920$ Gesamtkettenfaden in Rechnung bringen.

Sind zum Erzeugen eines Gewebes zwei Kettenbäume nötig, so ist die Fadenzahl jeder Kette getrennt auszuführen.

XI. Bestimmung der Gang-, beziehungsweise Musterzahl.

Bei einfarbigen Geweben druckt man die Fadenzahl in der Kette gewöhnlich nach Gängen aus. Ein Gang wird stets zu 40 Faden gerechnet. Um die Gangzahl zu finden, dividiert man die Gesamtkettenfaden durch 40, z B 1700 Kettenfaden $= 1700 \cdot 40 = 42\frac{1}{2}$ Gänge.

Wenn man eine Ware z B mit 60gängig bezeichnet, so heißt dies, daß dieselbe über die ganze Breite $60 \times 40 = 2400$ Kettenfaden hat.

Bei farbig gemusterten Stoffen berechnet man aus der Gesamtfadenzahl die Musterwiederholungen in der Breite des Gewebes. Die Musterzahl wird gefunden, wenn man nach Abzug des Randes die Kettenfaden durch die Fadenzahl eines Musters dividiert.

Ist jedoch die Fadenzahl des Musters in der Kettenfadenzahl nicht ohne Rest enthalten, so nimmt man entweder die überzähligen Faden weg, oder schlägt das Fehlende zu, oder aber man schweift die restlichen Kettenfaden als angefangenes Muster nach. In den ersten zwei Fällen ist jedoch die ursprünglich berechnete Gesamtkettenfadenzahl, beziehungsweise bei großen Mustern auch die Warenbreite zu verändern, während bei letzterer Manier alles gleich bleibt.

Vorteilhafter sind jedoch die beiden ersten Manieren, da nur dadurch beim Zusammenlegen mehrerer Breiten ein genauer Anschluß des Musters erfolgt.

---

[1]) Bei Herrenstoffen aus Schafwollgarn zieht man die Randkettenfaden gewöhnlich auch einfadig ein. In diesem Falle nimmt man zu den Randkettenfaden starkere, festere Garne, welche man Leistengarne heißt.

XII. Berechnung der Kettenlänge.

Durch das abwechselnde Über- und Untereinanderlegen der Ketten- und Schußfaden einerseits, durch den Appreturprozeß andererseits, werden sich die Kettenfaden im Gewebe mehr oder weniger einarbeiten

Um die Ziffer zu finden, um wieviel Meter die Kette langer zu schweifen ist, als der Stoff sein soll, verfahrt man folgendermaßen

1 Man mißt nach der Richtung der Kette soviel Millimeter ab, als der Stoff Meter haben soll, und begrenzt sich diese Ausdehnung durch genaue Einschnitte in den Stoff

2 Man nimmt einen Kettenfaden heraus und mißt diesen maßig ge- spannt nach Millimetern

3 Die gefundene Lange in Meter umgewandelt, ergibt die Lange der Kette

Selbstverstandlich gehort zu diesem Verfahren Ubung, damit die Faden nur soviel ausgezogen werden, als zur Glattlegung der Krauslung, welche durch die Webweise entsteht, notwendig ist

Bei dehnbaren Garnen empfiehlt es sich, 2 oder 3 Faden genau neben- einander zu legen und gemeinsam zu messen, da man einen einzelnen Faden leicht zu viel ausdehnen kann

Auch ist zu berucksichtigen, daß die Kette noch ein Plus von zirka 1 m bekommen muß, da der Anfang und das Ende der Kette nicht ganz verarbeitet werden konnen

Waren mit engen Bindungen werden sich naturlich vermoge der vielen Kreuzungen mehr einarbeiten als Gewebe mit weiten Bindungen, ebenso werden Waren, welche gewalkt werden, mehr eingehen, als solche, welche nur gemangelt oder gebleicht werden Auch werden straff gespannte Ketten sich weniger einweben als locker gespannte

XIII. Bestimmung der Webstuhlvorrichtung.

Hier ist die Fachbildungsvorrichtung zu bestimmen, die Helfenberech- nung anzufuhren, die Kettenspannung anzugeben und sonstige fur den Artikel erforderliche Verfugungen zu treffen

XIV. Die Helfenberechnung.

Diese bezieht sich auf die Angabe, wieviel Helfen auf einen Schaft kommen

Die Berechnung erfolgt·

a) Bei geraden und gesprungenen Einzügen.

Bei diesen Einzugen dividiert man die Gesamtkettenfäden durch die Anzahl der Schafte und man erhält die Helfen eines Schaftes.

Z B 2580 Kettenfäden sind auf 4 Schafte gerade einzuziehen Wie viele Helfen kommen pro Schaft?

$$2580 \cdot 4 = 645 \text{ Helfen pro Schaft.}$$

Will man nun bei dieser Kettenfadenzahl links und rechts 10 Helfen doppelfadig einziehen, so erspart man 20 Helfen, so daß jetzt

$$2580 - 20 = 2560 \quad 4 = 640 \text{ Helfen pro Schaft kommen.}$$

b) Bei gemusterten Einzugen

Um bei gemusterten Einzugen die Helfenberechnung ausführen zu können, sucht man, wie viele Helfen auf einem Schafte in einem Rapporte eingezogen sind und multipliziert diese Zahl mit der Anzahl Kettenrapporte der Ware

Z B 2080 Kettenfäden sollen nach der Fig 52 eingezogen werden Wieviel Helfen kommen auf jeden Schaft?

1 Rapport = 26 Kettenfäden

Auf dem 1. und 8. Schafte sind 2 Helfen im Rapporte

$$\begin{array}{llllll} 2., 3, 6 \text{ und } 7 & » & » & 4 & » & » & » \\ 4 \text{ und } 5. & » & » & 3 & » & » & » \end{array}$$

2080 26 = 80 Rapporte.

$$\begin{array}{lllll} 1 \text{ und } 8 \text{ Schaft} & 80 \times 2 = 160 & \text{Helfen à Schaft} \\ 2, 3, 6, 7 & » & 80 \times 4 = 320 & » & » & » \\ 4 \text{ und } 5 & » & 80 \times 3 = 240 & » & » & » \end{array}$$

$$(160 \times 2) + (320 \times 4) + (240 \times 2) = 2080 \text{ Helfen}$$

Die Randfaden sind immer auf diejenigen Schafte einzuziehen, welche eine glatte Bindung liefern, ist letzteres nicht möglich, so muß man öfters eigene Leistenschafte in Anwendung bringen Als Bindungen der Leiste eignen sich Leinwand, Rips, Mattenbindung und zweiseitige Koper, da diese auf beiden Gewebsarten die gleiche Bindweise liefern

XV. Kammdichte (Blattdichte).

Darunter versteht man die Zahl der Rohre, welche auf 10, respektive auf 1 *cm* kommen Der Kammeinzug, das sind die Faden, welche zwischen zwei Kammstabe kommen, ist verschieden und richtet sich nach der Fadendichte, der Garnstarke und der Bindung

So z B ist der Kammeinzug bei

Organtin *1fadig*
Leinwand, Cotton, Tuch, Köper, Barchent etc. 2 »
Oxford, zweifadig in Helfen . . ... 4 »
4-, 8-, 12bindige einfache Stoffe 2- *oder* 4 »
5bindige einfache Stoffe . 2- *und* 3- *oder* 5 »
3-, 6-, 9-, 12bindige einfache Stoffe 3 »

Doppelstoffe und Kettendouble
    Verhältnis 1 1 . 2- *oder* 4*fadig*
      » 2 1 3- *oder* 6 »
Pikee 1 Grund-, 1 Stepp-, 1 Grundfaden 3 »
Rips 1 Figur-, 1 Einschnitt-, 1 Figurfaden 3 »

Gaze oder Dreher
   Die zu einer Drehung gehörenden Faden pro 1 Rohr usw

Häufig ersieht man den Kammeinzug eines Gewebes aus demselben, wenn man es gegen das Licht hält, da sich bei ungebleichten und ungewalkten Stoffen die in einer Rohrlücke befindlichen Faden meist etwas mehr zusammendrängen und dadurch Gassen, sogenannte Rohrstreifen, entstehen, was natürlich für die Ware nicht vorteilhaft ist und vermieden werden soll

Gewöhnlich ist der Kammeinzug über die ganze Breite ein gleichmäßiger, es kommen jedoch auch Fälle vor, wo derselbe ein verschieden dichter ist

Kommen in einem Gewebe ungleiche Dichten in der Kette vor, d h wechseln Streifen mit z B 2fadigem Kammeinzuge mit Streifen von dichterer Einlage ab, und man soll die dichtere Einlage pro Rohr bestimmen, so verfahrt man folgendermaßen.

1 Man bestimmt den Kammeinzug des dünnen Streifens

2 Man bestimmt durch Abmessen des dichten Streifens, wieviel Kettenfaden des dünnen Streifens, der dichtere Streifen ergibt

3 Man dividiert die gefundene Kettenfadenzahl durch die Fadeneinlage des dünnen Streifens und erhält die Rohrzahl des dichten Streifens

4 Man dividiert die Fadenzahl des dichten Streifens durch die dafür bestimmte Rohrzahl und erhält die Fadenzahl pro Rohr im dichten Streifen

Im Gewebe Fig 4 wechseln 36 Faden breite Taftstreifen mit 48 Faden breiten Atlasstreifen ab Der Taft ist 3fadig im Kamme eingezogen, wieviel fadig erfolgt der Einzug im Atlasstreifen? Der Atlasstreifen nimmt einen Raum von 24 Taftkettenfaden ein, weshalb für den Atlasstreifen 24 3 = 8 Rohre genommen werden mussen Nachdem der Atlasstreifen 48 Faden hat, muß der Kammeinzug dieses Streifens 48 8 = 6fadig erfolgen.

XVI. Bestimmung der Kammbreite.

Hier ist der Breitenverlust zu berechnen, welchen die Ware durch das Einarbeiten auf dem Webstuhle, sowie durch die Appretur erleidet, es ist also zu bestimmen, um wieviel Centimeter der Kamm breiter als die fertige Ware sein muß. Dasselbe ist naturlich, je nachdem der Stoff aus diesem oder jenem Material erzeugt wurde oder mit dieser oder jener Appretur versehen ist, sehr verschieden.

Zur Bestimmung dieses Punktes verfahrt man wie bei der Kette, nur daß hier das Messen in der Richtung des Schusses erfolgt und die einzuschneidende Millimeterzahl den Centimetern der Stoffbreite zu entsprechen hat

Soll- und Verbrauchslange.

Unter Sollange versteht man jene Lange, welche die Strahne der Numerierung gemaß haben sollen

Dadurch, daß einerseits die von der Spinnerei gelieferten Strahne Garn nicht immer die genaue Numerierungslange haben, anderseits durch Spulen und das damit verbundene Ausschneiden dicker, beziehungsweise dunner Fadenstellen, Schweifen, Baumen und Weben ein Abfall entsteht, muß man den Verlust bei der Kalkulation in Rechnung bringen Nach der Qualität des Garnes einerseits, nach der Festigkeit des Rohmateriales anderseits wird der Abfall bei den verschiedenen Gespinsten ein verschiedener sein. Dieser Verlust kann in zweifacher Weise verrechnet werden

1 Man rechnet mit der Verbrauchslange der Strahne, d. i jener Lange, welche entsteht, wenn von der Numerierungslange ein Prozentsatz fur den Abfall in Abzug gebracht wird

2 Man kalkuliert mit der Numerierungslange und vermehrt das Resultat um die Prozente des Garnverlustes

Verbrauchslangen.

Baumwollgarn

$768 m - 5$, respektive $6\% = 730$, respektive $720 m$ pro Strahn

Leinengarn

$274 m - 5\%$ $= 260 m$ pro Gebind

Jutegarn

$274 m - 4\%$ $= 264 m$ pro Gebind

Weft, Cheviot, Mohar

$512 m - 4\%$ $= 490 m$ pro Strahn

Kammgarn

1000 m — 4, respektive 5 % = 960, respektive 950 m pro Strahn

Streichgarn

1000 m — 8 % = 920 m pro Strahn

Chappeseide, Ramie

1000 m — 5 % = 950 m pro Strahn

Bei Grège rechnet man 5 %, bei Organsin 6—10 % und bei Trame 5—10 % für Abfall.

Die Kalkulationslangen sind Sache der Erfahrung und richten sich nach der Güte des Garnes und den Vorbereitungsarbeiten. So z B kann man, wenn für Kette Warpkops beim Zetteln verwendet werden, eine größere Länge rechnen, als wenn man es mit Bundelgarn zu tun hat. Dasselbe gilt beim Schusse, wenn Pinkops als Schützeneinlage dienen, oder wenn erst Bundelgarn (Strahngarn) gespult werden muß Bei Zwirnen tritt durch die schraubenartige Zusammendrehung zweier oder mehrerer einfacher Faden eine Verkurzung ein, welche um so größer ist, je mehr Drehungen auf einen englischen Zoll kommen.

XVII. Die Kalkulation des Garnbedarfes für die Kette.

Um die Strahne, englische Pfunde oder Kilogramm Garn zu berechnen, welche man für eine Kette braucht, verwendet man folgende Formeln

A. Für einfärbige Gewebe.

1 $\dfrac{Gesamtkettenfaden \times Kettenlange}{Verbrauchslange} = Strahne$

2. $\dfrac{Gesamtkettenfaden \times Kettenlange}{Numerierungslange} + \%\ Verlust = Strahne$

Um die Strahne in englische Pfund umzuwandeln, dividiert man dieselben durch die Garnnummer oder rechnet nach folgender Formel

3 $\dfrac{Gesamtkettenfaden \times Kettenlange}{Verbrauchslange \times Garnnummer} = englische\ Pfund.$

Will man die Garnmenge in Kilogramm angegeben haben, so multipliziert man die englischen Pfunde mit 0 4536 oder arbeitet nach einer der folgenden Formeln:

4 $\dfrac{Gesamtkettenf. \times Kettenlange \times Gramm\ 1\ m\ Garn\ Nr.\ 1}{Garnnummer \times 1000} + \%\ Verlust = kg$

Das Gewicht eines Meters Baumwollgarn ist·

453 6 . 768 = 0 59063 g.

5 $\dfrac{Gesamtkettenf. \times Kettenlange \times Gewicht\ 1\ m\ des\ ver\text{-}wendeten\ Garnes}{1000} + \%\ Verlust = kg$

Die Angabe der Stofflange, Kettenlange, Verbrauchs- und Numerierungs lange erfolgt stets nach Metern

Beispiel·

Wieviel Strahne englische Pfunde, respektive Kilogramm Baumwollgarn 20er braucht man zu einer Kette, welche 2000 Faden hat und 100 m lang ist?

Fur Garnverlust wird 6 % gerechnet

1 Formel.[1])

$\dfrac{2000 \times 100}{722\,[2])} = 277$ Strahne

277 20 = 13 85 Pfund

13 85 $\times$ 0 4536 = 6 282 kg

2 Formel.

$\dfrac{2000 \times 100}{768} + 6\%$ in 100 = 277 Strahne

3. Formel.

$\dfrac{2000 \times 100}{722 \times 20} = 13\,85$ Pfund.

4 Formel·

$\dfrac{2000 \times 100 \times 0\,59063}{20 \times 1000} + 6\%$ in 100 = 6 282 kg

5 Formel.

0 59063 . 20 = 0 02953 g wiegt 1 m Nr 20er

$\dfrac{2000 \times 100 \times 0\,02953}{1000} + 6\%$ in 100 = 6 282 kg

(Man braucht ohne den Verlust 5 906 kg, das sind bei 6 % in 100 94 : 100 | 5 906 x = 6 282 kg

---

[1]) Als Verbrauchslange wurde bei den Berechnungen 1 und 3 ausnahmsweise fur Baumwollgarn 722 m (anstatt 720) angenommen, weil dies genau 6 % Abzug von 768 m ausmacht und ein genaues Resultat mit der Berechnung 2 ergibt

[2]) (768 − 6 % = 722)

Bei Garnen mit metrischer Numerierung (Kammgarn, Streichgarn, Chappeseide, Bourettseide, Ramie etc) nimmt man zur Berechnung der Kilogramme folgende Formel

$$6.\ \frac{Gesamtkettenfaden \times Kettenlauge}{Meter\ eines\ Kilogramms\ (Nummer \times 1000)} + \%\ Verlust$$

Um bei Seide (Grège, Organsin, Trame) die Kilogramme zu berechnen, welche man für eine Kette braucht, verwendet man folgende Formel

$$7\ \frac{Gesamtkettenfaden \times Kettenlauge \times Garnnummer}{Meterzahl\ von\ Nr\ 1\ auf\ 1\ kg} + \%\ Verlust$$

Bei Titre légale gehen von Nr 1 9,000 000 m, bei metrischem Titer 10,000 000 m auf 1 kg (Siehe Numerierungsmethode)

Hat das Muster einen Rand von anderer Farbe oder anderem Gespinst, so ist dieser von der Gesamtkettenfadenzahl in Abzug zu bringen und allein zu verrechnen

B. Für farbig gemusterte Gewebe.

a) Besteht die Kette aus einem Garne oder aus Garnen mit gleichen Verbrauchslangen, so verwende man folgende Rechnungsart

1 Man berechnet die Gesamtstrahnezahl nach Formel 1 oder 2, jedoch ohne den Rand

2 Man dividiert die gefundene Strahnezahl durch die Fadenzahl des Schweifzettels, wodurch die Strahnezahl eines Fadens des Schweifzettels ermittelt wird

3 Man multipliziert diese Zahl immer mit der Fadenzahl einer Farbe des Schweifzettels, die Resultate ergeben die Strähnezahl der einzelnen Farben

b) Besteht die Kette aus zwei Garnsorten mit unterschiedlichen Verbrauchslangen, wie z B Baumwollgarn und Leinengarn (Matratzengradl), so muß man folgende Formel anwenden

$$\frac{Schweifmusterzahl \times Faden\ von\ einer\ Farbe\ in\ einem\ Muster\ von\ einem\ Garne \times Kettenlauge}{Verbrauchslauge}$$

Das Resultat ist die Strahnezahl einer Farbe

Die Rechnung muß so oft erfolgen, als verschiedene Farben, respektive Garne im Schweifzettel vorkommen

Um bei Ketten, welche nicht mit den Schweifmustern ausgehen, die Strahne der einzelnen Farben genau zu berechnen, verwende man folgende Formel

Schweifmusterzahl $\times$ *Faden von einer Farbe in einem Muster* + *Faden derselben Farbe im angefangenen Muster* $\times$ *Kettenlänge*

Verbrauchslänge

Das Resultat ist die Strähnezahl einer Farbe

c) Bei Geweben, welche mit 2 oder 3 Kettenbäumen erzeugt werden, muß man wegen der ungleich langen Ketten und meist unterschiedlichen Verbrauchslängen jede Kette für sich rechnen

Um zu finden, wie viele Meter von einer Garnpartie geschweift werden können, diene folgende Formel.

$$\frac{Str\ddot{a}hnezahl \times Verbrauchsl\ddot{a}nge}{Gesamtkettenf\ddot{a}den}$$

XVIII. Die Kalkulation des Garnbedarfes für den Schuß.

A. Für einfarbige Gewebe.

Diese Berechnung geschieht nach folgenden Formeln

1 *Schüsse pro 1 Centimeter* $\times$ *100 = Schüsse pro Meter* $\times$ *Stofflänge in Metern =*

Schüsse der ganzen Ware $\times$ *Kammbreite in Metern = Meter Schuß* $= Str\ddot{a}hne$

Verbrauchslänge

Um die Rechnung einfacher auszuführen, kürzt man die Formel wie folgt

$$\frac{Sch\ddot{u}sse\ pro\ 1\ cm \times Stoffl\ddot{a}nge\ in\ m \times Kammbreite\ in\ cm}{Verbrauchsl\ddot{a}nge} = Str\ddot{a}hne$$

2 Man nimmt anstatt der Verbrauchslänge die Numerierungslänge und vermehrt das Ganze durch die Prozente Verlust in 100

Will man englische Pfunde berechnen, so dividiert man die Strähne durch die Garnnummer Will man Kilogramm, so multipliziert man die Pfunde mit 0 4536 oder man rechnet nach folgenden Formeln

3 *Schüsse pro 1 cm* $\times$ *Stofflänge* $\times$ *Kammbreite*

in m $\times$ *g eines m von Nr 1*

Garnnummer $\times$ *1000* $+ \%$ *Verlust = kg*

4 *Schüsse pro 1 cm* $\times$ *Stofflänge* $\times$ *Kammbreite*

in m $\times$ *g eines m des verwendeten Garnes*

1000 $+ \%$ *Verlust = kg*

Beispiel

Wieviel Strahne, englische Pfunde, respektive Kilogramm braucht man zu einer 100 *m* langen Ware, wenn 32 Schusse Baumwollgarn 30er pro 1 *cm* kommen und die Kammbreite 96 *cm* betragt?

1 Formel

$$\frac{32 \times 100 \times 96}{720} = 425\tfrac{1}{2} \text{ Strahne}$$

2 Formel

$$\frac{32 \times 100 \times 96}{768} - 6\% \text{ in } 100 = 425\tfrac{1}{2} \text{ Strahne}$$

425 5 30 = 14 18 ᠍ Pfunde

14 18 ᠍ Pfunde $\times$ 0 45 36 = 6 434 *kg*

3. Formel.

$$\frac{32 \times 100 \times 96 \times 0\,59063}{30 \times 1000} + 6\% \text{ in } 100 = 6\cdot431 \text{ } kg$$

4 Formel

$$\frac{32 \times 100 \times 96 \times 0\,19687}{1000} + 6\% \text{ in } 100 = 6\,434 \text{ } kg$$

Bei Garnen mit metrischer Numerierung nimmt man zur Berechnung von Kilogramm Schuß folgende Formel

$$\frac{5 \text{ } Schusse \text{ } pro \text{ } 1 \text{ } cm \times Stofflange \times Kammbreite \text{ } in \text{ } cm}{m \text{ } auf \text{ } 1 \text{ } kg \text{ } (Nummer \times 1000} \begin{array}{l} + \% \text{ } Verlust \\ = kg \end{array}$$

Will man bei Seide den Schuß nach Kilogrammen berechnen, so verfahrt man folgend

$$\frac{Schusse \text{ } pro \text{ } 1 \text{ } cm \times Stofflange \times Kammbreite \text{ } in \text{ } cm \times Garnnummer}{m \text{ } auf \text{ } 1 \text{ } kg} + \% \text{ } Verlust = kg$$

B. Fur farbig gemusterte Gewebe.

a) Besteht das Schußmaterial aus einer Garnsorte, so berechnet man den Garnbedarf auf folgende Weise

1 Man berechnet die Gesamtstrahne nach Formel 1 oder 2 der einfarbigen Gewebe

2 Man dividiert diese Strahne durch die Faden des Schußzettels und erhalt den Bedarf an Garn fur einen Schuß des Schußzettels

3 Man multipliziert den gefundenen Quotient so oft mit der Fadenzahl jeder Farbe des Schußzettels, als verschiedene Farben vor-

handen sind, die Produkte ergeben die Strahne fur die einzelnen Farben

b) Besteht das Schußmaterial aus zwei oder mehreren Garnen mit unterschiedlichen Verbrauchslangen, wie z B Baumwollgarn und Weft oder Baumwollgarn, Kammgarn und Chappeseide etc , so verwende man folgende Formel

$$\frac{\textit{Schußmusterzahl} \times \textit{Faden von einer Farbe in einem Muster von einer Garnsorte} \times \textit{Kammbreite in Metern}}{\textit{Verbrauchslange}}$$

Das Resultat ist die Strahnezahl einer Farbe von einer Garnsorte

Die Schußmusterzahl wird gefunden, indem man die Schusse pro 1 *cm* in Schusse eines Meters verwandelt, diese mit der Meterlange des Stoffes multipliziert und durch die Faden eines Schußmusters dividiert Angefangene Muster werden fur voll angenommen

XIX. Ermittlung des Gewichtes eines Quadratmeters Stoff.

Die Berechnung erfolgt so, daß man sich das Gewicht und die Quadratmeter des Stuckes berechnet und ersteres durch letztere dividiert

Selbstverstandlich hat man auf eventuelle Beschwerung durch Schlichte, Farbe, Appretur etc Rucksicht zu nehmen

Zur Ermittlung des Gewichtes aus kleinen Mustern bedient man sich, wie bereits fruher erklart, der Staubschen oder sonst passend konstruierter Wagen.

Schnellkalkulation

Um in Rohwebereien ein rasches Kalkulieren des Garnbedarfes zu erzielen, empfiehlt sich folgendes Verfahren. Man sucht Grundzahlen (Schlusselzahlen), welche durch Multiplikation mit der Gangzahl der Kettenfaden das Gewicht der Kette ergeben Zur Aufsuchung der Grundzahl fur Garn Nr 1 berechnet man das Gewicht eines Ganges (40 Faden) auf eine bestimmte Lange (100, 120, 200 etc *m*) Um diese Grundzahl bei Baumwollgarn, bei einer Kettenlange von 100 *m*, zu berechnen, verfahrt man folgendermaßen

40 (Faden eines Ganges) $\times$ 100 *m* Kettenlange 720 $=$ 5 55555
40        $\times$ 100 »   »   730 $=$ 5 47945

Die Grundzahl ist demnach fur Baumwollgarn Nr 1 bei einer Kalkulationslange von 720 *m* pro Strahn 5 55555, bei einer Kalkulationslange von 730 *m* pro Strahn 5 47945

Um die Grundzahlen für die anderen Garnnummern zu finden, dividiert man in die Grundzahl von Nr. 1 die betreffende Garnnummer. Die folgende Tabelle gibt darüber Aufschluß.

Will man z. B. wissen, wieviel englische Pfund Baumwollgarn Nr. 24 zu einer Kette von 2800 Kettenfäden bei 100 m Länge notwendig sind, so multipliziert man die Grundzahl für Nr. 24 (0·2283) mit der Gangzahl der Kettenfäden. 0·2283 × 70 = 15·98 Pfund. Bei gewöhnlicher Kalkulation müßte man rechnen:

2800 × 100 = 280.000 : 730 = 383·56 : 24 = 15·98 Pfund.

Schlüsselzahlen für Baumwollgarn.

Garn Nr.	Verbrauchs- oder Kalkulationslängen pro Strähn				
	700 m	710 m	720 m	730 m	740 m
1	5·71428	5·63382	5·55555	5·47945	5·40540
2	2·85714	2·81691	2·77777	2·73972	2·70270
3	1·90476	1·87794	1·85185	1·82648	1·80180
4	1·42857	1·40845	1·38889	1·36986	1·35135
5	1·14285	1·12676	1·11111	1·09589	1·08108
6	0·95238	0·93897	0·92592	0·91324	0·90090
7	0·81632	0·80483	0·79365	0·78278	0·77220
8	0·71428	0·70423	0·69444	0·68493	0·67568
9	0·63492	0·62598	0·61728	0·60883	0·60060
10	0·57142	0·56338	0·55555	0·54794	0·54054
12	0·47619	0·46948	0·46296	0·45662	0·45045
14	0·40816	0·40241	0·39682	0·39138	0·38610
16	0·35714	0·35211	0·34722	0·34246	0·33783
18	0·31745	0·31298	0·30863	0·30441	0·30030
20	0·28571	0·28169	0·27777	0·27397	0·27027
22	0·25974	0·25608	0·25252	0·24906	0·24570
24	0·23800	0·23474	0·23145	0·22831	0·22522
26	0·21978	0·21668	0·21367	0·21074	0·20790
28	0·20408	0·20120	0·19841	0·19569	0·19305
30	0·19047	0·18779	0·18518	0·18264	0·18018
32	0·17857	0·17604	0·17361	0·17123	0·16892
34	0·16806	0·16567	0·16339	0·16116	0·15898
36	0·15873	0·15566	0·15432	0·15220	0·15015
40	0·14285	0·14084	0·13888	0·13698	0·13513

XX. Bestimmung der Appretur

Diese hat meistens, namentlich wenn nur ein kleines Muster zur Verfügung steht, am Anfange des Dekomponierens zu erfolgen, indem oft durch das Musterauszahlen die ganze Appretur zerstört wird. Hiebei ist das Appreturverfahren anzugeben, d. h. die Behandlung der betreffenden Stoffgattung nach dem Weben zu bestimmen.

Unter Appretur versteht man die Zurichtung, welche dem Rohstoffe die dem Gebrauche und dem Handel nötige Beschaffenheit gibt.

Ein Gewebe appretieren heißt, die Fasern, aus welchen es besteht, aufs vorteilhafteste zur Geltung zu bringen.

Die Appreturmanipulationen richten sich einesteils nach dem Webmateriale, anderenteils nach der Verwendung der Ware. Es ist deshalb leicht erklärlich, da fast jede Warengattung andere Behandlung verlangt, daß hier die größten Mannigfaltigkeiten vorkommen.

Es gibt Appreturen, welche den Zweck haben

a) die Ware zu reinigen,
b) die Ware fester und dicker zu machen,
c) die Ware glänzend zu machen,
d) die Ware haarig, wollig, weich zu machen,
e) die Ware durch Druck gemustert zu gestalten,
f) die Ware wasserdicht zu machen,
g) die Ware unverbrennbar zu machen usw.

Die zu den Appreturen notwendigen Manipulationen sind

1 Waschen, Sengen
2 Imprägnieren
3 Dampfen, Spannen
4 Kalandern, Pressen
5 Walken
6 Rauhen, Bürsten
7 Scheren
8 Bleichen, Farben, Drucken, Gaufrieren.

Die Mittel zu diesen Manipulationen sind chemische, physikalische und mechanische. Chemische Mittel kommen zur Anwendung in der Wascherei, Bleicherei, Färberei, Druckerei und Imprägnation, physikalische durch Wärme und Dampf, mechanische durch Druck, Schlag, Stoß, Reibung, Spannung etc.

Appreturmittel.

a) Zum Füllen, d. h. den Stoff zu härten, dicht zu machen. Verschiedene Mehlsorten, Reis, Kartoffelstärke, Sago, Dextrin, Gummi, Gelatine, isländisches Moos, Algen, Leim etc.

b) *Zum Weichmachen der Ware* Glyzerin, Talg, Fette und Öle, Wachs, Paraffin etc

c) *Zum Beschweren* China-clay, Gips, Magnesium, Bitter- und Glaubersalz, Kreide, Bariumsulfat etc

d) *Zum Antiseptischmachen* Kreosot, Tannin, Salizylsaure, Borax, Alaune, Kampfer etc

e) *Zum Wasserdichtmachen* Alaune, Fette, Aluminiumsalze, Paraffin Tannin etc.

f) *Zum Unverbrennbarmachen* Borax, Natrium-, Kalziumphosphat, Gips, Alaune etc.

Appreturmaschinen.

Die in der Appretur zur Verwendung kommenden Maschinen sind

1 *Maschinen zum Reinigen* Waschmaschinen, Sengmaschinen

2 *Maschinen zum Entwassern* Wringmaschinen, Zentrifugen, Quetschmaschinen

3 *Maschinen zum Auftragen der Appreturmasse* Starkemaschinen oder Appreturklotzmaschinen

4 *Maschinen zum Trocknen* Trockenmaschinen, Spannrahmen.

5 *Maschinen zum Einsprengen* Einsprengmaschinen

6 *Maschinen zum Dampfen* Dekatiermaschinen

7 *Maschinen zum Ebnen und Glatten* Mangeln, Kalander, Hand-, Motor-, Wasser- und Dampfpressen

8 *Maschinen zum Dickmachen, › Verfilzen* Walken

9 *Maschinen zum Wollig-, Haarigmachen* Rauhmaschinen, Burstmaschinen

10 *Maschinen zum Abschneiden der Haarchen* Schermaschinen

11 *Maschinen zum Bedrucken* Druckmaschinen, Gaufrierkalander

12 *Maschinen zum Falten, Legen, Messen und Aufwickeln der Ware*

Gewebeappreturen.

Folgende Beispiele sollen den Appreturprozeß bei einigen Artikeln naher erortern

Leinwand Bleichen, starken, mangeln.

Chiffon Bleichen, starken, kalt oder warm kalandern

Glacierte Futterkoper Sengen, farben, starken, trocknen, mit Wachs bestreichen, kalandern

Kaliko, gaufriert Sengen, farben, starken, trocknen, einsprengen, kalandern, einsprengen, gaufrieren

Oxford, farbige Bettzenge, Rouleanstoffe Starken, kalandern

Barchent Ruckseite rauhen, starken, pressen

Kalmuck Beiderseitig rauhen, scheren, waschen, trocknen, bursten, drucken, fixieren, waschen, farben, trocknen, bursten, stärken, trocknen, pressen

Kammgarn, Damenkleiderstoffe, farbige Scheren, gummieren, dekatieren, pressen

Kammgarn, Damenkleiderstoffe, rohe Sengen oder scheren, farben, waschen, gummieren, dekatieren, pressen.

Kaschmir Waschen, walken, trocknen, sengen, farben, waschen, trocknen, kalandern (Filzkalander), pressen

Wollflanell, farbig gewebt Waschen, walken, trocknen, rauhen, scheren, leimen, spannen, pressen

Streichgarnappretur Waschen, trocknen, noppen, stopfen, karbonisieren, neutralisieren, trocknen, wagen, messen, walken, neutralisieren, waschen, rauhen, trocknen, scheren, waschen, scheren, warm pressen, dekatieren

Entknoten, stopfen, waschen, schleudern, trocknen, waschen, eventuell karbonisieren, rauhen, scheren, naßmachen, rauhen, trocknen, scheren, pressen, dekatieren, farben, rauhen, trocknen, dampfen, scheren, hydraulisch pressen, dekatieren, trocknen, dampfen, scheren, pressen, abdampfen

Pelz-, Velours-, Flockenstoffe. Noppen, stopfen, waschen, walken, rauhen, klopfen (Klopfmaschine), trocknen, dampfen, scheren

Kammgarnappretur Entknoten, noppen, waschen, spannen, rauhen, scheren Kammgarnstoffe werden auch manchmal, um dieselben tuchartig zu machen, etwas gewalkt.

Manchester Waschen, schleudern, trocknen, pappen, imprägnieren, trocknen, schneiden, einweichen, waschen, schleudern, trocknen, bursten, sengen, waschen, schleudern, trocknen, farben, waschen, wichsen, bursten, scheren, glatten

Samte, Plusche, farbig gewebt Scheren, dampfen.

Mohar und Westplusch, roh gewebt Dampfen, waschen, klopfen (Klopfmaschine), rahmen, dampfen, scheren, farben, spulen, naß klopfen, rahmen, dampfen, scheren.

Fadengefarbte Seidenstoffe Scheuern, d h mit feinpoliertem Stahlblech reiben

Roh gewebte Seiden- und Halbseidenstoffe Kochen (degummieren), umziehen, ausquetschen, manchmal auch sengen, farben, gummieren, pressen, eventuell heiß kalandern

Garnmaterialverzeichnis

Abfallgarn Das aus den Spinnabgängen gesponnene Garn

Alpaka Wolle von dem Alpakaschaf

Aloehanf Blattfasern verschiedener Aloearten

Ananashanf Blattfasern der Ananaspflanze (Bromelia Ananas)

Angora- oder Mohargarn Wolle von der Angoraziege.

Asbestgarn Kristallfasern des gleichnamigen Minerals

Baumwollgarn Samenfasern der Baumwollpflanze (Gossypium)

Bengalseide Indische Seide

Berandine Torfwollgarne

Biberhaare Wolle des Bibers

Bourett- oder Stumbaseide Abfallseide (aus der Chappespinnerei)

Brokatgarne. Metallgespinst mit Baumwoll-, Leinen- oder Wollgarn gezwirnt

Brussagrege Kleinasiatische Seidenmarke

Chappe-, Florett-, Filosell- oder Flockseide Abfallseide (Kokonabfälle, durchbissene und Doppelkokons)

Cévennes Französische Seidenmarke

Chenille Schmale, flache oder gedrehte raupenähnliche Bändchen als Einschuß

Cheviot Hartes Kammgarn (rauher Faden)

Chinagras, Ramie Bastfaser der chinesischen Nessel

Chinesische Seidensorten Chincum, Hainin. Honghow, Kahing, Kanton, Minchew, Schantung, Skeins, Woozies etc.

Cordonnet 4—6fach gewachster Nähzwirn (Baumwoll- oder Leinengarn)

Cordonnetseide 4—6 Rohseidefaden werden zusammengezwirnt und drei solcher Fäden wieder kontra zusammengezwirnt

Crépon Überdrehtes Garn

Cru Undegummiert gefärbte Seide

Cuit Degummiert gefärbte Seide

Cusier oder Cusirino Näh- oder Stickseide (2 oder mehrere vorgedrehte Rohseidenfäden werden entgegengesetzt zusammengezwirnt)

Domingohanf Blattfasern verschiedener Agavearten

Doublierte Garne Zweifach gezwirnte Garne

Effekt- oder Phantasiezwirn Zwei oder mehrere Fäden werden so zusammengezwirnt, daß Schlingen-, Knoten-, Zacken-Effekte etc. entstehen.

Eisengarn Imprägniertes und geglättetes Baumwollgarn

Eiswolle Mohargarn

Erioseide. Seide von Attacus Ricini

Fagaraseide Gespinst des Bombyx cynthia

Filin Mercerisierter Baumwollzwirn

Flamé Garn, welches im Strahn bedruckt wurde

Gassierte Garne Gesengte Garne

Gaufré Gepreßtes Garn

Gedampfte Garne Durch Dampfen behandelte Garne

Genappes oder Ispahan Gassierter, scharfgedrehter Moharzwirn

Geschleifte Garne Von zwei oder mehreren Spulen abgezogene Garne erhalten durch das Abziehen eine geringe Drehung (20—30 pro Meter)

Gimpen- oder Zackengarn Effektzwirn

Glacé 3facher, impragnierter baumwollener Glanzzwirn

Glanzflor, Glanzgarn, Brillantflor Geglattetes Baumwollgarn

Glasgespinst. Fadenweise ausgezogenes Glas

Grège, Greggia Rohseide

Grenadine Sehr scharf gezwirnte Organsinseide

Guanacowolle Wolle vom Guanaco

Halbkammgarne, Sagettengarn Garne aus maßig langen und kurzen Wollen gesponnen

Hanfgarn Bastfasern des Hanfes

Harraswolle Rauhes, hartes Schafwollgespinst

Hasenhaare Haare des Hasen

Holz Weiden-, Pappel- und Lindenholz, in Streifchenform »Spartenewaren«, in Stabchenform als Einschuß zu Rouleaux etc

Imitatsgarne Baumwollgarne, gewohnlich Melangen, welche nach der Art des Streichgarnes gesponnen wurden

Jaspé Zwei verschiedenfarbige Vorgarnfaden werden beim Spinnen zusammengedreht (Zwirnimitation)

Japanische Seidensorten O Kakedah, Maybash, Simonita, Zaguri etc

Jntegarn Bastfaser der Pflanze gleichen Namens (Corchorus capsularis)

Kamelgarn Wolle von dem Kamele

Kammgarn Schafwolle

Kaninchenhaare Haare von dem Kaninchen

Kapok Samenhaare des Wollbaumes Eriodendron (wegen kurzer Fasern nur als Polstermaterial)

Kaschmirwolle Wolle von der Kaschmirziege.

Kautschuk Ausfließender Saft des Federharzbaumes erhartet und zu Faden geschnitten

Knotenzwirn Effektzwirn

Kokosgarn Faserhulle der Kokosnuß

Kosmoswolle· Mischungen aus Schafwolle, Flachs, Jute, Nesselfasern etc

Krollhaare Tierhaare als Polstermaterial

Kuh- und Kalberhaare Haare von Kuhen und Kalbern

Kunstwolle. Aus Lumpen wiedergewonnene Wolle

Lahn Bandformig ausgewalzter Metalldraht

Lamawolle· Wolle von dem Lama

Leinengarn. Bastfasern des Flachses

Loopgarn Schlingenzwirn

Lustergarn Hartes Kammgarn und Ziegenhaar

Manilahanf Blattfasern der Pisang und Bananengewachse

Maraboutseide 2—4 Rohseidefaden werden schwach zusammengezwirnt, gefarbt und nochmals gezwirnt (Seidencrépons)

Medio Halbkettengarne

Melangen, Mottled, Mêlé Garn, welches aus zwei oder mehreren verschiedenfarbigen Fasern besteht

Mercerisiertes Baumwollgarn Seidenimitation Behandlung mit Natronlauge

Metalldrahte, edle Silber- und Golddraht

Metalldrahte, unedle Eisen-, Messing- und Kupferdraht

Mohair oder Mohar Wolle von der Angoraziege

Mooswolle Sehr flaumige, moosige, weiche Kammwollen für Tücher, Shawls etc

Mule Baumwollschußgarne

Muschelseide Bart der Steckmuschel

Nesselgarn Bastfasern der großen Brennessel

Neuseelander Flachs Blattfasern der Flachslilie (Phormium tenax)

Noils Kammlinge

Noppengarn Ein glatter Faden ist mit Noppen, das sind Garnflocken, besetzt

Ondéegarn Ein feiner Faden wird von einem oder von zwei oder drei starkeren zusammenlaufenden Faden spiralformig hart umdreht

Organsinseide Zwei, seltener drei rechts vorgedrehte Rohseidefaden von bester Qualität werden links zusammengezwirnt

Pelseide Mehrere Rohseidefaden zusammengedreht als Unterlage für Gold- und Silbergespinste.

Pferdehaare Schweif- und Mähnenhaare des Pferdes

Phantasiegarn Mischungen aus Seide, Schafwolle und Baumwollgarn etc

Pudelhaare Hundshaare

Rovings Krimmergarne

Schafwollgarn Wollen verschiedener Schafe

Schleifen- und Schlingenzwirne · Effektzwirne.

Seide, echte Gespinst des Seiden- oder Maulbeerspinners (Bombyx mori)

Seide, künstliche Aus Zellulose hergestellt

Seidenshoddy Aus Lumpen wiedergewonnene Seide

Smyrnagarn Knüpfgarn für Smyrnateppiche

Senegalseide Gespinst des Bombyx Faidherby

Sewing Dublierte Garne aus Water bis Nr 36

Silvalin Holzzellstoffaden

Sirius Kunstseide (Roßhaarimitation)

Soft Dublierte Garne mit schwacher Drehung

Soft-Soft Dublierte Garne mit loser Drehung

Soie filée. Grege

Soie ondée Ein starker Faden ist schraubenformig um einen schwachengezwirnt

Soie ouvrée oder Soie moulinee Organsin und Trame.

Soie, Silk Seide

Souple Wenig degummiert gefarbte Seide

Spiralgarn Ein grober Faden wird um einen feinen schwach spiralformig gezwirnt

Stickseide Mehrere Rohseidefaden werden schwach zusammengezwirnt

Streichgarn Schafwolle

Strickgarn 2—12fach festgedrehtes Garn

Stroh Weizenstroh, Reisstroh etc

Strumpfgarne, Trikot Lose gedrehte Garne.

Strusi, Strusa, Strazzen. Seidenabfälle (Anfang und Ende guter Kokons, durchbissene Kokons, Doppelkokons)

Stumba Abfallseide in der Chappespinnerei

Tibetwolle Wolle von der Tibetziege

Tow- oder Werggarn Das aus der Schwing- und Hechelheede gesponnene Leinen- und Jutegarn (Abfallgarn).

Tramseide, Trama oder Trame 2, 3 oder 4 ungedrehte Rohseidefaden werden schwach zusammengezwirnt

Tsatlées Chinesische Gregeseidensorte von weißer Farbe

Tussahseide Gespinst der Tussahspinner (Bombyx milytta, Bombyx selene etc).

Vigogne Gemisch von Schafwolle und Baumwolle

Vigoureux Kammgarn, von dem der Kammzug bedruckt wurde

Vicunnawolle Wolle von dem Vicunna

Viskose Seide Kunstseide aus Sulfit oder Natronzellstoff hergestellt.

Water, Warp Baumwollkettengarn

Weft Hartes Kammgarn (glatter Faden).

Xylolin Papiergarn (schmale, spiralformig gedrehte Papierstreifen mit oder ohne Baumwollgarn-Seele).

Yamamayseide Gespinst des Yamamayspinners

Zephirgarne 2-, 3-, 4fach schwach gedrehte, langstapelige, weiche Kammgarne

Ziegenhaare Wollen verschiedener Ziegen.

Rohleinwand

Stoffmuster Fig 1, Tafel I
Bindung Fig 72, Tafel IX

Warenbreite. 80 *cm*

Warenlange 100 *m*

Kettenmaterial Leinengarn Nr 45

Schußmaterial » « 35

Bindung Leinwand oder Taft

Kettendichte pro 10 *cm* 210

Schußdichte » 10 » 210

Gesamtkettenfaden 1690

(21 × 80 = 1680 + 8 fur doppelfadigen Rand = 1688, d 1 abgerundet 1690)

Schweifzettel Einfarbig roh

Gangzahl 1690 40 = 42$^1/_2$ Gange à 40 Faden

Kettenlange 108 *m*

(100 *mm* Ware in der Kettenrichtung eingeschnitten = 108 *mm* herausgenommener und gestreckter Kettenfaden)

Schußzettel Einfarbig roh

Stuhlvorrichtung Handstuhl oder mechanischer Innentrittstuhl mit Wellenvorrichtung, 4 Schafte, 2 Tritte

Helfenberechnung 1690 — 8 wegen doppelfadigen Randes = 1682 4 = 420 und Rest 2 Es kommen demnach bei gesprungenem Einzuge auf den 1 und 3 Schaft 421, auf den 2 und 4. Schaft 420 Helfen, wenn man links und rechts 4 Helfen doppelfadig einzieht

Kammbreite 83 *cm*

(80 *mm* Ware in der Schußrichtung = 83 *mm* gestreckter Schußfaden)

Kammdichte 841 Rohre, das sind pro 10 *cm* 102 Rohre, 837 Rohre a 2 Faden und je 2 Randrohre à 4 Faden (1690 — 16 Faden Rand = 1674 2 = 837)

Berechnung des Kettenmateriales [1]

1690 × 108 = 182 520 2600 = 70 Strahne

Berechnung des Schußmateriales [2]

21 × 100 = 2100 × 83 = 174 300 2600 = 67 Strahne

Appretur Mangeln

---

[1] $$\frac{\text{Gesamtkettenfaden} \times \text{Kettenlange}}{\text{Verbrauchslange, d 1 bei Leinengarn 2600 } m \text{ per Strahn}}$$

[2] $$\frac{\text{Schusse pro 1 } cm \times \text{Stofflange in Metern} \times \text{Kammbreite in Zentimetern}}{\text{Verbrauchslange}}$$

Futterstoff.

Stoffmuster Fig 2, Tafel 1
Bindung Fig 86, Tafel X

Warenbreite 140 *cm*

Warenlange 100 *m*

Kettenmaterial Baumwollgarn Nr 40

Schußmaterial · Weftgarn Nr 30

Bindung 5bindiger Schußkoper mit Taftrand

Kettendichte pro 10 *cm* 350
    (70 Bindungsrapporte à 5 Faden auf 10 *cm* = 350 Faden)

Schußdichte pro 10 *cm* 260
    (52 Bindungsrapporte à 5 Faden auf 10 *cm* = 260 Schusse).

Gesamtkettenfaden 4920
    (35 × 140 = 4900 + 20 fur doppelfadigen Rand = 4920)

Schweifzettel Einfarbig schwarz

Gangzahl 4920 ab 40 Fàden Rand = 4880 40 = 122 Gange und am
    Anfang und Ende 20 Faden Rand

Kettenlange 106 *m*
    (100 *mm* Ware in der Kettenrichtung = 106 *mm* gestreckter Kettenfaden)

Schußzettel Einfarbig grau

Stuhlvorrichtung Kontermarsch oder mechanischer Innentrittstuhl 5 Grund-
    schafte, 2 Leistenschafte und 10, respektive in der mechanischen Weberei
    7 Tritte (die Exzenter fur den Taftrand kommen direkt auf die Unter-
    welle)

Helfenberechnung (4920 — 40 Faden Rand = 4880 5 Schafte = 976 Helfen)
    1 bis 5 Schaft à 976 Helfen, 2 Leistenschafte à 10 Helfen doppelfadig
    eingezogen

Kammbreite 143 *cm*
    (140 *mm* Ware in der Schußrichtung = 143 *mm* gestreckter Schußfaden).

Kammdichte 2450 Rohre, das sind pro 10 *cm* 172 Rohre
    2440 Rohre a 2 Faden und je 5 Randrohre à 4 Faden
    (4920 — 40 Faden Rand = 4880 2 = 2440 Rohre)

Berechnung des Kettenmateriales
    (4920 — 40 = 4880) 4880 × 106 = 517 280 *m* 730 = 709 Strahne
    709 · 40 = 17$^3/_4$ englische Pfund Baumwollgarn Nr 40.
    20 × 2 = 40 × 106 = 4240 710 = 6 Strahne Baumwollzwirn $\frac{80}{2}$

Berechnung des Schußmateriales
    26 × 100 = 2600 × 143 = 371 800 490 = 759 Strahne oder
    759 · 30 = 25 3 englische Pfund Weftgarn Nr 30

Appretur Scheren, starken, kalandern

Satin.

Stoffmuster Fig 3, Tafel I
Bindung Fig 130, Tafel III

Warenbreite 140 *cm*

Warenlange 100 *m*

Kettenmaterial Baumwollgarn Nr 36

Schußmaterial Baumwollgarn Nr 40

Bindung 5bindiger Schußatlas mit Taftrand

Kettendichte pro 10 *cm* 320
(64 Bindungsrapporte a 5 Faden auf 10 *cm* = 320 Kettenfaden)

Schußdichte pro 10 *cm* 430
(86 Bindungsrapporte a 5 Faden auf 10 *cm* = 430 Schusse)

Gesamtkettenfaden 4500
(32 × 140 = 4480 — 20 fur doppelfadigen Rand = 4500)

Schweifzettel Einfarbig roh

Gangzahl 4500 . 40 = 112$^1/_2$ Gange a 40 Faden

Kettenlange 104 *m*
(100 *mm* Ware in der Kettenrichtung = 104 *mm* gestreckter Kettenfaden

Schußzettel Einfarbig roh

Stuhlvorrichtung Kontermarsch oder mechanischer Innentrittstuhl 5 Grundschafte, 2 Leistenschafte und 10, respektive in der mechanischen Weberei
7 Tritte (die Exzenter fur den Taftrand kommen direkt auf die Unter-
welle)

Helfenberechnung (4500 — 40 Faden Rand = 4460 5 = 892)
1 bis 5 Schaft a 892 Helfen
2 Leistenschafte a 10 Helfen doppelfadig eingezogen

Kammbreite 148 *cm*
(100 *mm* Ware in der Schußrichtung = 108 *mm* gestreckter Schußfaden

Kammdichte 2240 Rohre, das sind pro 10 *cm* 151 Rohre
2230 Rohre a 2 Faden und am Anfange und Ende 5 Randrohre a
4 Faden 4500 — 40 Faden Rand = 4460 2 = 2230)

Berechnung des Kettenmateriales

$$\frac{4500 \times 104}{730} = 641 \text{ Strahne oder}$$

641 36 = 17 8 englische Pfund Baumwollgarn Nr 36

Berechnung des Schußmateriales

$$\frac{43 \times 100 \times 148}{730} = 872 \text{ Strahne oder}$$

872 40 = 21 8 englische Pfund Baumwollgarn Nr 40

Appretur Sengen, bleichen, farben, starken, kalandern

Kleiderstoff.

Stoffmuster Fig 4, Tafel I
Bindung Fig 206, Tafel XVIII

Warenbreite 120 *cm*

Warenlange 100 *m*

Kettenmaterial *A* Kammgarnzwirn $\frac{5}{2}$
B Chappeseide $\frac{1}{2}\frac{0}{2}$.

Schußmaterial *C* Kammgarn Nr 48
D Chappeseide $\frac{1}{2}\frac{0}{2}$, doppelt gespult

Bindung 8bindiger Krepp mit Taftrand

Schweifzettel				*Schußzettel*			
2	Faden	gelb	*B*	1	Faden	gelb	*D* doppelt gespult
4	»	blau	*A*	4	Faden	blau	*C*
4	»	schwarz		4	»	schwarz	»
2	»	weiß		2	»	weiß	»
4		grun	»	4	»	grun	»
2	»	weiß		2	»	weiß	,
4	»	schwarz	.	4	»	schwarz	
14	,	weiß		14	,	weiß	»
4	»	schwarz	»	4		schwarz	»
2	»	weiß	»	2		weiß	
4	»	grun		4		grun	»
2	»	weiß		2	»	weiß	»
4	,	schwarz		4		schwarz	»
4	»	blau		4	»	blau	»

56 Faden = 1 Muster   55 Schusse = 1 Muster

Kettendichte pro 10 *cm* 255

(2 Schweifmuster a 56 Faden = 112 Faden messen 44 *mm*, 112 : 44 =
2 545 pro 1 *mm*, das sind pro 100 *mm* 255 Faden)

Schußdichte pro 10 *cm* 244

(2 Schußmuster a 55 Faden = 110 Faden messen 45 *mm*, 110 : 45 =
2 44 pro 1 *mm*, das sind pro 100 *mm* 244 Schusse)

Gesamtkettenfaden 3088

(255 × 120 = 3060 + 32 Faden fur doppelfadigen Rand = 3092
Um zu sehen, ob die Muster in der Breite ausgehen, nimmt man von
3092 den ganzen Rand, das sind 64 Faden, weg und dividiert durch die
Fadenzahl des Schweifmusters 3092 — 64 = 3028 : 56 = 54 Muster
und 4 Faden Nachdem man die 4 Faden weglaßt, verbleibt als Gesamtfadenzahl 3024 + 64 = 3088)

Musterzahl 3088 — 64 = 3024 : 56 = 54 Muster und am Anfang und
Ende 32 Faden Rand.

Kettenlänge 106 *m*

(100 *mm* Ware in der Kettenrichtung = 106 *mm* gestreckter Kettenfaden)

Stuhlvorrichtung Kontermarsch oder Schaftmaschine,

10 Grundschafte, 2 Leistenschafte und 8 Tritte, beziehungsweise 8 Karten

Helfenberechnung · 3088 — 64 = 3024 8 = 372 und Rest 2. Es kommen demnach auf den

1 bis 2 Schaft je 373, auf den 3 bis 8 Schaft je 372 Helfen.

2 Leistenschafte a 16 Helfen doppelfädig eingezogen

Kammbreite 126 *cm*

(100 *mm* Ware in der Schußrichtung = 106 *mm* herausgenommener und gestreckter Schußfaden)

Kammdichte 1528 Rohre, das sind pro 10 *cm* 121 Rohre 1512 Rohre a 2 Faden und am Anfang und Ende 8 Randrohre à 4 Faden

3088 — 64 = 3024 2 = 1512).

Berechnung des Kettenmateriales ·

$$\frac{3024 \times 106}{950} = 548 \text{ Strähne } A \text{ und } B$$

548   56 = 9 79 Strähne pro 1 Faden im Schweifzettel

9 79 × 22 = 215$^1/_2$ Strähne weiß *A*

9 79 × 16 = 157   »   schwarz »

9 79 × 8 = 78$^1/_2$ »   blau   »

78$^1/_2$ »   grün   »

9 79 × 4 = 19$^1/_2$ »   gelb *B*

549 Strähne

Infolge Abrundung muß bei der Farbenberechnung meist etwas mehr herauskommen als bei der allgemeinen Berechnung

$$\frac{32 \times 2 \times 106}{950} = 7 \text{ Strähne Rand}$$

Berechnung des Schußmateriales

$$\frac{24 4 \times 100 \times 126}{950} = 323^1/_2 \text{ Strähne } C \text{ und } D$$

323 5   55 = 5 88 Strähne pro 1 Faden im Schußzettel

5 88 × 22 = 129$^1/_2$ Strähne weiß *C*

5 88 × 16 = 94   »   schwarz »

5·88 × 8 = 47   »   blau   »

5 88 × 8 = 47   »   grün   »

5 88 × 1 = 6   »   × 2 wegen doppelten Spulens =

12 Strähne gelb *D*

Appretur Scheren, gummieren, dekatieren, pressen

Blusenstoff.

Stoffmuster Fig 5, Tafel I
Bindung Fig 371, Tafel XXXVI.

Warenbreite 50 *cm*

Warenlange 300 *m*

Kettenmaterial Organsin $\frac{17}{19}$ Titre légale

Schußmaterial Trame $\frac{48}{50}$ Titre légale

Bindung Langsstreifen aus 36 Faden Taft und 48 Faden 8bindigem Kettenatlas

Kettendichte 1 Muster = 66 *mm*

Schußdichte pro 10 *cm* 600

(75 Atlasrapporte à 8 Faden = 600 pro 10 *cm*)

Gesamtkettenfaden

I 2820, Taftkette inklusive Rand

II 3600, Atlaskette

(6·6 *cm* × 75 = 49 5 + 0 5 *cm* Rand = 50 *cm*),

(75 × 36 = 2700 Taftfaden + je 60 Faden Rand = 2820);

(75 × 40 = 3600 Atlaskettenfaden)

Schweifzettel Taftkette weiß, Atlaskette blau

Gangzahl

Taftkette 70$\frac{1}{2}$ Gange (2820 40 = 70$\frac{1}{2}$)

Atlaskette 90 » (3600 · 40 = 90).

Kettenlangen

Taftkette 324 *m*, Atlaskette 306 *m*

Schußzettel Einfarbig weiß

Stuhlvorrichtung Kontermarsch oder Schaftmaschine

12 Schafte und 8 Tritte, beziehungsweise Karten

Helfenberechnung 1. bis 8 Schaft à 450 Helfen

(6 Helfen pro 1 Rapport × 75 Rapporte)

9 bis 12. Schaft à 690 Helfen

(9 Helfen pro 1 Rapport × 75 Rapporte + 15 fur den Rand)

Am Anfang und Ende sind 30 Helfen auf den 9 bis 12 Schaft doppelfadig einzuziehen.

Kammbreite 52 *cm*

Kammdichte 1520 Rohre, das sind pro 10 *cm* 292 Rohre.

Kammeinzug 12 Rohre à 3 Faden (Taft)

$\quad\quad\quad\quad$ 8 » » 6 » (Atlas)

$\quad\quad\quad\quad$ 20 Rohre × 75 = 1500 + je 10 Randrohre à 6 Faden

(Kammdichte siehe Seite 204)

Berechnung des Kettenmateriales

$$\frac{2820 \times 324 \times 18}{9,000,000} + 10\% = 2\,012 \ kg \text{ weiß Organsin } \tfrac{17}{19}$$

$$\frac{3600 \times 306 \times 18}{9,000,000} + 10\% = 2\,423 \ kg \text{ blau Organsin } \tfrac{17}{19}$$

Berechnung des Schußmateriales

$$\frac{60 \times 300 \times 52 \times 29}{9,000,000} + 10\% = 3{\cdot}318 \ kg \text{ weiß Organsin } \tfrac{28}{30}.$$

Appretur Verreiben und legen

Flanell.

Stoffmuster Fig 6, Tafel I
Bindung Fig 447, Tafel XLVIII

Warenbreite 84 *cm*

Warenlange 100 *m*

Kettenmaterial: Baumwollgarn Nr 24

Schußmaterial » » 6

Bindung Schußdouble 2 · 2, respektive 1 1 aus 4bindigem versetztem Koper,
Rand Querrips 2 : 2

Kettendichte 216

(54 Bindpunkte à 4 Faden = 216)

Schußdichte 260

(Ware abgesengt ergibt auf 10 *cm* 130 Oberschuß × 2 = 260 Schusse)

Gesamtkettenfaden 1840

(216 × 84 = 1814 + 24 fur doppelfädigen Rand = 1838 = abgerundet
1840).

Schweifzettel Einfarbig roh.

Gangzahl 1840 40 = 46 Gange oder bei mechanischem Betriebe 8 Zettelwalzen à 230 Faden

Kettenlange 112 *m*

(100 *mm* Ware in der Kettenrichtung = 112 *mm* herausgenommener und
gestreckter Kettenfaden)

Schußzettel 2 Faden grau melange, 2 Faden drap melange, respektive beim
Verhaltnisse 1 · 1 2 Faden grau melange, 2 Faden drap melange

Stuhlvorrichtung Kontermarsch oder Schaftmaschine

4 Grundschafte, 2 Leistenschafte und 8 Tritte, beziehungsweise 8 Karten

Helfenberechnung (1840 — 48 = 1792 . 4 = 448)

1. bis 4 Schaft à 448 Helfen, 2 Leistenschafte à 12 Helfen doppelfadig
eingezogen

Kammbreite 94 *cm*

(84 *mm* Ware in der Schußrichtung = 94 *mm* herausgenommener
und gestreckter Schuß)

Kammdichte 908 Rohre, das sind pro 10 *cm* 97 Rohre

896 Rohre à 2 Faden und am Anfang und Ende 6 Randrohre à
4 Faden (1840 — 48 = 1792 . 2 = 896)

Berechnung des Kettenmateriales

$$\frac{1840 \times 112}{730} = 282\tfrac{1}{2} \text{ Strahne, oder } 282\,5 \quad 24 = 11\,8 \text{ englische Pfund}$$

Baumwollgarn Nr 24

Berechnung des Schußmateriales

$$\frac{26 \times 100 \times 94}{700} = 395 \text{ Strahne, das sind } 197\tfrac{1}{2} \text{ Strahne grau melange,}$$

197½ Strahne drap melange oder 395 · 6 = 57 9 englische Pfund
Baumwollgarn Nr 6

Appretur Rauhen, scheren, starken, dekatieren

Lampendocht.

Stoffmuster Fig. 7, Tafel I.

Bindung Fig 520, Tafel LIII

Warenbreite 35 mm

Warenlange 24 Stuck à 100 m == 2400 m

Kettenmaterial Baumwollzwirn Nr $\frac{10}{4}$

Schußmaterial Baumwollgarn Nr 16

Bindung Tafthohlstoffbindung

Kettendichte pro 1 cm 24 2

Schußdichte pro 1 cm 12 4

Gesamtkettenfaden 24 Bander à 85 Faden

Schweifzettel Einfarbig roh, 24 Spulen à 85 Faden

Kettenlange 108 m

Schußzettel Einfarbig roh

Stuhlvorrichtung Bandstuhl

       Weblade mit 24 Schutzen

       Kontermarsch

       4 Schafte und 4 Tritte

Helfenberechnung 85 4 == 21 Rapporte und 3 Faden

       1 bis 3 Schaft à 21 × 24 == 481 + 1 == 482 Helfen

       4.   »   à 21 × 24 ==   481 Helfen

Kammbreite 24 Kamme à 38 mm breit mit je 42 Rohren

       41 Rohre à 2 Faden und 1 Rohr à 3 Faden

Berechnung des Kettenmateriales

$$\frac{85 \times 24 \times 108}{710} = 311 \text{ Strahne oder}$$

311 2 5 == 124 4 englische Pfund Baumwollzwirn $\frac{10}{4}$.

Berechnung des Schußmateriales

$$\frac{12 4 \times 100 \times 3 8 \times 24}{720} = 157 \text{ Strahne oder}$$

157 . 16 == 9 8 englische Pfund Baumwollgarn Nr 16.

Appretur Pressen.

Zephir

Stoffmuster Fig 8, Tafel I
Bindung Fig 691, Tafel LXXII

Warenbreite 79 *cm.*

Warenlänge 100 *m*

Kettenmaterial Grundkette Baumwollgarn Nr 40
    Brochékette Baumwollzwirn $\frac{40}{2}$

Schußmaterial Baumwollgarn Nr 60

Bindung Kettenbroché

Schweifzettel

Grundkette		Brochékette
14 Faden weiß		Einfarbig rot
1 Faden grün	⎱ 9mal	
2 Faden weiß	⎰	
1 Faden grün		
1 » weiß	⎱ 9mal	
2 Faden grün	⎰	
1 Faden weiß		
28 Faden grün		
1 Faden weiß	⎱ 9mal	
2 Faden grün	⎰	
1 Faden weiß		
1 » grün	⎱ 10mal	
2 Faden weiß	⎰	
12 Faden weiß		

168 Faden = 1 Muster

Kettendichte 1 Schweifmuster = 52 *mm*

Schußdichte pro 10 *cm* 307
    (10 Schußrapporte à 28 Faden messen 91 *mm*, 28 × 10 = 280 91
    = 3 07 pro 1 *mm* oder 307 pro 1 *dm*)

Gesamtkettenfaden Grundkette 2568,
               Brochékette 450
    (52 *mm* pro 1 Muster × 15 Muster = 780 *mm* + 10 *mm* Rand =
    790 *mm*, beziehungsweise 79 *cm*)

Muster-, beziehungsweise Gangzahl

Grundkette 15 Muster à 168 Faden und am Anfang und Ende je 24 Faden Rand, Brochékette 11¼ Gänge a 40 Faden

Kettenlängen

Grundkette 106 *m*, Brochékette 102 *m*

Schußzettel Einfarbig weiß.

Stuhlvorrichtung· Schaftmaschine, 6 Schafte, 28 Karten

Helfenberechnung

1. Schaft 2 Helfen pro Bindungsrapport × 90 Bindungsrapp = 180 Helfen
2. » 3 » » » × 90 » = 270 »
3 bis 6. » à 7 » » » × 90 + 6 für Rand = 636 »

Davon werden am Anfang und Ende von der Grundkette auf den 3 bis 6 Schaft 12 Helfen doppelfädig eingezogen

Kammbreite 84 *cm*

Kammdichte 1272 Rohre, das sind pro 10 *cm* 151 Rohre

Kammeinzug

11 Rohre à 2 Faden, 1 Rohr à 3 Faden und 2 Rohre a 4 Faden = 14 Rohre × 90 Bindungsrapporte = 1260 ┬ je 6 Randrohre = 1272 Rohre

Berechnung des Kettenmateriales

2568 — 48 Faden Rand = 2520

$$\frac{2520 \times 106}{720} = 371 \text{ Strähne, das sind } 185\tfrac{1}{2} \text{ Strähne weiß, } 185\tfrac{1}{2} \text{ Strähne}$$

grün oder 371 40 = 9·3 englische Pfund Nr 40.

$$\frac{24 \times 2 \times 106}{720} = 8 \text{ Strähne Rand}$$

$$\frac{450 \times 102}{710} = 65 \text{ Strähne oder } 65 \; 20 = 3\tfrac{1}{2} \text{ englische Pfund } \tfrac{1}{2}^{0}$$

Berechnung des Schußmateriales

$$\frac{30\,7 \times 100 \times 84}{720} = 358 \text{ Strähne oder}$$

358 60 = 6 englische Pfund Nr 60

Appretur Waschen, stärken, kalandern

Manchester oder Velvet.

Stoffmuster Fig. 9, Tafel I.
Bindung Fig. 714, Tafel LXXIV.

Warenbreite: 48 cm.

Warenlänge: 100 m.

Kettenmaterial: Baumwollgarn Nr. 30.

Schußmaterial: Baumwollgarn Nr. 40.

Bindung: Schußsamt.

Kettendichte: pro 10 cm 310.

Schußdichte: pro 10 cm 1020.

Gesamtkettenfäden: 1520

(31 × 48 = 1488 + 32 für doppelfädigen Rand = 1520).

Schweifzettel: Einfärbig roh.

Gangzahl: 1520 : 40 = 38 Gänge oder 8 Zettelwalzen à 190 Fäden.

Kettenlänge: 104 m.

Schußzettel: Einfärbig roh.

Stuhlvorrichtung: Kontermarsch oder mechanischer Außentrittstuhl 6 Schäfte
und 8, respektive bei mechanischer Webweise 6 Tritte.

Helfenberechnung: 6 Schäfte à 248 Helfen, wovon am Anfang und Ende
16 doppelfädig eingezogen werden.

(1520 — 32 wegen doppelfädigen Einzuges des Randes = 1488 : 6 = 248.)

Kammbreite: 56 cm.

Kammdichte: 744 Rohre, das sind pro 10 cm 133 Rohre.

728 Rohre à 2 Fäden und je 8 Randrohre à 4 Fäden.

(1520 — 64 Randfäden = 1456 : 2 = 728.)

Berechnung des Kettenmateriales:

$$\frac{1520 \times 104}{730} = 217 \text{ Strähne oder}$$

217 : 30 = 7·3 englische Pfund Baumwollgarn Nr. 30.

Berechnung des Schußmateriales:

$$\frac{102 \times 100 \times 56}{730} = 782\frac{1}{2} \text{ Strähne oder}$$

782·5 : 40 = 19·6 englische Pfund Baumwollgarn Nr. 40.

Appretur: Waschen, schleudern, trocknen, pappen, imprägnieren, trocknen,
schneiden, einweichen, waschen, schleudern, trocknen, bürsten, waschen,
schleudern, trocknen, färben, waschen, trocknen, bürsten, scheren,
glätten.

Vorhangstoff.

Stoffmuster Fig. 10, Tafel I.
Bindung Fig. 844, Tafel LXXXVII.

Warenbreite: 110 *cm.*

Warenlänge: 100 *m.*

Kettenmaterial: Baumwollzwirn $\frac{1}{2}^4$.

Schußmaterial: Baumwollzwirn $\frac{1}{2}^6$.

Bindung: Dreher oder Gaze.

Kettendichte: pro 10 *cm* 68.

Schußdichte: pro 10 *cm* 68.

Gesamtkettenfäden: 760

(6·8 $\times$ 109 = 741 = 740 + 20 Fäden für je $\frac{1}{2}$ *cm* Taftrand = 760)

Schweifzettel: Einfärbig roh.

Gangzahl: 760 : 40 = 19 Gänge.

Kettenlänge: 110 *m.*

Schußzettel: Einfärbig roh.

Stuhlvorrichtung: Kontermarsch,

2 Grundschäfte, 2 Leistenschäfte, 1 Dreherschaft und 4 Tritte.

Helfenberechnung: 760 — 20 = 740 : 2 = 370,

1. und 2. Schaft à 370 Helfen, 2 Leistenschäfte à 10 Helfen, 1 Dreherschaft mit 370 Helfen.

Kammbreite: 116 *cm.*

Kammdichte: 749 Rohre, das sind pro 10 *cm* 64 Rohre.

Kammeinzug: 1 Rohr à 2 Fäden ⎫
         1   »   leer   ⎬ 369mal
         1   »   à 2 Fäden ⎭

739 Rohre + je 5 Randrohre à 2 Fäden = 749 Rohre.

Berechnung des Kettenmateriales:

$$\frac{760 \times 110}{710} = 118 \text{ Strähne oder } 118 : 7 = 17 \text{ englische Pfund } \frac{1}{2}^4.$$

Berechnung des Schußmateriales:

$$\frac{6·8 \times 100 \times 116}{710} = 111 \text{ Strähne oder } 111 : 8 = 14 \text{ englische Pfund } \frac{1}{2}^6.$$

Appretur: Bleichen, creme färben, stärken, spannen, pressen.

Ingram Content Group UK Ltd.
Milton Keynes UK
UKHW021103210423
420563UK00005B/233